城市轨道交通信号系统建设项目管理

何 霖 主编

中国劳动社会保障出版社

图书在版编目（CIP）数据

城市轨道交通信号系统建设项目管理 / 何霖主编. -- 北京：中国劳动社会保障出版社，2018

ISBN 978-7-5167-3334-9

Ⅰ.①城… Ⅱ.①何… Ⅲ.①城市铁路-交通信号-信号系统-建设-项目管理 Ⅳ.①U239.5

中国版本图书馆 CIP 数据核字（2018）第 005387 号

中国劳动社会保障出版社出版发行

（北京市惠新东街 1 号 邮政编码：100029）

*

三河市华骏印务包装有限公司印刷装订 新华书店经销

787 毫米×1092 毫米 16 开本 24 印张 326 千字
2018 年 1 月第 1 版 2018 年 1 月第 1 次印刷

定价：62.00 元

读者服务部电话：（010）64929211/84209103/84626437
营销部电话：（010）84414641
出版社网址：http://www.class.com.cn

版权专有 侵权必究

如有印装差错，请与本社联系调换：（010）50948191
我社将与版权执法机关配合，大力打击盗印、销售和使用盗版图书活动，敬请广大读者协助举报，经查实将给予举报者奖励。
举报电话：（010）64954652

《城市轨道交通信号系统建设项目管理》编写人员

主　编：何　霖
副主编：李　晋　张楚潘
编　者：何　霖（第一章，第八章第一节，第十一章第一、二节）
　　　　李　晋（第二章，第七章第一、二节）
　　　　张楚潘（第三章，第十章第三节）
　　　　凌光清（第四章第一、二节，第六章第七、八、九节）
　　　　段顺兴（第五章第一、二节）
　　　　叶富智（第七章第三、四节，第十一章第三、四节）
　　　　刘婧婧（第四章第三、四、五节）
　　　　王顺涛（第五章第三、四、五节）
　　　　宋　云（第六章第一、二、三、四、五、六节）
　　　　邓　俊（第七章第五、六、七、八节）
　　　　苏　航（第八章第二、三节）
　　　　潘志福（第九章第一、二、三、四节）
　　　　王　春（第九章第五、六节）
　　　　张文洲（第十章第一、二、四、五节）

前 言

随着我国城市化进程的推进，城市交通拥堵的问题越发严重，为解决交通拥堵和环境污染问题，国内许多城市在20世纪末期兴起了修建轨道交通的浪潮。轨道交通中的信号系统是直接指挥和控制列车运行的系统，和轨道交通整体项目中的其他子工程，如土建、车辆、供电及车站装修等相比，信号系统的投资相对较低，因此相当一部分城市的地铁公司对信号系统建设的重视程度不足，特别是新建地铁的城市，常简单地将信号系统作为一个常规机电项目对待，对信号系统建设前期研究不深，对系统复杂性预计不充分，对信号调试时间安排不足等，从而导致开通初期的列车运行问题频发，运营服务水平不高。

随着轨道交通建设和运行的纵深发展，各城市的地铁建设者和决策者逐步认清了信号系统的建设难度和重要性，信号系统项目建设期长、调试复杂，对系统安全性、可靠性及专业协作性要求高。信号系统建设的鲜明特点得到了参建各方的重视，使得随后的建设获得了一定程度的成功，如2010年广州市在亚运会期间实现6条新线同时高水平ATO（自动列车运行装置）开通，2013年广州地铁六号线在开通前就完成了2分22秒的运营间隔测试，受到国内外普遍好评。

本书结合广州地铁近二十年的信号系统建设项目管理经验，对城市轨道交通信号系统建设过程进行全面梳理、翔实讲解，并结合大量的应用案例，深入浅出地阐述信号系统建设项目管理的流程和方法，可供全国轨道交通建设单位、各信号系统参建单位及其他从事信号专业工作的人员交流学习,也可作为大中专院校相关专业的教学参考书。

  由于编者水平有限,书中难免存在不足之处,望广大读者不吝赐教,多提宝贵意见。

编者

目 录

城市轨道交通信号系统建设项目管理

专业术语缩写汇总表
第一章　概述……………………………………………………………（1）
　第一节　城市轨道交通信号系统建设项目管理现状………………（1）
　第二节　信号系统技术特点及其在广州地铁的应用情况…………（4）
　第三节　信号系统建设项目管理综述………………………………（9）
第二章　设计管理………………………………………………………（26）
　第一节　设计管理概述………………………………………………（26）
　第二节　设计招标……………………………………………………（34）
　第三节　信号系统设计管理各阶段主要内容………………………（38）
　第四节　设计管理的实施……………………………………………（51）
　第五节　设计工作检查与考核………………………………………（58）
　第六节　信号设计管理注意事项……………………………………（62）
　第七节　设计管理案例………………………………………………（67）
第三章　设备采购管理…………………………………………………（74）
　第一节　设备采购管理概述…………………………………………（74）
　第二节　市场调研和设备选型研究…………………………………（77）
　第三节　用户需求书编制及审查……………………………………（83）
　第四节　设备招标管理………………………………………………（86）
　第五节　信号系统设备采购合同管理………………………………（89）

第六节　信号系统设备采购的重点……………………………………（93）

第四章　设计联络管理……………………………………………………（97）
　　第一节　设计联络管理概述……………………………………………（97）
　　第二节　设计联络主要内容……………………………………………（99）
　　第三节　设计联络中的接口管理………………………………………（109）
　　第四节　设计联络文件审查……………………………………………（116）
　　第五节　设计联络管理案例……………………………………………（117）

第五章　设备出厂及到货管理……………………………………………（122）
　　第一节　设备出厂及到货管理概述……………………………………（122）
　　第二节　出厂检验………………………………………………………（125）
　　第三节　进口货物报关及清关…………………………………………（138）
　　第四节　设备到货………………………………………………………（144）
　　第五节　设备出厂及到货管理案例……………………………………（160）

第六章　施工管理…………………………………………………………（167）
　　第一节　施工管理概述…………………………………………………（167）
　　第二节　施工/监理招标…………………………………………………（168）
　　第三节　施工准备………………………………………………………（170）
　　第四节　施工过程管理…………………………………………………（180）
　　第五节　调试配合………………………………………………………（198）
　　第六节　工程验收………………………………………………………（199）
　　第七节　资产及竣工档案移交…………………………………………（208）
　　第八节　合同结算………………………………………………………（211）

第七章　调试和试运行管理………………………………………………（213）
　　第一节　调试和试运行管理概述………………………………………（213）
　　第二节　调试计划编制和调试组织……………………………………（219）
　　第三节　信号系统调试…………………………………………………（230）
　　第四节　接口调试………………………………………………………（237）
　　第五节　144小时连续运行试验…………………………………………（242）

第六节　综合联调……………………………………………(247)
　　第七节　运营演练与三个月试运行…………………………(256)
　　第八节　调试与试运行管理案例……………………………(258)
第八章　安全认证……………………………………………………(264)
　　第一节　安全认证概述………………………………………(264)
　　第二节　安全认证的测试项…………………………………(269)
　　第三节　安全认证证书及安全评估报告……………………(271)
第九章　验收和全寿命周期服务管理………………………………(276)
　　第一节　验收管理和全寿命周期服务概述…………………(276)
　　第二节　安装工程竣工验收…………………………………(281)
　　第三节　信号系统功能验收…………………………………(287)
　　第四节　验收重点难点………………………………………(318)
　　第五节　质保期及全寿命周期服务…………………………(320)
　　第六节　验收及全寿命周期服务管理案例…………………(328)
第十章　既有线路延伸、拆解及改造信号项目管理………………(332)
　　第一节　概述…………………………………………………(332)
　　第二节　既有线路延伸工程信号系统建设…………………(333)
　　第三节　既有线路拆解工程信号系统建设…………………(340)
　　第四节　既有线路信号系统改造……………………………(346)
　　第五节　线路延伸、拆解及既有线路改造管理案例………(352)
第十一章　国产化工作管理…………………………………………(357)
　　第一节　信号系统国产化发展过程…………………………(357)
　　第二节　信号系统国产化的意义……………………………(361)
　　第三节　信号系统建设项目国产化工作内容………………(364)
　　第四节　国产化工作的组织管理……………………………(369)

专业术语缩写汇总表

序号	英文缩写	中文
1	AFC	自动售检票
2	AM	列车自动运行驾驶
3	AP	无线接入单元
4	AT	自动列车
5	ATB	自动折返
6	ATC	列车自动控制
7	ATO	列车自动驾驶
8	ATP	列车自动防护
9	ATS	列车自动监控
10	BAS	设备监控系统
11	BIM	建筑信息模型
12	BM	标准后备模式
13	BT	建设—转让
14	BTM	消防
15	CATS	控制中心列车自动监控系统
16	CBI	计算机联锁系统
17	CBTC	基于通信的列车指挥控制系统
18	CC	车载控制器
19	CENELEC	欧洲电工标准化委员会
20	CI	联锁系统
21	CTC	调度集中
22	DCS	数据通信系统
23	DMI	司机显示单元
24	DSC	数字信号控制器
25	DSU	数据存储单元
26	DTI	发车计时器
27	EB	紧急制动
28	EMC	电磁兼容性
29	EMCS	电力自动化系统

续表

序号	英文缩写	中文
30	ESA	紧急停车区域
31	FAS	火灾自动报警系统
32	FEP	前端处理器
33	FSM	文档管理
34	GEBR	可保证紧急制动率
35	HMI	人－机界面
36	IBP	综合后备盘
37	IEC	国际电工委员会
38	IRU	接口继电器单元
39	ITC	点式列车控制
40	LC	线路控制器
41	LED	发光二极管
42	LEU	轨旁电子单元
43	LOW	本地操作员工作站
44	MA	移动授权/限制速度值
45	MCS	综合监控模式
46	MDS	维护诊断系统
47	Mimic	大屏
48	MMI	人－机界面
49	MSS	维护支持系统
50	MTBF	平均无故障时间
51	NMS	网络管理系统
52	NRT	非位置报告列车
53	NTP	网络时间协议
54	OBPG	列车广播
55	OCC	运行控制中心
56	PAC	预验收
57	PAT	部分验收测试/静态测试
58	PIDS	乘客信息导向系统
59	PM/SM	ATP监控下的人工驾驶模式
60	PPP	政府和社会资本合作模式

续表

序号	英文缩写	中文
61	PSD	站台屏蔽门
62	PSL	屏蔽门站台控制盘
63	RMR	限制人工驾驶模式下的退行模式
64	RM	受限人工驾驶模式
65	RS	车辆
66	SAT	系统验收测试/信号系统联调
67	SCADA	电力监控系统
68	SDH	同步数字系统
69	SIL	安全完整性等级
70	SIT	系统集成测试/动态测试
71	TMS	运输管理系统
72	TORR	数据通信系统
73	TRE	无线接入设备
74	TSR	限速
75	TTS	列车和轨道数据服务器
76	UPS	不间断电源
77	VCC	列车控制中心
78	VOBC	车载控制器
79	WBS	工作分解结构
80	ZC	区域控制器

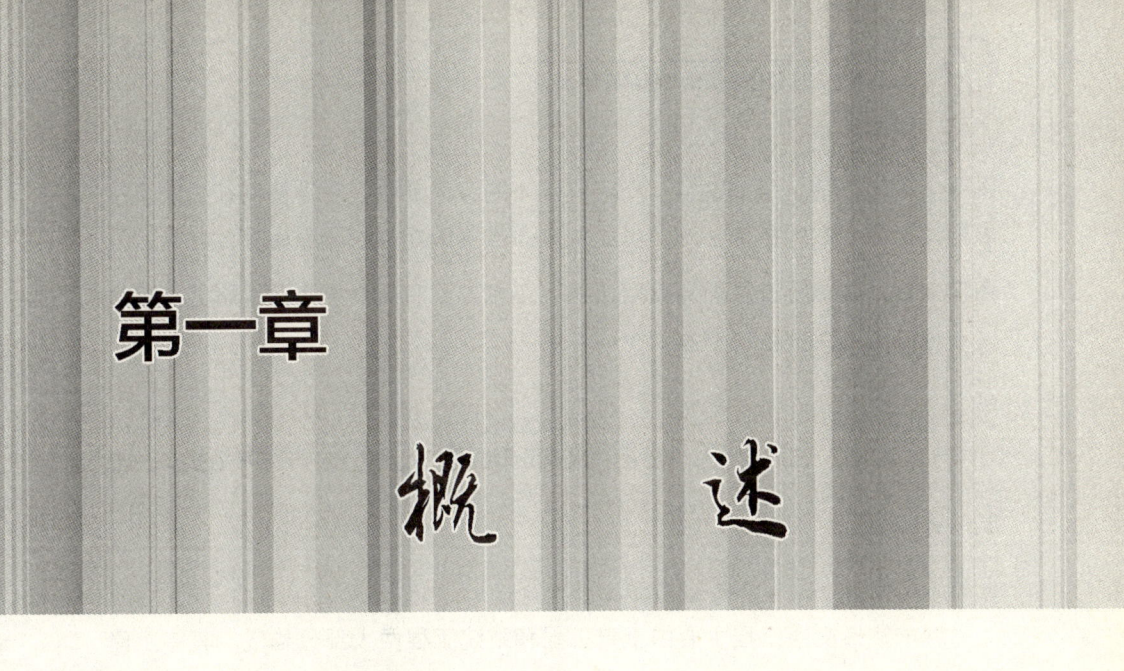

第一节　城市轨道交通信号系统建设项目管理现状

1.1.1　城市轨道交通建设发展迅猛

随着我国城市化进程的快速推进，城市轨道交通已成为完善城市服务功能、促进城市经济快速发展的基础保障。我国城市轨道交通发展前景巨大，各大主要城市均在大力发展城市轨道交通。中国城市轨道交通协会发布的《城市轨道交通 2016 年度统计和分析报告》显示，截至 2016 年年底，中国大陆地区（不含港澳台）共有 30 个城市开通了城市轨道交通运营，运营线路共计 133 条，运营线路总长度达 4 152.8 km，运营车站总数为 2 671 座。

城市轨道交通从规划、设计、制造、施工到运营是一个庞大、复杂、多专业、多门类的系统工程，具有投资大、建设期和回收期长、寿命周期长、边际成本低等特点，管理体制和机制在项目管理中起着非常重要的作用。中国四十多年，特别是 20 世纪 90 年代以来的实践证明，管理体制和机制直接影响投资、工期和质量控制，进而影响城市经济和社会的健康发展。从管理角度来看，城市轨道交通建设领域还有许多方面有待开拓和深入研究，信号系统建设的项目管理就是其中之一。

1.1.2 信号系统在城市轨道交通运输中的关键作用

城市轨道交通工程主要由土建工程和系统工程两大部分构成。其中土建工程可分为车站和区间土建工程等，系统工程可分为轨道、通信、信号、电力、供电牵引、屏蔽门、电梯和自动扶梯、火灾自动报警（FAS）、环境与设备监控（BAS）、电力监控（SCADA）、自动售检票（AFC）、环控通风、控制中心、人防、车辆段及车辆等系统。

信号系统是城市轨道交通（包括地铁和轻轨）行车指挥的主要技术装备，担负着指挥列车运行、保证行车安全、提高运输效率的重要任务。信号系统作为城市轨道交通调度指挥和运营管理的中枢神经，与城市轨道交通系统的安全、速度、输送能力和效率密切相关，尽管其投资额在整个工程中所占比例较低（通常在 3% 以下），但对于提高列车通过能力、提高运能、保证行车安全起着至关重要的作用。

盘点各大城市的轨道交通安全运营情况，最常发生的莫过于"信号系统设备故障"停车事故。统计数据表明，信号系统在刚刚运行或升级调试过程中，更加容易发生故障。如 2010 年 9 月 17 日，某城市轨道交通四号线一辆列车车载信号系统设备出现故障，地铁公司解释称，之所以出现这样的问题，主要是由于四号线在进行信号系统升级调试。为了不影响信号系统的白天运行，升级时间大多集中在夜间，但因配套的列车系统十分复杂，所以有不稳定因素存在。近年来，各城市新建的轨道交通线路在开通伊始，或多或少均出现了信号系统设备故障的问题。

根据广州地铁2011—2015年列车服务可靠度表现数据分析，设备故障和乘客原因是导致列车服务可靠性降低的主要诱因，其中信号系统故障、车辆系统故障和乘客原因导致的晚点累计占比达77%，信号系统故障占比更是高达37%，如图1—1所示。

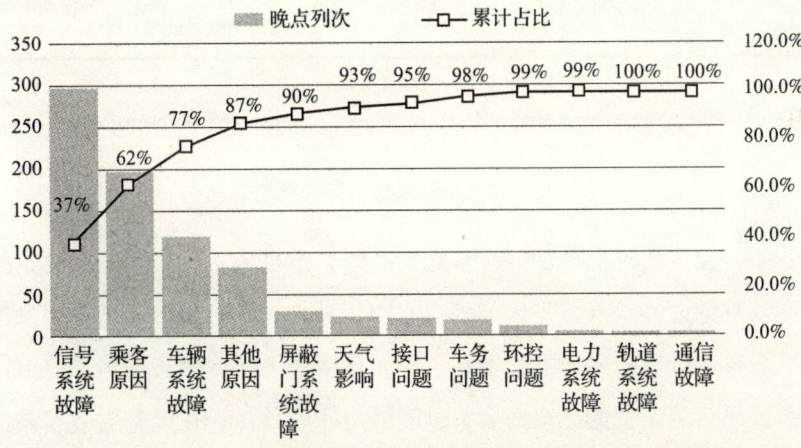

图1—1　广州地铁2011—2015年列车服务可靠度表现

1.1.3　信号系统建设项目管理对提升信号系统性能的作用

从以上分析可以看出，虽然信号系统在轨道交通工程总投资中占比较小，但对运营服务指标影响大，如何让信号系统更加稳定可靠地工作，可从产品阶段的系统设计、建设阶段的项目管理和运营阶段的维护保养等方面进行分析研究。

从信号系统全寿命周期来看，建设项目管理环节的时间跨度很大，影响质量的诸多要素（如工程设计、生产制造、安装调试和质保期服务等）都处在建设项目管理环节，如图1—2所示。总结广州地铁二十年的建设经验，建设期间的管理水平对信号系统设备的全寿命周期工作状态有关键影响。

| 产品开发设计 | 工程设计 | 生产制造 | 安装调试 | 维护保养 |

a) 信号系统全寿命周期（20年左右）

| 设备选型 | 设计联络 | 设备监造 | 设备安装督导
系统功能调试 | 质保期服务 |

b) 建设项目管理环节（5～8年）

图1—2 信号系统周期与管理

例如，首先通过招标做好设备选型工作，选择质量优良、运行稳定的产品，可以避免设计缺陷、先天不足等问题；其次，做好设计联络期间的信号系统平面布置以及轨道数据配置等工作，可以最大限度地实现用户需求；再次，通过严格的设备监造选择质量过硬的电子元器件，在设备安装和调试期间采取有效措施尽可能避免潮气、灰尘等因素对设备性能的不利影响，显然对质量保障也是极为有利的；最后，建设单位通过强有力的合同管理督促供应商或集成商提供良好的质保期服务，有利于平稳度过线路开通初期不稳定的设备磨合期。

综上，加强信号系统建设期的项目管理，是保障和提升信号系统性能的关键措施之一。

第二节 信号系统技术特点及其在广州地铁的应用情况

1.2.1 信号系统的技术特点

城市轨道交通信号系统从铁路制式信号系统发展而来，但由于其线路有独立运营、自动化和信息化等要求，与铁路制式的信号系统有一定的区别。城市轨道交通信号系统的技术特点是：

(1) 具有完善的列车速度监控功能

城市轨道交通所承担的客运量巨大，对行车间隔的要求远高于铁路，最小行车间隔 90 s，甚至更小，因此对列车运行速度监控的要求极高。

(2) 数据传输速率不断提高

城市轨道交通的列车运行速度远低于铁路干线的列车运行速度，最高运行速度通常为 80 km/h，所以信号系统可以采用速率较低的数据传输系统。但是，随着轨道交通信号自动化技术的不断发展，对信息需求越来越多，信号系统也逐步采用速率较高且独立的数据传输系统。

(3) 信号系统联锁关系较简单，但技术要求高

城市轨道交通的大多数车站没有配线，不设道岔，甚至也不设地面信号机，仅在少数有岔联锁站及车辆段才设置道岔和地面信号机，故联锁设备的监控对象远少于铁路车站的监控对象，联锁关系远没有铁路复杂；并且，除折返站外全部作业仅为旅客乘降，较为简单，通常一个控制中心即可实现全线的联锁功能。

轨道交通信号自动控制最大的特点是把联锁关系和列车自动防护系统(ATP)的自动控制功能结合在一起，自动化程度高且包含一些特殊的功能，如自动折返、自动进路、紧急关闭、扣车等，增加了技术难度。

(4) 车辆段独立采用联锁设备或纳入正线

城市轨道交通车辆段的功能类似于铁路区段站，包括列车编解、接发列车和频繁的调车作业，线路较多、道岔较多、信号系统设备较多，一般独立采用一套联锁设备。在部分全自动化线路，逐渐将车辆段作为正线的其中一个站点，可以支持信号系统全线（含段场）覆盖。

(5) 自动化水平高

由于城市轨道交通线路长度短、站间距离短、列车种类较少、行车规律性很高，因此它的信号系统中通常包括自动排列进路和运行自动调整的功能，自动化程度高，人工介入极少。近年来，轨道交通信号系统已经实现比

较完善的无人驾驶控制。

(6) 普遍采用基于通信的列车指挥控制系统 (Communication-Based Train Control System, CBTC) 制式

CBTC 是当今世界较先进的信号系统发展方向，它与传统的基于轨道电路的信号系统相比，具有如下技术特点：大容量、连续的双向车—地通信；地面设备及车载设备均采用安全计算机实时处理列车状态和控制命令，实现连续的间隔控制、进路控制、速度防护和自动驾驶等；高精度列车定位；列车运行控制的可维修性，减少了全寿命周期成本；信号系统的 CBTC 信息内容可以叠加在既有信号系统上，便于既有线改造，也有利于实现城市轨道交通的互连互通改造。

1.2.2 信号系统的组成

(1) 从分布位置角度区分

一套完整的 CBTC 信号系统从分布位置的角度区分，一般包括：区域控制器 (ZC)、列车车载信号系统设备、地—车双向信息传输系统和列车定位系统 (见图 1—3)。

区域控制器是 CBTC 系统中地面部分的核心，它根据前车的位置信息、线路障碍物的状态信息及联锁状况，为后车计算移动授权 (Movement Authority, MA)，即限制速度值。MA 是列车安全行驶至下一个停车位置所需的速度，是正式授权的，它能实现列车的安全间隔控制。列车安全间隔距离根据最大允许车速、当前停车点位置及线路等信息计算得出，其信息被动态循环刷新。

列车车载信号系统设备实时比较列车的实际速度与接收到的 MA，当列车实际速度超过 MA 的限制速度时，将自动实施常用制动或紧急制动，保证列车安全停在安全点前。

地—车双向信息传输系统通常可采用无线通信、地面交叉感应环线和波导管等媒体向车载控制设备传递信息。

第一章 概述

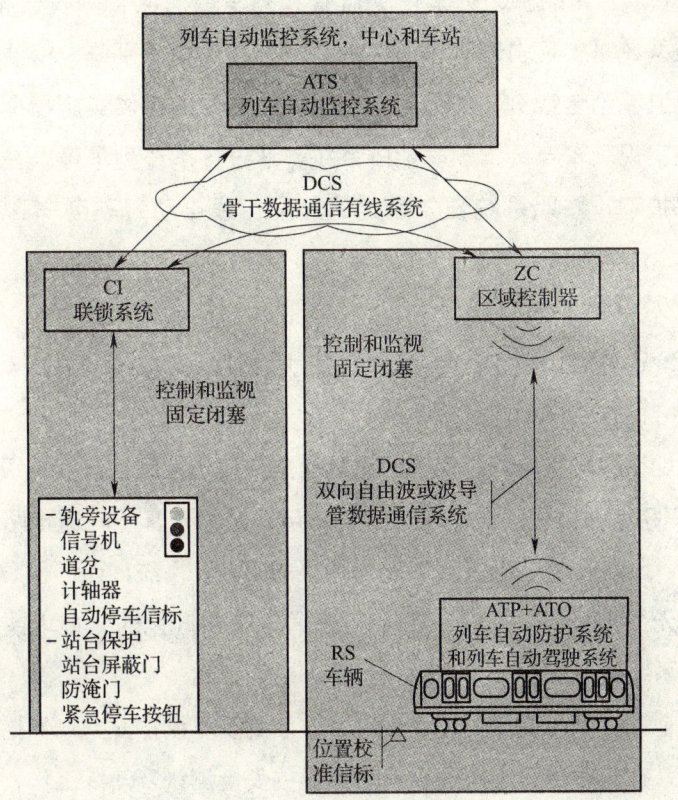

图1—3 CBTC系统框图

为确保安全，CBTC系统中列车必须对自身位置和运行方向进行精确判定。为判定位置，列车的车载计算机与转速计、速度传感器、加速度计（用于测量距离、速度和加速度）及轨旁定位应答器共同合作，实现列车的准确定位。

（2）从功能角度区分

从功能的角度区分，信号系统通常由联锁系统、自动防护系统（ATP）、自动监控系统（ATS）和自动驾驶系统（ATO）组成。

联锁系统控制列车运行进路的安全，通过列车位置检测设备和道岔位置控制装置来控制信号机的显示，以实现列车之间的物理位置分隔；自动防护系统实现列车的安全运行防护功能，包括超速防护、安全间隔、车门及屏蔽门监督防护、追尾防护、列车停稳监督和列车倒溜监督等安全相关功能；自动监控系统是实现自动列车监控的智能化调度指挥系统，以便调度人员能够实时监视到全线列车的运行动态，并在需要的时候实施指挥；自动驾驶系统是实现列车自动驾驶功能的系统，通过该系统列车可以在自动防护系统的保护下，按照系统预先设定的速度曲线自动驾驶列车到达预定位置。

1.2.3　典型信号系统在广州地铁的应用

广州地铁信号系统均采用国际上具有成熟应用业绩且安全等级最高的产品，从1997年一号线开通以来，陆续采用了西门子基于轨道电路的准移动闭塞系统、阿尔卡特（泰雷兹）基于环线的CBTC系统、西门子/泰雷兹/卡斯柯基于无线的CBTC系统，2016年开通了全国产化的北京华铁基于无线的CBTC系统线路。

广州地铁信号系统从设计、生产、安装到现场调试开通均严格遵循相关安全流程，在载客运营之前必须完成大量的安全测试及演练工作，其中包括列车追踪测试及各种情况下的防护间隔测试等，所有测试结果必须送安全认证机构审核，只有获得其签发的安全认证证书，才允许将信号系统投入载客运行。

广州地铁各线路信号系统应用情况见表1—1。

表1—1　　　　　　广州地铁各线路信号系统应用情况

线路	线路长度（km）	供应商/集成商	信号系统制式	开通年月	国产化情况
一号线	18.5	德国西门子	数字轨道电路准移动闭塞	1997年6月	采用西门子全套设备，电源国产
二号线	23.2	德国西门子	数字轨道电路准移动闭塞	2003年6月	采用西门子全套设备，电源国产

续表

线路	线路长度（km）	供应商/集成商	信号系统制式	开通年月	国产化情况
四号线	43.5	德国西门子	无线移动闭塞	2005年12月	采用西门子全套设备，电源国产
三号线	46	加拿大阿尔卡特	环线移动闭塞	2006年12月	阿尔卡特提供核心设备
五号线	40.5	德国西门子	无线移动闭塞	2009年12月	采用西门子全套设备，电源国产
八号线	37.6	德国西门子	数字轨道电路准移动闭塞	2010年9月	采用西门子全套设备，电源国产
广佛线	32.1	德国西门子	无线移动闭塞	2010年11月	采用西门子全套设备，电源国产
六号线	24.5	法国阿尔斯通	无线移动闭塞，采用波导管传输	2013年12月	阿尔斯通提供核心设备
七号线	18.6	铁科院/华铁	无线移动闭塞，采用漏缆传输	2016年12月	成套全国产化设备
九号线	20.1	泰雷兹	无线移动闭塞	预计2017年12月	泰雷兹提供核心设备

第三节 信号系统建设项目管理综述

1.3.1 信号系统建设项目管理模式

20世纪90年代至今，从当时代表信号系统先进水平的准移动闭塞技术（上海地铁一号线、二号线和广州地铁一号线）发展到如今各地广泛采用的CBTC移动闭塞技术，国内轨道交通机电项目经历了由外商交钥匙工程模式到建设单位主导模式、"建设+咨询"模式的发展历程,并开始往政府和社会资本合作模式(Public-private Partnership,PPP)不断发展。

(1) 交钥匙工程模式

20世纪80年代,我国城市轨道交通关键机电设备技术还处于起步阶段,上海和广州等城市的轨道交通车辆、信号和供电系统均选择进口方式,项目管理模式采用交钥匙工程模式。在该模式下,德国西门子公司既是设备总集成商,同时也是设备供应商,车辆、信号和供电系统等设备由其生产,车辆、通信、信号、牵引供电和SCADA等子系统之间的接口管理工作也由其负责。显而易见,建设单位在这种模式下承担的风险及花费的精力是较少的,而德国西门子公司作为国际上著名的电气设备供应商,其设备质量及项目管理能力水平均较高,为各城市轨道交通项目的顺利进展奠定了基础。这种模式成功的前提要求集成商是集设计、制造和项目管理为一体的有很强实力的大公司,同时该模式也存在工程造价高、建设单位意图很难贯彻等缺点。随着国内城轨企业管理水平的逐步提高,目前已经很少采用该模式。

(2) 建设单位主导模式

在该模式下,建设单位自行组织设计、设备和工程采购,依靠建设单位项目经理对供应商/集成商进行管理。采用该模式有利于体现建设单位的意图,并且可以降低工程造价和管理成本,适用于技术力量强、人力资源充裕、实际经验丰富的地铁公司。但该模式对建设单位项目经理的综合素质要求较高,且风险也较大,建设单位不但负责合同管理、设计联络、监造、验收、施工和调试管理,还承担了系统功能完备性和设备间接口管理的风险。目前,北京、上海、广州、深圳和南京等具备较强建设实力的地铁公司常采用该模式。

(3) "建设+咨询"模式

所谓"建设+咨询"模式,是建设单位需要通过招标选定一家咨询机构,咨询机构在信号系统建设项目管理全过程协助建设单位开展工作。这种模式既有利于贯彻建设单位的意图,又有利于降低工程造价,而且由咨询单位提供专业服务可将建设单位从大量事务性工作中解放出来。目前，南宁、长沙、南昌和昆明等很多新建地铁的城市常采用"建设＋咨询"模式，而北京、上海和广州等城市的地铁公司及其下属单位由于具备丰富的建设经验，逐渐可输出咨询服务，为新兴城市充当起建设参谋。

(4) PPP模式

据初步统计，到2020年，我国城市轨道交通里程将达到10 000 km，总投资约5万亿元，投资需求量大，PPP模式是适应这种投资增速需求而应运而生的。采用PPP模式的轨道交通项目，根据资本组成的不同、风险分担和利益分成的不同，其项目治理结构与正常的建设项目管理模式差距较大。合理的风险分担是PPP项目成功的关键，目前轨道交通PPP模式下的风险分担规范还没有形成，仍处于实施、探索、总结的阶段。

1.3.2 信号系统建设项目管理特点

城市轨道交通信号系统建设项目是指在给定的投资范围内和给定的工期条件下，遵循国家基本建设规范和建设流程，为实现轨道交通列车的控制和指挥功能而实施的信号系统设计、采购、施工、调试、验收等复杂而彼此关联的一系列活动的总和。它隶属于工程建设领域，遵循传统项目管理的大多数规律，受范围、质量、成本、时间和资源5个因素的约束与限制。如图1—4所示，范围三角形的理念在信号系统建设项目管理过程中依然发挥作用。

信号系统建设项目具有以下几个特点：

(1) 投资规模大

从涉及的资金规模来看，轨道交通单个信号项目（包括设备和安装工程在内）一般在2亿元以上，造价指标为1 000～1 500万元/千米。

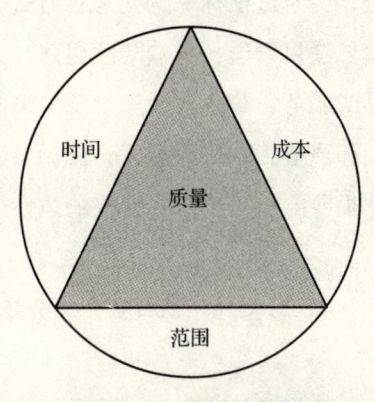

图1—4 范围三角形

(2) 项目时间长

信号系统建设项目经立项、招标、到货、施工、调试及建成移交，在质保期收尾后项目才正式结束，总实施时间通常大于 5 年。

(3) 质量要求高

信号系统是直接指挥和控制列车运行的工具，与乘客服务关系密切，国内北京、上海和广州等地爆发式增长的客流量迫使城市轨道交通的行车间隔进一步缩短，很多线路在高峰期需要实现 2～3 min 的高密度行车间隔才能满足客流需要，高密度的行车间隔对信号系统在建设期的质量及其在运营期的可靠性和稳定性都提出了极高的要求。

(4) 技术复杂

从系统构成、多重冗余、降级后备和安全等级等多个方面来看，信号系统融合了计算机处理、通信、远程监测诊断、模糊控制和机电一体化等技术，是城市轨道交通最复杂的机电系统。

(5) 安全等级高

信号系统建设项目包含项目的系统设计、安装和调试，与安全等级防护设计、安全风险管控密切相关，具有安全等级高的特点。

(6) 建设单位在项目管理中起核心作用

无论哪一种建设模式，从参与信号系统项目的利益相关方分析，建设单位的项目管理机构是最先组建的，同时解决投、融资问题，随着项目的推进，再通过招标采购或总包方式，完成设计单位、供应商、施工单位和监理单位项目管理团队的陆续组建，为某条轨道交通线路的信号系统项目提供产品或服务，最终实现建设单位方的建设目标。建设单位提供信号系统建设资金和质量工期指导意见，协调参建各方问题，是项目管理的核心。与项目周期相匹配，培养一名合格的建设单位项目经理也需要较长时间和较高成本。

1.3.3 项目参与方及其利益诉求

工程建设项目参与方通常是项目内部参与活动的项目利益相关方，一般包括建设单位、设计单位、供应商/集成商、施工单位、监理单位及其他。建设单位项目经理要想做好管理工作，必须了解并尊重这些利益相关方的合理诉求，掌握他们的项目管理目标，使其为工程的最终目标服务。

(1) 建设单位

建设单位通常是工程建设项目的出资人和项目权益的所有者，承担项目投资的责任和风险，有权决定项目的功能策划和定位、建设与投资规模的限度、项目的总体管理目标、项目运作模式，并确定其他参与方等。在新的PPP模式下，对应出资情况和项目组织架构，建设单位也可以是出资人成立的建设项目公司。

(2) 设计单位和咨询单位

设计单位是项目设计工作的承担者，为项目提供方案设计与工程可行性研究、初步设计和施工图设计服务。咨询单位是指立项文件的编著者，或是提供施工图审查的设计监理方，或是为建设单位提供专业技术和项目管理咨询服务的公司。

(3) 供应商/集成商

供应商/集成商为项目提供设备、材料及相关服务，保证实现建设单位期望的设备功能。

(4) 施工单位

施工单位是工程建设项目施工任务的承担者。狭义的施工单位是指承担工程建设或设备安装的施工单位，而广义的施工单位在总承包模式下包括部分设备和材料的供应商。

(5) 监理单位

监理单位对施工单位的作业行为进行督察、监控和评价，这种服务性活动严格按照委托监理合同和有关法律法规来实施，受法律约束和保护。监理单位的服务对象是建设单位。

(6) 其他利益相关方

除上述工程建设项目内部的五方参与者之外，还有项目外部的其他利益相关方，例如政府、金融机构和公众等。

1.3.4 信号系统建设项目管理的工作阶段和主要工作内容

信号系统建设项目管理包括项目立项、设计、设备招投标、供货、安装、调试直至设备质保期在内的全过程项目管理。

(1) 工作阶段

轨道交通信号系统建设项目具有一次性、独特性、目标确定性等属性。从项目立项开始到收尾可划分为若干个工作阶段,这些阶段前后衔接,共同构成项目寿命周期。一般将信号系统项目建设的寿命周期划分为5个阶段,分别是:

1) 启动阶段。提出项目概念,确定项目范围,成立项目组织。具体来讲,先是项目发起,接着组建各地城市轨道交通项目公司或项目部,然后确定建设目标,开展项目立项、线网规划和工程可行性研究。

2) 计划阶段。具体研究项目,做出项目规划,制订项目目标,并从多种方案中选择实现目标的最佳方式,随后制订和完善项目计划,并一直延续到收尾过程,这是因为根据项目的实际情况需不断对项目计划做出修正,甚至是变更计划。

3) 执行阶段。协调各种资源并按项目计划实施,执行过程是完成项目任务的主要部分,通常工作量最大,投入资源最多。在建设工程的项目可行性报告批复后,即可开展初步设计、设备采购和设计联络工作。待设计方案稳定后,安排设备生产、出厂验收和施工图设计,建设单位组织到货,开展设备安装、调试,验收合格后投用。

4) 控制过程。定期监控与量度进展情况以识别与计划的偏差,以便采取必要的纠正措施,确保项目目标的实现。

5) 结束阶段。完成项目成果交付,提供质保服务,开展项目总结,解散项目组织机构。

以上5个阶段虽然有一定的顺序关系,但并不是绝对的串行顺序,而是有一定程度的重叠,如图1—5所示。

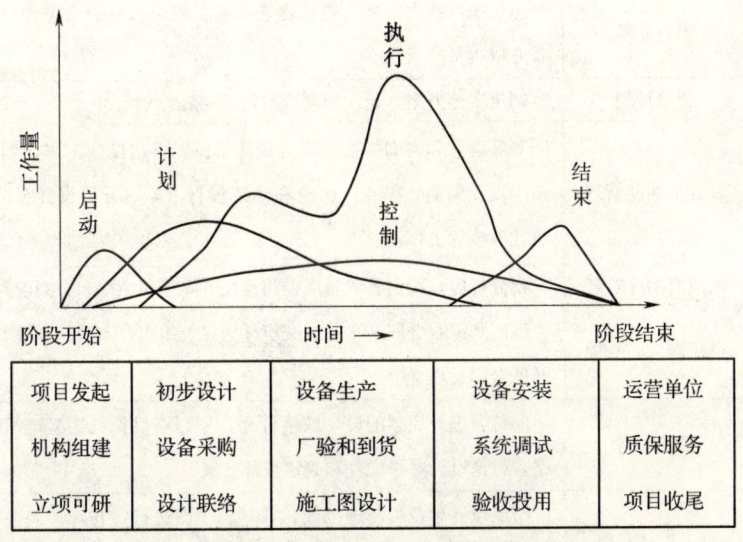

图1—5 信号项目寿命周期

如图1—5所示,项目建设中的每一个阶段都以它的某种可交付成果的完成为标志,前一阶段是后一阶段的条件。从图中我们还可以看到,项目建设中工作量最大的是执行过程,成本也是最高的,所以加强信号系统建设项目的启动阶段管控和计划阶段管控,以较低的代价提前发现和解决问题,可降低执行阶段的项目风险。

(2) 主要工作内容

信号系统建设项目管理的具体工作内容包括:项目立项、项目计划、设计采购及管理、设备采购及合同管理、设计联络、进度控制、质量控制、投资控制、图纸文件管理、产品制造管理、接口管理、施工设计管理、施工和监理采购及合同管理、索赔管理、设备监造、试验管理、出厂检验、到货及仓储管理、开箱检查、安装管理、单体调试、动车调试、综合联调、试运行、验收、培训、设备质量保证管理等内容,详见表1—2。

表 1—2　　　　　　　　　　信号项目管理主要工作内容

序号	任务	工作内容
1	项目立项	组织编制线网规划、项目建议书和工程可行性研究报告，组织审查并取得批复意见
2	项目计划	制定实施方案，组织编制项目整体实施计划
3	设计采购及管理	开展设计和咨询招标，选定设计单位，下达设计工作计划，组织初步设计编制、审查，讨论和确定设计方案。开展设计合同管理、设计考核等工作
4	供应商招标管理	划分标段，编制各设备采购招标文件，组织招标和合同谈判工作
5	供应商合同管理	编制和审查合同文本并提交审评意见，组织合同澄清并签订合同，开展合同管理
6	设计联络	制订合理、完整的设计联络计划；根据项目执行情况组织设计联络，讨论设计联络文件和确定设计方案
7	施工设计管理	组织设计单位编制施工图，并对施工图进行审查，督促咨询单位提交施工图审查意见
8	项目计划管理	根据总工期策划要求制订项目各阶段的实施计划
9	进度控制	根据最终审批的项目计划，对项目执行过程中的各项任务进行动态管理；在工程进度因各种原因受阻时，及时提出解决办法，并采取一切合理有效的措施尽量消除工期受阻造成的不良影响
10	质量控制	严格按照 ISO 9000 系列质量体系的规定，制定设计管理、供应商管理、设备安装及调试等阶段的质量保证监督措施，阐明对各个阶段的检查控制方法；项目执行过程中监督乙方须提交质量控制执行报告，以便进行产品质量的追溯
11	投资控制	制订项目实施各阶段详细的投资控制计划；进行工程投资控制与管理，控制工程成本，制定有关实施措施；执行投资管理措施，协调有关各方保证相关措施的贯彻执行；对工程结算书进行审查
12	图纸文件管理	督促设计总体单位或供应商确立图纸文件的管理程序与办法，以保证图纸文件的规范性和统一性，并在项目实施过程中监督各供应商严格执行；督促咨询单位对设计单位和供应商的图纸、文件详细审查并提交反馈意见

续表

序号	任务	工作内容
13	产品设计管理	督促设计单位对各供应商提交的产品设计图纸和文件进行审查并提出审评意见
14	产品制造管理	根据合同文件质量监督措施,对各供应商的产品制造过程进行监督,并反馈意见
15	接口管理	根据本系统设备的特点,制定设备之间的接口细则及解决建议方案等;进行系统内部设备间的接口管理,协调系统设备供应商之间的关系;如接口设计修改,通知并协调所有受影响的有关各方,保证接口设计修改的贯彻与实施
16	专业接口协调	协调设计单位和供应商完成属于本系统内的各项任务,制定本系统与其他相关系统的接口细则并提出解决方案,以保证实现接口功能
17	索赔管理	根据合同文本采取措施应对乙方的索赔
18	设备监造(可选)	对主要设备生产进行监造,按生产进度编制监造报告,并随时反馈监造中发现的问题
19	试验管理	详细审查各供应商试验建议并反馈意见;签署试验结果评估报告;对供应商各阶段试验工作进行全过程管理
20	出厂检验	组织、参加对各供应商设备出厂检验工作的检查,签署厂验报告
21	到货管理	在设备运输到港(岸)、仓库或工地后组织进行各项到货检查工作,并做好详细记录
22	仓储管理	根据供应商提出的仓储条件对储存场地或库房进行联系和检查
23	开箱检查	组织有关方共同进行开箱检查并做好记录及交接单
24	安装管理	根据工期安排制订相应的设备安装配合计划,跟踪了解施工进度,并及时修订配合计划;组织、监督供应商按期进行现场安装配合,协调解决安装过程中出现的问题;监督施工单位或供应商在现场的设备安装、调试、试运行和质保期等阶段的技术支持工作
25	单体调试	督促供应商根据工期安排制订相应的现场调试计划,跟踪了解施工进度,并及时修订配合计划;组织、监督供应商按期进行现场调试配合,协调解决单体调试过程中出现的问题

续表

序号	任务	工作内容
26	动车调试	督促供应商制定信号系统动车联调方案,组织安排供应商和施工单位参与动车调试,协调解决系统调试过程中出现的作业计划、配合资源和接口协调等相关问题
27	综合联调	根据地铁公司整体综合联调方案组织信号供应商参加系统联调,协调解决信号系统出现的联调问题
28	试运行	组织实施信号系统试运行,协调解决信号系统在试运行期间出现的设备有关问题
29	验收	编制验收计划,按验收计划组织供应商参加各项验收活动,对验收中发现的设备问题按要求督促供应商整改
30	培训	督促供应商提交设备维护和操作培训计划,组织和实施培训并做好记录
31	设备质量保证管理	督促供应商按合同要求及时处理质保期内出现的设备质量问题

上述各阶段的工作重点如下:

1) 设备设计和设计联络阶段。设备设计和设计联络阶段的主要目标是依据合同要求,确定设备的技术性能和详细规格要求,审查确认设备设计图纸,按照设计图纸和工期目标计划开始设备生产。工作重点是通过设计联络协商和研究讨论设备技术性能及详细技术规格,解决接口问题,以便尽快安排设备生产。

2) 设备生产(制造)阶段。设备生产(制造)阶段的主要目标是确保信号系统的各项设备都能按照已确定的生产计划、技术规格要求和质量标准完成生产任务,按时提供各项设备,以保证整个工期计划的实现。工作重点是对供应商的生产计划进行监督、控制,对产品质量进行跟踪,有效地解决接口技术问题。

3) 设备出厂验收和仓储阶段。设备出厂验收阶段的主要目标是确保各项设备都达到技术和质量标准,满足功能要求。仓储阶段的主要目标是使设备处于良好的技术和质量状态,以便在设备安装调试后能尽快投入运行。设备出厂验收和仓储阶段的工作重点是制订好验收计划,做好设备出厂试验工作,根据包装要求和设备本身的储存要求安排好仓储场地和管理人员。

4) 设备安装阶段。本阶段的工作重点是根据工程实际工作面,督促施工单位按照设计图纸和安装手册完成设备安装,协调和解决施工及专业接口问题。

5) 调试阶段。调试阶段的主要目标是在设备系统的各项设备安装完成后,通过现场试验检验,检查设备安装后电缆接线是否正确,能否实现合同功能。工作重点是协调好信号系统的作业计划和资源配合。

6) 试运行及工程验收阶段。试运行阶段是设备系统完成调试、联调工作投入使用后必须经历的阶段(一般为3个月)。试运行阶段的主要目标是考验、暴露存在的隐患,如出现问题,则督促供应商解决,使信号系统的各项设备都能稳定地正常运行。工程验收阶段的主要目标是针对工程(主要是安装)存在的缺陷,提出整改意见,由施工单位进行改进。工程验收工作由建设单位组织并制订验收计划,由建设单位管理部门按验收计划组织供应商、施工单位、监理单位和建设单位(包括运营管理部门)参加工程验收。工程验收阶段的工作重点是提出工程和设备存在的问题,并按要求督促落实整改。

1.3.5 信号系统建设项目管理的10个知识领域

在信号系统建设项目管理体系中,有10个知识领域会对项目运转产生影响,如图1—6所示。其中核心因素包括范围管理、时间管理、成本管理和质量管理,辅助因素包括人力资源管理、沟通管理、风险管理、采购管理和干系人管理,上述各因素一起在项目"整合管理"中进行,共同构成了一个项目成功运转所应具备的条件。

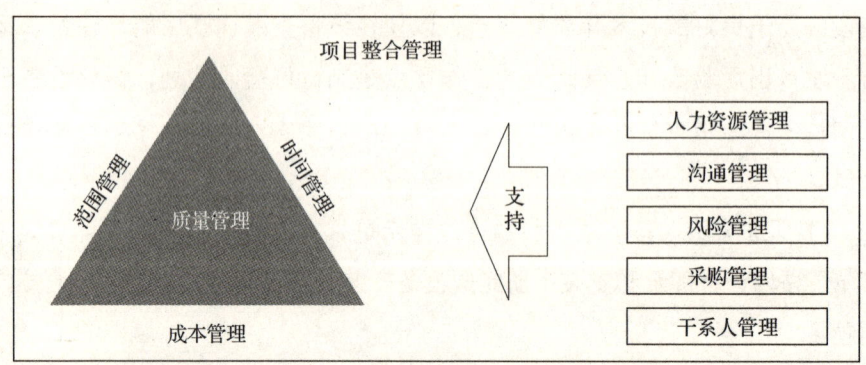

图 1—6 项目管理体系中的 10 个知识领域

这 10 个知识领域的内容，就分布在项目的 5 个阶段中，它们之间的对应关系见表 1—3。

表 1—3　　项目管理体系 10 个知识领域的对应管理

序号	10 个领域	作用描述	5 个阶段				
			启动	计划	执行	控制	结束
1	整合管理	协调和统一项目中的各因素，避免"失衡"		★	★	★	
2	范围管理	确保项目完成该完成的工作，排除不该做的工作	★	★		★	
3	时间管理	确保项目在规定的时间范围内实现目标		★		★	
4	成本管理	保障项目能够在合理的资金范围内实现目标		★		★	
5	质量管理	确保项目的过程和结果都符合质量要求		★	★	★	
6	人力资源管理	为项目的成功提供人力资源支持		★	★		
7	沟通管理	保障项目实施过程中干系人有效交流、传递信息		★	★	★	★
8	风险管理	保障项目实施过程中能够识别和处理各种意外事件		★		★	

续表

序号	10个领域	作用描述	5个阶段				
			启动	计划	执行	控制	结束
9	采购管理	确保项目实施过程中供应商能按要求提供资源供给		★	★		★
10	干系人管理	确保对干系人的引导,降低他们对项目的负面干预					

从表1—3中我们可以看到,启动阶段主要涉及范围管理的内容,重点是确定项目目标。项目的计划阶段几乎涉及项目管理的所有知识领域,即项目计划的内容必须全面考虑项目各个管理领域的要求。项目的执行阶段和控制阶段在不同管理领域中的差别,反映了项目执行者和项目管理者之间的职责划分。项目的结束阶段,主要与沟通管理和采购管理的部分内容有关。

在核心因素中,首要的是明确项目范围,通过范围计划和范围定义,对项目范围进行分析和细化,形成WBS(工作分解结构)图。基于WBS图定义项目活动提出资源需求,同时根据定义出来的项目活动清单,进一步定义项目活动之间的依赖关系,形成项目活动网络图。为每个项目活动分配资源,并结合资源的考虑估算各个项目活动的工期。然后根据资源需求和项目活动工期,估算出项目的成本。同时,还要基于WBS图制订出项目风险管理计划,根据风险管理的要求,增加相应的项目活动和风险准备金,将这些因素与前面形成的项目活动网络图及项目成本估算相结合,分别形成项目时间表和项目成本预算,最终形成综合的项目计划。

辅助因素中的各项内容都需要在核心因素中体现,包括在项目范围、项目活动、资源需求和成本中都需要有所考虑。例如,质量管理所要求的有关交付物,也必须列入项目范围,因其对时间和成本都产生影响;项目沟通计划、风险缓解计划中所需的活动,也要纳入整体项目活动当中,因其对项目时间和成本也产生影响。

在实际制订项目计划的过程中,通常需要反复修正。一般是首先考虑核心因素的要求，制订初步的项目计划，然后将辅助因素的内容逐项添加到项目计划中，使项目计划逐步丰富、完善起来，最后再利用项目三角形的原理，对项目计划进行调整，在各个限制条件之间进行权衡，使项目在各个方面都能够满足项目目标及限制条件的要求。

1.3.6 项目管理组织机构

项目管理组织机构通常分为"一体化"模式和"非一体化"模式。

在"一体化"模式下，建设单位的建设部门和运营部门在一个大公司框架下，为成功实现一条线路的正常建设和建成后的运维管理而形成合力，两个部门关系密切，沟通顺畅；建设过程中运营部门能及早介入，在招标采购阶段就提出用户需求，在设计联络过程中能将需求进一步细化成设计方案并落实；双方在设备验收和移交过程中比较容易取得一致，二者纠纷较少。

在"非一体化"模式下，投资人、建设单位的建设部门和运营部门呈三足鼎立之势，互相制约与平衡，各方执行基本建设标准和验收标准的力度较大，若前期沟通不畅，则容易在验收接管时因各自立场不同，导致协调工作量加大，往往需要政府或建设管理部门的介入协调才能解决相关问题。

在我国，城市轨道交通建设、运营"一体化"模式占多数。广州地铁是"一体化"模式的践行者，建设事业总部和运营事业总部是广州地铁的两大核心部门。从历史沿革来看，信号系统建设项目管理机构早期隶属建设事业总部，2008年，考虑到信号专业与运营关系密切且联调联试过程中需要用到较多的运营资源，于是对相关业务进行了调整，将信号、通信、车辆等建设业务划归运营事业总部，并一直延续至今。为迎接2010年亚运会，广州地铁经历了5条线路同时开通的建设高峰，在工期特别紧张的情况下，全部线路的信号系统在开通时均实现了ATO水平，事实证明，"一体化"模式在广州地铁的应用是成功的。

1.3.7 项目经理对项目成败具有重大影响

项目管理是最能体现组织执行力的一门管理学科,但具体到执行层面,则需要项目经理全权代为履行。在项目管理体系中,项目经理被定义为是执行组织委派并实现项目目标的个体。从宏观层面上讲,组织在选择和任命项目经理时,应考虑三个要素:

(1) 项目经理应该知道如何用项目管理理论来管理和推进项目,即执行能力要强。

(2) 项目经理应该掌握所负责项目的专业和商务层面的业务知识能力。

(3) 项目经理应该具备较强的综合素质,即个人综合能力。

如果把项目经理的最佳胜任能力用等边三角形来表示,如图 1—7 所示,则实际工作中几乎所有的项目经理都在等边三角形之内,项目经理应通过不断修炼,让自己上述能力的表现尽可能接近等边三角形,以便提高项目成功的可能性。

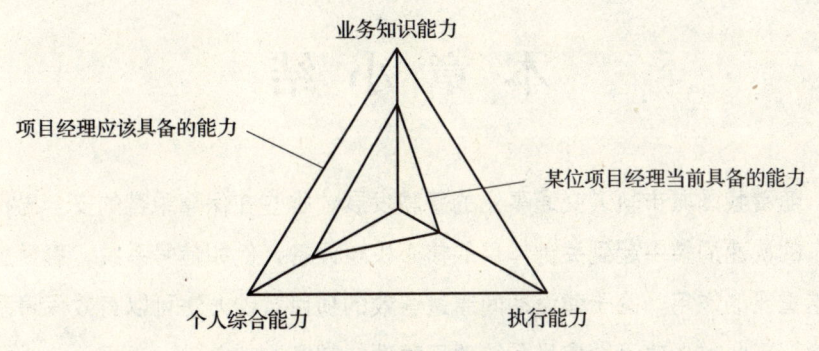

图 1—7 项目经理最佳胜任能力三角形

21 世纪以来,随着我国融资渠道的拓展和科学技术的迅猛发展,轨道交通产业当前面临的最大难题和最大风险,不是来自于资金和技术,而是项目执行的艰难,人才问题是其中的关键。如果没有超强执行力的项目团队,就难以迅速有效地推进轨道交通快速发展战略。

在执行层面，各地城市轨道交通企业应该组织建立成熟的项目管理体系，培养优秀的项目管理人才。信号系统是轨道交通行业的核心业务，特别是在建设领域，由于人才培养周期长及不可控的人才流失，极度缺乏既懂管理又懂专业的信号系统建设管理人才，再加上对个人综合能力有较高要求，因此适合做建设单位项目经理的人才更加稀缺。如何培养同时具备较高业务知识能力、个人综合能力和项目执行能力的合格的信号系统项目经理，是各地城市轨道交通建设单位需要共同思考的问题。

广州地铁由于在轨道交通领域涉足较早，经过20余年的积累和历练，在建设过程中培养了一大批优秀的建设项目管理人才，形成了公司的核心竞争力，部分人才交流到全国各地，也将广州地铁的部分工作理念进行了传播。广州地铁的案例表明，包括信号系统在内的建设单位项目经理只有在实践中锻炼才能快速成长，但一个项目的结束并不意味着所有人都能成为合格的项目经理，只有那些具有坚强信念、严格要求自己、注重细节、注重积累、执行能力强的项目经理才能成功，一个成功项目的背后必然有一个合格的项目经理人，在组织取得成功的同时也成就了自己。

本章小结

随着我国城市轨道交通事业的蓬勃发展，那些在保障乘客的安全出行和列车的快速周转中起到关键作用的核心机电设备，例如信号系统，彰显出越来越重要的作用。鉴于建设期间通过有效的项目管理方法可以有效保障系统功能，因此加强建设期信号系统项目管理非常必要。

本章首先介绍了CBTC的基本结构和技术特点，并结合广州地铁信号系统的实际应用，介绍了国内外典型供应商的主流产品。随后介绍了信号系统建设项目管理的4种模式，阐述了信号系统建设项目的6个特点，逐一讲述了6个利益相关方，并与寿命周期及项目管理的5个阶段相对应，重点讨论了信号项目管理的 31 项主要工作内容。最后阐述了信号系统建设项目管理的 10 个知识领域和项目经理能力三角形等,指出项目经理的业务知识能力、个人综合能力和执行能力对项目成功起到关键作用,特别是对重大项目,这一点尤为重要。

第二章 设计管理

第一节 设计管理概述

目前我国正处于轨道交通建设的繁荣时期，中国已经成为世界上最大的轨道交通市场，形成了包含线网规划、咨询、工程设计、施工建设、施工监理、运营管理、设备及原材料制造、安全维护等在内的巨大产业链。其中线网规划、咨询和工程设计为国内从事轨道交通的设计单位提供了良好发展契机。

2.1.1 信号系统设计管理的重要性

城市轨道交通设计包括规划方案设计、初步设计、招标设计和施工图设计等内容，设计管理就是针对各个不同的设计阶段制订不同的管理目标和计划，对投资、质量和进度进行控制管理。人们常说"设计是龙头"，这句话彰显出设计在城市轨道交通工程基本建设流程中的重要地位，不但项目投资管控、设计方案确立主要集中在设计阶段，城市轨道交通项目的工程概算历史数据分析也表明，工程建设项目绝大部分投资是在设计阶段（初步设计、技术设计和施工图设计）确定的，而且随着时间推移和项目进展，设计对投资的控制程度呈下降趋势，如图2—1所示。因此设计工作无论是对工程质量、工程投资还是工程进度来说都十分重要，甚至会影响项目建成后的运营效果和经济效益等。许多工程项目设计存在设计深度不够、图纸错误、设计变更多等现象，小则影响建设方的利益，大则给城市带来浪费和负面影响。综上所述，设计管理需要建立长效机制，建立完善的管理制度、健全的组织机构，建设单位也应高度重视，把设计管理当作项目管理的关键环节进行管控。

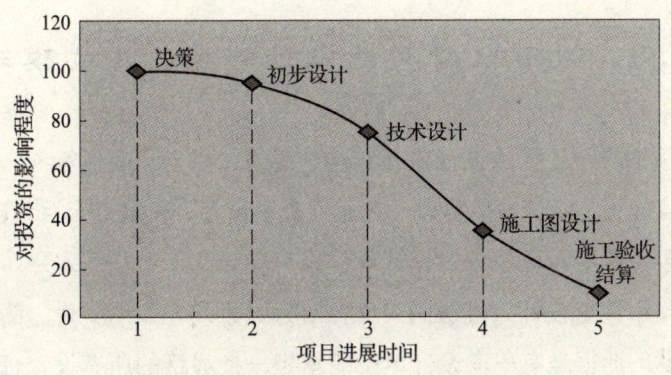

图2—1 建设过程各阶段对投资的影响

2.1.2 信号系统设计管理的内容

信号系统设计分为产品设计和工程设计。产品设计由信号系统供应商主导、组织和实施；工程设计是指信号系统设计单位把线路、轨道、车辆、设备房等相关专业图纸和数据提供给信号系统供应商，检查、核对、验证其产品设计，并把信号产品安装在特定物理位置上，输出施工图，并最终满足用户要求和运营需要的设计过程。

信号系统设计管理的目标是通过设计贯彻落实国家有关建设政策法规、技术规范、标准及地方政府有关城市轨道交通工程建设的规定，落实工程可行性研究的结果和审批意见，落实审查批准的工程设计技术要求，落实建设单位的建设、运营、经营战略思想以及公司文化和管理理念，通过对设计过程的有效控制，保证城市轨道交通工程建设项目的投资、进度以及质量控制目标在设计阶段的实现。

建设单位设计管理工作的四个方面为：一是对设计单位的管理，包括提供资料，协调各设计单位工作，控制工程的投资、进度和总体质量水平，监督设计进度，审查设计内容；二是提供设计所需的环境资料等；三是协调设计所需的外部协作条件；四是组织设计文件的上报和审批，最后取得工程建设用地、工程规划和工程施工等许可，以便进行正式施工。

2.1.3 城市轨道交通设计管理的主要模式

城市轨道交通工程的设计涉及结构、建筑、供电、轨道等 40 多个专业，且专业跨度较大，设计接口复杂，专业互提资料多，有时甚至互为输入条件。这种特征要求承担设计任务的设计单位具有较强的综合技术水平，需要在某段时间内集中大量设计人员协同工作，对人员素质、如期交付、图纸质量的要求很高，因此很难有一家设计单位能承担一条线路的所有设计任务。当前国内城市轨道交通工程的设计管理模式主要有三种：设计总承包管理模式、设计总体管理模式和设计总包总体管理模式。各城市可根据线路建设特点、工程实际情况、地方设计力量以及建设单位的自身利益确定设计管理模式。

(1) 设计总承包管理模式

该管理模式在我国轨道交通建设起步初期的 20 世纪 90 年代较为常见。由建设单位通过招标选择一家实力较强、有经验的大型综合性设计单位进行设计总承包，设计总承包单位对项目的设计过程和设计成果实施全方位的管理与控制，同时根据其自身的需求把部分设计任务进行分包，但总承包单位对建设单位负总责。这种管理模式是我国在 50 年代学习苏联管理模式的延续，在国家的重点项目建设中做出了重大贡献，是较为传统的管理结构形式，可把设计总承包单位不擅长的部分设计工作分包给专业性较强的设计单位，在体现设计单位综合水平的同时能实现企业的利润最大化。

该管理模式的特点：沿袭计划经济时代的管理模式，充分利用各行业国有大型设计院的人力、物力和管理经验，自主对整个工程设计负总责，完全行使对分包设计单位的管理控制。它简化了建设单位、政府部门和设计单位的关系，使建设单位能够集中精力抓好轨道交通工程的全面筹划、融资、工程建设和外部协调方面的工作，适应建设单位为工程建设指挥部的管理模式。此管理模式是典型的金字塔结构，管理层次清晰、责任明确，对于工程建设项目管理是非常有效的。但是，由于分包设计单位和设计总承包单位是一种直接的合同关系，成本管控和经济利益关系在其中发挥作用，分包设计单位的创造性方案不容易得到重视和采用，同时由于国家税务政策使分包设计单位得到的设计费实际含了两重税，直接影响分包设计单位的利益。

（2）设计总体管理模式

该管理模式是建设单位把整个工程的设计管理工作分为项目管理和技术管理，其中项目管理由建设单位直接承担，建设单位负责对参与设计工作的工点设计单位的设计行为和设计成果实施管理与协调。而技术管理由建设单位委托一家技术实力较强的设计单位承担项目设计总体管理工作，对参与本项目设计工作的设计单位的设计成果实施技术上的管理与协调。此管理模式是一种双轨制的纵向管理体制，由建设单位和设计总体单位对参与本项目设计工作的分项设计单位的设计行为和设计成果实行协同一致、分工合作的设计全过程的控制管理。

该管理模式的特点：建设单位全面负责整个建设项目设计工作的管理和控制，通过设计工作管理部门对参与项目设计工作的各分项设计单位的投资控制、进度控制、质量控制、设计行为、合同管理和信息资料进行全面调控；负责对各分项设计单位的设计成果实施技术上的管理与协调，确保设计文件的系统性、统一性和完整性。建设单位与各分项设计单位都是直接的合同关系，将直接对各设计单位进行管理，但因建设单位和设计总体管理的界限难以划分清晰，容易出现多头指挥的情况，让专业设计单位难以适从。

（3）设计总包总体管理模式

该管理模式是建设单位根据项目特征和设计市场情况将设计任务分解成

若干小项目，通过招投标选择有专业特长的设计单位承担相应工点设计项目工作，同时确定一家具有较强技术力量和综合协调能力的设计单位承担设计总包总体管理工作。总包总体管理单位受建设单位委托对轨道交通工程设计的总体性设计、工点（包括车站和区间）设计和系统设计的总体性、系统功能统一性、经济合理性、技术进步性、项目投资和总体进度进行总负责，其组织机构由总包组和总体部等核心部门构成，在合同有效期内为建设单位提供总体性设计、设计成果总成和技术管理服务，在建设单位的授权下开展工作，为设计方提供技术指导和技术服务。

该管理模式的特点：可充分利用高水平的社会专业力量来参与设计管理工作，使建设单位、设计总包总体单位和各设计单位均形成三角关系，形成以工程设计为中心的"虚拟组织"，使建设单位集中精力抓好轨道交通工程的全面筹划、融资、物业开发、外部协调及运营管理等方面的工作，适应当今工程建设"小建设单位，大社会"的发展方向。设计总体总包单位全面负责整个建设项目设计工作的管理和控制，其成立的设计总承包管理组负责对参与项目设计工作的各单位的设计进度、质量和工程投资实施全面调控；设计总体组负责对参与项目设计工作的各单位的设计成果实施技术上的全面管理与协调，从而最大限度地确保设计工作的成果达到优质、高效、经济、合理的目标。

由于设计总包总体模式迎合了市场需要，又节省了建设单位的管理资源，因此当前国内较多采用该模式。从当前市场分析，北京、上海、广州、深圳等城市均培育了服务本地的设计总包总体单位。例如，北京地区的设计总包总体市场份额以北京城建设计发展集团股份有限公司为主，华东地区以上海市隧道工程轨道交通设计研究院独大，广州地铁设计研究院有限公司在广州占有绝对优势，深圳市政设计研究院逐渐成为深圳地铁的设计总包总体单位，其他综合实力较强的轨道交通设计院则在其他城市布局，如中铁第一勘察设计院集团有限公司、中铁二院工程集团有限责任公司、中国铁路设计集团有限公司、中铁第四勘察设计院集团有限公司，设计总包总体市场在全国呈现出比较激烈的竞争态势。

2.1.4 设计管理组织体系

以设计总包总体管理模式为例,政府、建设单位、设计咨询单位、设计总包总体单位、设计单位、设计单位所属的设计项目组(部)共同构成设计管理多重层次的组织体系,依据各自职责对轨道交通工程设计进行管理。在工程设计实施过程中,建设单位是设计技术标准、原则、重大技术问题和方案的决策者;设计咨询单位是建设单位的监理和参谋机构,具体实施建设单位委托权限范围内的管理职责;设计总包总体单位是设计工作的组织实施者,分包设计单位在设计总包总体单位的组织下完成合同范围内的设计任务。政府各行政主管部门依据国家法律、法规和政策对工程设计工作进行检查、监督、审查及审批。建设单位、设计咨询单位、设计总包总体单位三重管理结构模式见表2—1。

表2—1 建设单位、设计咨询单位、设计总包总体单位三重管理结构模式

管理层次			职责
建设单位			制定设计技术标准和原则,是重大技术问题和方案的决策者
总体设计咨询单位	工点设计咨询单位		建设单位的监理和参谋机构,实施建设单位委托权限范围内的设计管理职责,同时代表政府进行施工图审查
设计总包总体单位			设计工作的组织实施者
建设单位委托的工点设计单位	承包商委托的设计单位	设备供应商委托的设计单位	完成合同范围内的设计任务

(1) 建设单位的工作范围及职责

建设单位是轨道交通建设的责任方,负责或参与设计各阶段或各工点、系统的设计管理。建立合适的设计项目运行机制,审查设计总包总体单位、

设计咨询单位编制的技术与管理文件,健全工程设计管理的各项规章制度,对工程设计及咨询工作进行管理。明确各单位的职责,协调各单位间的关系;在合同、进度、质量、投资和计划等方面,负责对设计单位及咨询单位进行管理。

此外,建设单位还负责对工程设计过程的决策、控制及实施等环节实行全面管理,组织审查和确认主要的设计原则,确认各阶段的设计成果和重大技术方案、设计边界条件,进行重大技术问题的决策和协调,同时协调设计所需的各种外部环境关系,如政府各有关部门及轨道交通工程沿线各相关建(构)筑物的产权单位的关系。

(2) 设计咨询单位的工作范围及职责

设计咨询单位受建设单位委托,根据合同规定,负责对设计的质量、进度和投资进行控制,协调处理设计工作中出现的各种问题,对项目的设计工作实施全过程的咨询(监理),并经政府建设主管部门授权进行施工图设计政府审查。根据设计咨询的内容和范围,又划分为总体设计咨询单位和工点设计咨询单位。其咨询的对象分别是设计总包总体单位和工点设计单位。

设计咨询单位应根据合同,建立健全组织机构,配足各类专业人员和设备,编制切实可行的咨询规划、设计咨询管理办法及设计咨询实施细则。设计咨询单位是建设单位委托授权的设计管理单位,在设计全过程("三控两管",即质量控制、进度控制、投资控制,合同管理和信息管理)的作用相当于设计监理。设计咨询单位发挥其自身技术和经验优势,在设计方案及技术方案方面担当建设单位的顾问和参谋角色,在施工图设计阶段,经政府主管部门同意兼顾政府施工图审查责任。所以设计咨询单位要负起责任,做好多方面的设计协调与管理工作。

(3) 设计总包总体单位的工作范围及职责

设计总包总体单位受建设单位委托,对参与设计工作的各设计单位的设计过程和设计成果实施全方位的管理与控制,对建设单位负总责。

设计总包总体单位按合同规定,对整条线路的设计负总责。接受建设单位在合同、进度和技术等方面的管理和协调；接受设计咨询单位对设计工作的咨询、监理及审查；负责对各设计分包单位分包项目进行管理，随时掌握各分包单位情况，及时向建设单位和上级报告；把好全线总体设计质量关，保证设计工作符合全线总体技术要求；开展限额设计，协助建设单位控制好投资；面向分包单位，主动上门指导和检查设计存在的疑难问题；面向现场，开展现场设计，积极配合施工，保证有足够的力量派驻现场进行项目管理和总体设计。

(4) 建设单位内部的设计管理组织机构

根据建设单位组织机构的设置，建设单位设计管理主要分为三种模式，见表 2—2。

表 2—2　　　　　　　　建设单位设计管理的三种模式

管理对象	管理模式	管理者	
		技术部/总工程师室	工程部
设计单位	技术部管理模式	√	
	工程部管理模式		√
	混合管理模式	√	√

1) 技术部管理模式。各地地铁公司成立初期，线路较少，项目建设任务比较单一，通常配置技术部（或总工程师室）与工程部，前者负责技术和设计管理，后者负责工程项目实施管理，二者互相配合、互相约束，保证工程建设健康发展。

2) 工程部管理模式。随着线路建设任务逐年增多，技术部（或总工程师室）的技术审查任务呈几何级数增长，在人员增长有限的情况下，技术部逐渐变成职能管理机构，只负责专业接口协调或设计方案审定，不再负责具体工程项目的设计管理，转而由土建、机电专业工程部负责总体设计、初步设计、招标设计和施工图设计等各阶段的设计管理。设计管理逐步成为各专业工程部全面项目管理工作中的一个环节。这种模式的优点是工程部的项目管理人员一般是专业技术人员，熟悉用户需求和现场实际情况，从总体设计就开始介入，缺点是各工程部较少考虑其他专业问题，专业接口协调工作量较大。

3）混合管理模式。在该模式下，技术部（或总工程师室）负责总体设计和初步设计管理，工程部负责招标设计和施工图设计管理。该模式的缺点是技术部前期的初步设计阶段与工程部后期的招标设计和施工图设计管理被人为分割，不利于设计理念的全程传导与无缝衔接，优点是容易在早期设计过程中与设计单位对接，并贯彻总体设计和初步设计标准。

以广州地铁为例，2016年有超过10条线路同时建设，技术部门的信号专业人员数量有限，不具备集中管理的条件，因此将设计管理分配给通信信号工程部门，由专业技术人员实施对口全过程的项目管理，更利于推进信号系统建设项目。

第二节 设 计 招 标

设计招标是指招标人根据招标投标法律法规的规定，发布招标公告，按照公开招标的方式和评标流程评选设计单位的过程。招标人按照一定的设计取费标准编制投标控制价，给定设计目标，而投标人据此提交设计方案和设计服务。

2.2.1 招标准备

（1）项目招标应依据《中华人民共和国招标投标法》《广东省实施〈中华人民共和国招标投标法〉办法》《广州市小额建设工程交易管理试行办法》等法律法规，设计招标原则上选用公开招标方式。

（2）招标人或招标代理根据项目实际情况拟订招标工作计划，划分设计标段、设置最低资格条件、选定评标/评审方法、设置特殊合同条款等。典型的设计招标工作计划示例见表2—3。

第二章 设计管理

表 2—3　　　　　典型的设计招标工作计划

序号	工作内容	时长（天）	责任部门	协助部门
1	编制用户需求书、招标文件（含评标办法）、投标控制价	75	建设单位主办部门、设计单位	建设单位商务部门
2	招标文件（含用户需求及评标办法）内部审核、报批	20	建设单位主办部门、设计单位	建设单位商务部门 建设单位技术部门 设计总体单位
3	招标文件政府招标管理办公室审核	30	建设单位商务部门、招标代理	建设单位主办部门
4	发公告、发标	10	招标代理	建设单位商务部门 建设单位主办部门
5	备标	45	潜在投标人	招标代理
6	评标、定标、上招标领导小组会议	15	招标代理、建设单位主办部门	建设单位商务部门
7	合同澄清、谈判、定稿	30	建设单位主办部门	建设单位商务部门
8	合同审核、会签、签字盖章	30	建设单位主办部门	建设单位商务部门 设计中标人
9	开具保函、预付款支付审批	25	建设单位主办部门	建设单位商务部门 设计中标人

（3）招标人或招标代理根据前期立项或工程可行性研究设计成果文件、技术规范、工程定额等输入资料编制设计招标文件，估算设计费用。

××市××号线信号系统工程设计招标控制价编制说明（示例）

一、编制范围

本项目是××市轨道交通××线信号系统项目的配套工程。设计范围主要包括：全线各站（共××个车站，正线含折返线长××km）及各轨行区；车辆段及综合基地；控制中心；其他系统与信号系统的接口；试车线、信号培训及维修设施；××列列车车载信号系统设备。

> 二、设计内容
>
> 1. 包括方案设计（初步设计）、概算编制、招标设计及招标配合、施工图设计及施工配合等。
>
> 2. 本项目立项概算为××万元，其中工程费用概算为××万元。本项目概算开项已考虑设计、监理及相关费用。
>
> 三、编制依据
>
> 参考《工程勘察设计收费标准》（2002年修订本）及《工程勘察设计收费管理规定》（计价格〔2002〕10号），以项目建议书及其批复的立项概算及工程费用概算，计算得出本项目设计费。
>
> 四、其他说明
>
> 1. 本项目设计费采取暂定总价的方式，暂定设计费以项目建议书及其批复作为参考。最终设计费以财评最终审定项目概算为依据调整。
>
> 2. 参考《工程勘察设计收费标准》（2002年修订本）及《工程勘察设计收费管理规定》（计价格〔2002〕10号），计算设计费的调整系数如下：
>
> （1）专业调整系数按"地铁工程"取1.1；
>
> （2）工程复杂程度调整系数按"复杂"取1.15；
>
> （3）改扩建附加调整系数根据各工程项目的改扩建设计复杂程度计取1.1~1.4，本项目取1.25计算。
>
> 3. 本项目计费已包含利润、规费及税金。

（4）潜在投标人的摸底调研。

2.2.2 招标评标

招标人或招标代理负责设计招标的以下工作：

（1）在主管部门指定的媒体发布招标公告，从发布公告之日起至报名截止应不少于5日。

（2）接受报名单位提交的报名资料，并做好记录。

（3）向合格投标人发售标书，接受投标人答疑，按规定发布澄清文件。

(4) 组织开、评标。经交易中心平台组建评标委员会，按评标办法组织开、评标。

(5) 组织中标公示。将中标候选人情况在交易中心公示3日，办理中标通知书，自中标通知书发出之日起30日内与投标人签订书面合同。

2.2.3 合同澄清与签订

招标人或招标代理需组织合同澄清，以合同澄清会的纪要作为签订合同的重要依据；在发出中标/中选通知书后次日启动合同文件报批流程；中标/中选通知书发出之日起30日内，建设项目的统一归口管理部门负责完成合同签订，并办理资料归集；应确保正式的合同文本与审批时的合同文本一致。

2.2.4 设计招标的注意事项

(1) 优秀的设计方案和良好的设计质量是保障工程质量的前提，因此选择一个好的设计院和设计项目负责人非常重要。在设置评标办法时，应评价设计单位的财务水平、履约能力、诚信和综合实力，以及设计负责人的能力和业绩等。在投标人中尽最大可能选择综合实力较强的设计单位。

(2) 设计费用应合理，不能过分压低。根据《工程勘察设计收费管理规定》（计价〔2002〕10号）设计费用占工程总费用比例较小（1.62%～4.6%），节约设计费用对控制投资来说杯水车薪，但好的设计方案对工程实施造价影响巨大，因此控制投资就要从设计着手，鼓励设计人员充分发挥能动性，推行限额设计，注意采纳投资少而功能大的设计方案。

(3) 应给定合理的设计工期。编制设计方案需要一定的时间，不能盲目压缩工期。

(4) 设计咨询（监理）单位应及早介入设计管理。在套图设计、脱离现场设计越来越普遍的现状下，设计监理单位越早参与越好，并从设计招标、设计方案可行性、经济合理性等方面向建设单位提供好的建议，有利于提高设计文件的质量。

第三节　信号系统设计管理各阶段主要内容

城市轨道交通工程信号系统的设计特点是安全性、可靠性要求高，接口专业众多，设计进程环环相扣，因此必须抓好设计管理工作的重点，避免在工程设计、设备采购和施工中出现差、错、漏。信号系统设计工作通常划分为总体设计、初步设计、招标设计和施工图设计等阶段。各阶段的主要任务详见表2—4。

表2—4　　　　　　　　信号系统设计管理阶段

管理阶段	主要职责
总体设计	稳定设计边界条件，协调设计单位间的专业接口关系，组织编写轨道交通工程设计技术要求，经评审后作为开展初步设计的依据，对设计总包总体单位和设计咨询单位进行阶段考核，组织总体设计审查
初步设计	协调设计单位间的专业接口关系，稳定设计边界条件和设计方案，进行设计成果中间检查和初步设计阶段考核，组织初步设计审查
招标设计	按照工程建设策划和管理模式，针对土建和机电工程施工或设备招标项目的内容、要求和深度，组织设计单位编制招标设计文件或用户需求书，审查后作为招标文件的技术部分，进行招标设计阶段考核
施工图设计	督促设计单位落实初步设计审查意见，开展施工图设计和编制投资预算或修正概算；督促设计单位进行施工配合，管理设计变更工作，设计巡检；进行招标设计阶段考核；工程结束后进行设计总结和设计回访

2.3.1 总体设计阶段

总体设计的主要目的是研究、确定工程设计方案，开展各专业间的初期配合工作，信号专业应重点做好行车、线路专业的配合，对线路配线的优化方案设计提供意见。在该阶段，需明确信号系统拟采用的基本结构、技术标准、功能要求、工程规模及可能的设备来源，做好设备选型调研工作，了解可能选用的信号系统主要设备供应商，并配合地铁公司先行设计工种（如线路、行车等专业）提出信号系统的接口要求。

2.3.2 初步设计阶段

信号系统初步设计阶段的任务是在总体设计的基础上，完成以下重点设计工作：

(1) 编制初步设计文件

在初步设计中结合工程实际提出满足工程要求的信号系统的工程规模、设计原则、基本技术要求、系统构成、功能要求、可供选择的系统方案、方案比选、编制概算、确定维修管理体制和定员等。需编写初步设计说明书、初步设计图册、初步设计概算及编制说明书、主要工程数量表、主要设备材料表、初步设计总说明书（素材）、设备国产化分析及论证报告等文件。

初步设计与总体设计在内容上紧密联系，逐步深入，为保证文件设计质量，应采取以下措施：

1) 通过收集资料、技术咨询、现场考察等各种方式全面、详细地研究国内外现有城市轨道交通信号系统的技术水准和使用状况，特别是考察、了解各家系统实际运营情况、技术水平和维修情况，通过考察运营单位，收集运行人员的使用、功能要求和存在问题等方面的反馈，以及维修人员对现有系统设备工作状况及改进要求的意见。

2) 全面广泛地收集、研究国内外技术先进的轨道交通信号系统及设备的资料，对技术先进、符合技术发展方向及中国国情、满足工程要求的系统和设备进行仔细地分析及评价，着重对系统结构的合理性和灵活性、技术水平、系统功能、安全及可靠性、系统使用经验、可维修性、备件来源、工程造价、供应商技术开发能力等方面进行分析。

（2）解决接口重大问题

初步设计阶段是整个工程设计的基础设计阶段，是完成与土建、装修、线路、轨道、行车、车辆、供电、屏蔽门、防淹门及通信等专业接口的关键阶段，也是为工程设计、系统设计确定基础资料的重要阶段。因此，在本阶段除相关接口内容外，还应重点抓好以下设计工作：

1）做好与行车、线路设计专业的配合工作。结合信号系统初步确定的系统方案和制式，做好出入段线、折返线的配线设计，这是保证初期小编组、近远期大编组运行折返能力及出入段能力的前提条件。特别要注意的是，进站进路的保护区段也会影响折返进路。

①确定折返线长度。折返线长度的确定，应在满足 109 s 折返间隔要求以及最短折返运行时间的前提下，确定列车的折返速度与道岔区段限速一致、不另设限速区，此外还必须与线路专业密切配合，讨论确定车站线路布置，满足小折返间隔及车站作业要求。

②确定线路最高运行速度。线路最高运行速度的确定直接影响轨道交通的运营指标，如旅行速度、列车数量配置等，也与列车运行调整能力及灵活性有关，在保证列车运行安全及乘客舒适度的前提下尽量提高最高行车速度对提高运营指标及列车运营调整能力有很大好处。考虑到以上因素，一般认为最高推荐运行速度在曲线区段为线路限速减去一个"常数值"，在直线区段为线路限速，考虑到各种因素的影响，在最不利的条件下列车在曲线或直线上可达到的最大速度将高于曲线限速或直线限速，以此为基础详细计算各曲线上在列车速度达到紧急制动发动及最高速度时未被平衡的横向加速度及相应的变化率。

当司机错误操作列车或 ATO 车载设备发生故障的情况下，列车速度达到 ATP 车载系统紧急制动发动速度时，最大未被平衡的横向加速度及其变化率都应分别小于有关设计规范中的规定值。

2) 做好与轨道专业的接口、配合工作

①提供列车运行速度—距离曲线以确定曲线外轨超高值。为了准确计算曲线段轨道外轨超高值，减小曲线轨道磨耗，信号专业应与行车专业配合提出列车在 ATP 系统保护下的推荐运行速度，作为轨道专业计算曲线外轨超高值的基础，并根据计算的 jerk 率再进行调整，这样既能保证最高的运行速度和列车运行安全，减轻轨道磨耗，也可改善乘客的舒适度。

②预留电动转辙机机坑。根据信号专业编制的《隧道内转辙机安装图册》与轨道专业配合，预留机坑及连杆的安装位置，在配合过程中应仔细考虑隧道内排水问题，可利用机坑底部作为排水通道，使隧道内排水通畅，避免机坑内积水。

③绝缘节安装轨缝。应根据设计确定的绝缘节安装位置，与轨道专业协调每一处绝缘节安装轨缝预留。

3) 做好与建筑设计专业的接口工作。信号专业应与建筑设计专业密切配合，提出全部信号系统设备用房的要求，包括面积、层高、位置、环境、照明、装修和电缆通道等。应特别注意以下因素：

①面积和层高按实际需要在进行设备布置后提出，不考虑预留面积，以节省土建投资和运营费用。

②位置选择主要考虑运行要求及维修方便，同时也注意电缆引入是否方便。

③环境必须满足计算机设备要求，并需注意治安环境。

④照明灯具位置必须与设备位置相配合，照度应合理。

⑤架空地板除应满足电缆敷设及计算机设备的要求外，在排列上也应与设备布置相吻合。

⑥电缆通道通过结构墙及楼板时一定要预留孔洞，电缆在隧道内敷设应采用壁挂式明敷方式，以方便施工、维修及降低鼠害。

⑦应根据设计系统方案，规划好集中联锁站、非联锁站的布置，以确定最合理的设备用房要求。

4) 做好与限界、隧道结构专业的接口工作。隧道内转辙机、信号机的安装及电缆敷设需考虑限界的要求,对于影响隧道(包括车站部分)的断面尺寸的转辙机的安装,应根据信号专业编制的《隧道内转辙机安装图册》向隧道专业提出断面加宽的详细要求。

5) 做好与防淹门专业接口工作。过江隧道防淹门在特定情况下是轨道交通安全的依靠,而防淹门的操作程序及位置状态又是保证在线列车安全运行必须考虑的因素,在工程上防淹门也影响贯通隧道电缆的敷设,因此,信号专业与防淹门专业接口必须包含以下内容:设置通过防淹门的电缆通道,确定防淹门控制条件、位置表示内容和电气接口,信号系统和防淹门的联锁设计。

6) 做好与其他相关专业的接口工作,见表2—5。

表2—5　　　　信号专业与其他相关专业的设计接口

相关专业	接口类型	接口内容	配合阶段	配合形式
区间隧道 (含高架桥) (QJSD)	输入	地下线上、下行隧道间的通道位置资料	初步设计	区间隧道专业提供资料
		高架桥上、下行线路间的通道位置资料	初步设计	
		出入段线地面出口电缆通道资料	初步设计	
		区间防淹门、安全门的位置和结构	初步设计、施工设计	
	输出	区间隧道内及高架桥上信号系统设备安装要求	初步设计、施工设计	信号专业提出要求
		通过防淹门、安全门的电缆预埋管要求	初步设计、施工设计	
		区间道岔信号转辙机安装局部限界加宽要求	初步设计、施工设计	

续表

相关专业	接口类型	接口内容	配合阶段	配合形式
车站建筑（CZJZ）	输入	车站建筑平面图和剖面图	初步设计、施工设计	车站建筑专业提供资料
		车站信号系统设备房屋图	初步设计、施工设计	车站建筑专业提供资料
		车站综合管线图	初步设计、施工设计	车站建筑专业提供资料
		车站装修图	初步设计、施工设计	车站建筑专业提供资料
		区间电缆进入车站通道（管廊及预留孔位置图）	初步设计、施工设计	车站建筑专业提供资料
	输出	信号系统设备用房要求	初步设计、施工设计	信号专业提出要求
		预留电缆沟、槽、管洞要求	初步设计、施工设计	信号专业提出要求
		站台上信号系统设备安装要求	初步设计、施工设计	信号专业提出要求
		信号系统设备房装修要求	初步设计、施工设计	信号专业提出要求
		信号系统设备房照明、风口要求	初步设计、施工设计	信号专业提出要求
车站结构（CZJG）	输出	预埋件及预留孔洞尺寸图	初步设计、施工设计	车站结构专业提供资料
接地（JD）	输入	接地系统接地电阻值，接地母排箱	初步设计、施工设计	互提资料
	输出	接地要求（包括车站、控制中心和车辆段）	初步设计、施工设计	互提资料
行车组织（XCZZ）	输入	客流量及系统输送能力	初步设计	互提资料并确认
		车站配线、行车交路及说明	初步设计、施工设计	互提资料并确认

续表

相关专业	接口类型	接口内容	配合阶段	配合形式
行车组织（XCZZ）	输入	列车运行管理模式	初步设计、施工设计	互提资料并确认
		正常情况下的行车组织方式、列车编组和停站时分	初步设计、施工设计	互提资料并确认
		非正常情况下的列车交路和行车组织方式（包括反向运行、故障情况下的运行交路等）	初步设计、施工设计	互提资料并确认
		通过站台限速（有屏蔽门）、区间限速值	初步设计、施工设计	互提资料并确认
		速度曲线、旅行速度	初步设计	互提资料并确认
	输出	进路设置时间	初步设计、施工设计	互提资料并确认
		信号系统控制模式	初步设计	互提资料并确认
		组织机构及定员	初步设计	互提资料并确认
限界（XJ）	输入	正线线路、车辆段的限界资料	初步设计、施工设计	互提资料并确认
		道岔区建筑限界加宽量表、警冲标里程	初步设计、施工设计	互提资料并确认
		列车通过车站时的最大允许速度	初步设计	互提资料并确认
		信号轨旁设备安装轮廓尺寸（与限界有关的部分）	初步设计、施工设计	互提资料并确认
	输出	对限界的特殊要求	初步设计、施工设计	双方协商确定
		全线信号机布置图	初步设计、施工设计	互提资料并确认
防淹门（FYM）	输入	防淹门的结构、控制模式，以及与信号专业的接口要求	初步设计、施工设计	防淹门专业提供资料、协调接口
	输出	防淹门专业与信号专业的联锁关系及硬件接口要求	初步设计、施工设计	双方协商解决

第二章 设计管理

续表

相关专业	接口类型	接口内容	配合阶段	配合形式
轨道 (GD)	输入	各类道岔结构图	初步设计、施工设计	互提资料
		各类道岔限速信息	初步设计、施工设计	互提资料
		轨道超高信息和最高限速	初步设计、施工设计	互提资料
		轨道感应板安装结构图	初步设计、施工设计	互提资料
	输出	转辙机安装机坑要求	初步设计、施工设计	互提资料
		车辆段绝缘节安装位置及结构尺寸	施工设计	互提资料
屏蔽门 (PBM)	输入	屏蔽门尺寸、位置及控制模式	初步设计、施工设计	互提资料
		屏蔽门控制条件、状态信息	初步设计、施工设计	协调确定
	输出	控制接口条件	初步设计、施工设计	互提资料
通信 (TX)	输出	中央至车站数据传输通道要求	初步设计、施工设计	互提资料
		中央至车辆段数据传输通道要求	初步设计、施工设计	互提资料
		中央至维修中心数据传输通道要求	初步设计、施工设计	互提资料
		车站之间通信通道要求	初步设计、施工设计	互提资料
		正线车站、区间和车辆段电缆管线要求	初步设计、施工设计	互提资料
		维修电话要求	初步设计、施工设计	互提资料

续表

相关专业	接口类型	接口内容	配合阶段	配合形式
时钟系统（SZ）	输入	中央ATS与时钟接口要求及通信协议	初步设计、施工设计	协调确定
无线系统（WX）	输出	中央ATS与无线系统接口要求及通信协议、运营列车信息	初步设计、施工设计	协调确定
土控系统（ZK）	输入	对列车在区间停车的检测信息的要求	初步设计、施工设计	互提资料并确认
		中央模拟显示屏接口要求	施工设计	协商解决
		车站车控室信号按钮及表示灯外部接线表	施工设计	协商解决
		中央ATS与主控系统［SCADA、EMCS（电力自动化系统）］接口要求及网络通信协议、信息资源	初步设计、施工设计	协调确定
		OCC（运行控制中心）工艺对信号系统的要求	初步设计、施工设计	协商解决
	输出	SCADA信息的要求	初步设计、施工设计	协调确定
		运营客流统计信息的要求	初步设计、施工设计	协调确定
		主控系统与信号系统互联接口要求	初步设计、施工设计	协调确定
		控制中心信号系统设备用房及布置的要求	初步设计、施工设计	协调确定
概预算（GS）	输入	概算、预算编制办法	初步设计、施工设计	互提资料并确认
	输出	信号概算、预算	初步设计、施工设计	互提资料并确认

第二章 设计管理

续表

相关专业	接口类型	接口内容	配合阶段	配合形式
牵引供电（QYGD）	输入	牵引轨（第三轨和第四轨）与信号轨旁设备安装位置	初步设计、施工设计	互提资料并协调
		牵引轨（第三轨和第四轨）产生强磁干扰资料	初步设计、施工设计	互提资料并确认
	输出	信号轨旁设备安装位置资料	初步设计、施工设计	互提资料并确认
中低压供电（ZDGD）	输出	信号系统设备用电要求（中央、车站、车辆段、试车线、培训中心和维修中心）	初步设计、施工设计	互提资料并确认
		信号系统设备用电点	施工设计	互提资料并确认
空调（KT）	输出	信号生产用房的环境要求（温度、湿度和空气清洁度）	初步设计、施工设计	互提资料并确认
		信号系统设备室内风口设置要求	初步设计、施工设计	提供信号系统设备布置图
消防（BTM）	输出	信号系统生产用房使用性质	初步设计、施工设计	互提资料并确认
		信号系统设备房屋面积、设备布置、防火区和设备负荷量等资料	初步设计、施工设计	互提资料并确认
车辆（CL）	输入	信号车载设备与线性电机车辆控制的接口	合同	协调信号专业和车辆专业供应商的接口要求
		最终的列车数据	系统设计	车辆专业提供资料
		车辆与信号车载设备连接后的动态、静态试验	施工设计	信号专业与车辆专业协商
		运输管理系统（TMS）与信号的接口要求	系统设计	互提资料并确认
		列车广播的控制要求	系统设计	互提资料并确认
		车辆对信号车载ATO/ATP输出信号的技术要求	系统设计	互提资料并确认

续表

相关专业	接口类型	接口内容	配合阶段	配合形式
车辆 (CL)	输出	车载信号系统设备安装空间、位置及布线要求	系统设计	互提资料并确认
		车载信号系统设备与列车牵引、制动等设备的电气连接	系统设计	提资料、协商解决
		车载信号系统设备供电及接地要求	系统设计	互提资料并确认
乘客信息系统 (PIDS)		中央ATS与PIDS接口要求及网络通信协议、信息资源要求	初步设计、施工设计	协商确定
车辆段 (CLD)	输入	车辆段站场图	初步设计、施工设计	互提资料并确认
		车辆段综合管线	初步设计、施工设计	互提资料并确认
		车辆段检修工艺流程及牵引轨范围	初步设计、施工设计	互提资料并确认
	输出	车辆段及控制中心信号用房要求	初步设计	互提资料并确认
		车辆段轨缝要求	施工设计	互提资料并确认

2.3.3 招标设计阶段

(1) 编制用户需求书

在掌握国内外现有轨道交通信号系统的技术水准和使用状况的基础上,编制用户需求书,详细提出所需采购系统的工程范围、使用环境、系统结构、详细功能、技术指标及所要求的技术服务等。

(2) 与潜在的供应商进行技术交流

1) 澄清关键问题,提出具体要求。

2) 对重要技术问题和方案召开技术分析及座谈会,广泛征求专家意见。

3) 严格执行并细化设计流程,执行审查制度,保证每一阶段设计质量、内容完整及要求的深细度。

4）每一设计阶段都经过严格审定，前一步设计结果作为后一步的基础。

(3) 确定国内供货设备和材料的清单

为节省投资，提高国内信号系统设备、材料的生产水平，从更深远的意义出发，也为了对国民经济有利，在工程中应尽量采用国内配套设备及材料。为保证工程进展顺利，达到预期质量要求，应采取以下措施：

1）编制详细的技术规格书及工厂生产图纸。

2）选择有类似设备及材料生产经验且信誉良好的厂家，并进行实地考察和技术会谈。

3）制定内容完整、严格的供货合同。

4）所有从国内采购的设备和材料，其工厂生产图纸及技术规格书都必须得到系统供应商的确认和批准。

5）加强产品工厂监造、质量检查和验收工作。

(4) 编制合同书

招标后将形成合同。合同书是信号系统设备采购及工程实施的基础，合同书的编制质量对实现信号系统功能要求、确保工程按期完成、控制工程造价等起到重要作用，编制过程中应注意以下几方面：

1）合同书的编制应以招标文件的用户需求书为依据，综合考虑投标人的方案，内容要详细、完整，宁繁不漏，措辞尽量严谨，不使用意义不明的词句。

2）举行合同澄清会谈。为确保获得功能符合要求、技术先进、价格合理的信号系统，建设单位、设计单位与供应商应通过澄清方式，对系统构成、功能、设备类型和技术服务等内容进行讨论和确认，会谈结果作为编制合同书的依据和基础。

3）信号系统与其他系统界面应内容完整，分工明确，在其他系统的有关文件中有相应描述。

4）工程参与各方的分工要明确，包括工作内容、进程和检查措施等。

5）报价内容要细化到各设备项，以便价格分析及工程数量的调整。

2.3.4 施工图设计阶段

施工图设计阶段以系统设备接口、国内配套设备进一步优化设计为工作重点，控制施工图文件的完整性和准确性，以方便施工安装、缩短工期、节省费用。此阶段任务为编制施工设计图册和供工厂订货用资料，信号专业应重点配合建设单位进行安装工程的招标，配合现场施工及修改设计，参与调试、试验及开通等。

(1) 设计准备工作

包括收集资料，研究解决前一阶段存在的问题，充分听取有关方面意见，主要技术条件报送主管部门审查等。在设计过程中贯彻质量认证体系文件要求，严格遵守设计程序及责任制，加强复核及审查工作，确保设计文件达到设计要求。在施工阶段，设计单位从施工交底开始直到开通调试要自始至终进行跟踪，坚持现场配合，及时发现并处理问题，同时根据施工现场具体情况及各工种工序安排作出变更，积极配合施工监理和供应商的施工督导工作。

(2) 施工图主要设计文件

包括车辆段联锁设备技术条件、车辆段信号系统设备工厂订货资料、车辆段联锁系统接配线图册、车辆段试车线国内配套部分施工图册、信号系统国内配套设备工厂订货资料、信号系统车站装修配合资料、各联锁区信号系统国内配套部分施工图册、隧道内电动转辙机安装图册和隧道内信号机安装图册等。

(3) 施工配合

设计单位的主要工作是向施工单位进行技术交底，向施工人员解释设计意图，就施工现场发生的一些突发事件及与其他工种的冲突问题及时提出处理意见或解决方案，保证施工质量和施工进度，参与单项系统的开通调试、系统的联调、试运行期间的保驾护航等，以保证整个工程能顺利实施，最终交到建设单位手里的是一项令人满意的优质工程。

2.3.5 设计联络

设计联络是合同实施的重点工作,对于保障信号系统性能至关重要,本书将另起章节描述,以下仅简略介绍设计联络的主要内容:

(1) 详细确定系统结构、各子系统功能(尤其是针对用户要求特定开发的功能),安排工程进度,确认供货清单,确认国内供货项目、其技术规格及与供应商提供设备间的接口设计原则,向供应商提供工程基础资料。

(2) 沟通确定在设计过程中发现的细节问题,协调供应商和建设单位在系统设计中产生的不同意见、供应商提出对土建工程的特殊配合要求,对为针对某些特定要求而开发的功能的设计结果加以说明。

(3) 确定供应商提供的系统设备与国产设备间的接口电路,核对人机界面的中文文本,核对并确认重要的设计参数和结果。

第四节 设计管理的实施

工程设计贯穿工程建设的全过程,建设单位对设计的控制也贯穿建设的全过程。对设计过程的控制,主要围绕质量控制、进度控制和投资控制三个方面,控制过程包括三个基本步骤:制定控制标准、衡量执行结果和采取措施纠正偏差。在设计过程中,建设单位需要及时掌握设计进展情况,有权随时对设计总包总体单位、设计分包单位和设计咨询单位进行检查和了解情况,或通过设计工作例会和各种专题会议及时掌握有关情况,对一些重大问题或需要及时处理的问题,也可通过各种会议和文(函)件及时进行研究和决策。

在设计过程中,处理好各种问题和矛盾是设计工作顺利进行的重要一环。一是对于出现的各种问题,各方都应本着工程利益为中心的原则来对待,以达到工程目标为前提;二是认真执行合同,严格按合同办事;三是事前制定设计工作协调制度，各方应按照协调制度规定的程序来处理各种问题。

多边工程的建设特点及实际状况，决定设计管理工作的难点和重点是设计过程的管理。在各设计阶段按设计周期进行工作的同时，必须针对城市轨道交通工程的特点，加强过程管理，在过程中完成设计阶段的推进，做到在过程中提供资料和依据，在过程中跟踪审查、跟踪咨询，在过程中配合工程招、投标及工程施工。同时，在过程中组织好设计单位、咨询单位、监理单位、承包商、供应商、公用部门和社会中介机构等参建单位，协调好与项目现场管理单位的关系，并在依法向政府各专项主管部门请示、报告、申报的前提下，齐心协力推进工程按计划实施。设计管理要主动解决设计过程中出现的矛盾问题，化解风险。

2.4.1 设计质量控制

(1) 设计质量控制的主要任务

审查设计基础资料的正确性和完整性；编制设计招标文件，或组织设计方案竞赛；审查设计方案的先进性和合理性，确定最佳设计方案；督促设计单位及项目组（部）完善质量保证体系，建立内部专业交底及专业会签制度；进行设计质量跟踪检查，控制设计图纸的质量。

(2) 设计质量控制的目标

检查设计方案是否齐全（不遗漏有价值的方案）、比选是否充分、技术上是否可行、工艺是否先进、经济是否合理、设备是否配套、结构是否安全可靠、各项技术措施是否匹配协调等；对设计按基础工作、方案设计和文件编制汇总三个子阶段，以完整性、先进性、正确性和可靠性四个因子各自不同的内涵为重点，实施评价和进行规范，达到设计文件综合质量优良的目标。

建设单位、设计总包总体单位和设计咨询单位必须落实设计阶段质量控制的组织措施和技术措施，采取有针对性和具体可行的办法保证设计质量始终处于受控状态。

2.4.2 设计进度控制

城市轨道交通工程建设的工期要求必须控制设计工作进度,以满足工程的需要。设计阶段的进度控制要通过采取各种措施促使设计单位按计划完成设计任务,由设计咨询单位通过设计巡检和过程跟踪督促设计单位采取措施、加强力量等来加快设计进度。

建设单位、设计总包总体单位和设计咨询单位必须落实设计进度控制的组织措施和技术措施,采取有针对性和具体可行的办法保证设计进度满足工程建设的需要,保证设计方案的可操作性,保证实施进度满足工程策划的要求。

2.4.3 设计投资控制

设计阶段投资控制的中心思想是采取预控手段,促使设计单位在满足质量和功能要求的前提下,不超过计划投资额度并尽可能地实现节约。投资控制是工点设计方案比选的重要因素。轨道交通工程推行限额设计,按投资限额目标进行投资控制。原则上不得突破投资限额,确因原限额设计指标偏低或设计条件改变而需要调整的,设计单位应书面提出突破投资限额的原因、理由和建议的新限额目标,在取得建设单位书面批准后方可实施。

设计项目投资的重要性是毋庸置疑的,力求在技术先进条件下的经济合理、在经济合理基础上的技术先进,要把工程造价意识渗透到各项设计措施中,以确保工程投资的有效控制。以下控制设计投资的方式值得重视:

一是在挑选设计单位时,不能只看设计费的高低,而应该重点考虑设计单位的业绩、信誉和技术力量等,因为一个不好的设计方案可能导致投资成本的急剧增加。设计总包或打包招标可以降低专业间的沟通成本,提高协调效率。

二是对设计单位实行奖罚制度。技术与经济相结合是控制造价最有效的手段,但现在很多项目都是设计不管造价、造价约束不了设计,技术与经济严重脱节,设计人员缺乏优化设计的压力与动力。要解决这些问题,建设单位可以通过推行限额设计，实行奖罚制度，奖励方案优秀、造价节省的设计，处罚因设计浪费而造成经济损失的设计，促使设计单位主动积极地控制工程造价。

三是在设计的前期就要提前介入设计管理。

四是施工图完成后要进行施工图纸和设计文件审查。建设单位某些方面的技术力量相对薄弱，因此可能无法就设计过程中不合理的部分提出质疑和改进措施，从而对设计单位言听计从。通过采取施工图纸审查，建设单位可以对信号系统设计可靠性、功能完好性、安全性及其是否达到规定的设计深度，是否符合规划、节能、防雷等相关强制性标准、规范等进行审查。虽然会增加一部分费用，但这一环节的审查还是有必要的。

五是在施工前要认真做好图纸会审。长期从事设计工作的技术人员与施工人员的思维方法不同，有时听取施工单位的建议采用切实可行的方案对整个工程的造价和工期都有一定的促进作用。

六是严禁边设计、边出图、边施工。此举原为缩短工期考虑，但往往得不偿失。该项做法的危害已经深入人心，在此不多作叙述。

七是在施工过程中，建设单位的工程人员要起到监督和协调的作用。在轨道交通工期紧张、多专业交叉施工的条件下，更加要求建设单位工程人员做好协调工作。

2.4.4 设计审查

设计审查的基本流程为：工点设计单位内部→总包管理方→设计咨询单位→建设单位→审查委员会。

设计审查除有建设单位、项目管理者和设计咨询单位参与外，应尽可能让施工单位、制造厂家和轨道交通运营部门共同参加，重点审查施工的可能性、便捷性和安全性，未来运行时维修、设备更换、保养的方便性，运营的安全性、方便性和运行费用的高低。

施工图部分工程由承包商负责委托其他设计单位完成设计的，该设计单位必须具备相应资质和类似工程业绩，并经建设单位认可确定，纳入总包总体单位、设计咨询单位和建设单位的设计管理范畴，纳入建设单位的设计管理职责，直接对口部门为相应的建设项目部。建设单位内部归口运营单位和运营单位总工程师室。总价包干合同的设计进度、工期、投资和设计费用主要由承包商负责管理控制，但施工图必须纳入正常的审查程序。

2.4.5 施工配合

设计配合施工是设计成果转变为工程实体的重要阶段。设计总包总体单位负责制定施工配合管理办法，报建设单位批准后实施。

2.4.6 设计变更

(1) 引起设计变更的因素

设计管理的关键工作之一是尽可能减少设计变更。总结城市轨道交通的经验教训，引起设计变更的因素主要如下：

1) 设计原因。一是设计人员工作失误，例如设计人员专业素质引起的错误，或者设计人员之间协调失误；二是设计审核上的失误，由于审核人员的工作责任心或职业水准导致。

2) 建设单位原因。首先是主动行为，如用户需求发生变化；其次是被动行为，因前期策划或可行性研究工作不到位而引起设计偏差或缺漏，或是外部环境条件、工期条件发生变化，建设单位被迫采取措施来改变方案。

3) 施工原因。一是施工难度问题，因施工难度过高、风险太大，施工单位提出设计变更；二是设备安装问题，有些设备安装时发现与设计尺寸不合，也会产生少量的设计变更。

4) 政策、环境等客观原因。如节能政策导致的设计规范的变更，引起建筑节能成本增加从而发生变更，拆迁原因导致前期工程费用变更等。

(2) 规范设计变更

针对以上原因导致的设计变更，要从多方面入手。首先，要充分重视和规范前期策划工作和可行性研究，争取在方案的最初阶段把不确定性因素降到最低，特别是开发策划单位被动地提出设计更改这一因素。其次，充分发挥设计咨询和设计监理的作用，设计监理应该尽早参与到设计活动当中来，同时经济师也必须跟着设计走，以便及时纠正设计浪费的行为，提出更经济的设计方案。再次，规范设计招投标，加强设计合同管理，建立节约设计与经济奖励相结合的合同机制，作为设计人员提高设计质量的激励因素。

设计变更发生后，应按照建设单位制定的设计变更管理办法办理申请和审查、审批手续，样表见表2—6、表2—7。

表2—6　　　　　　　　设计变更申请单（样表）

变更申请号		变更类型		
提议单位		提议人		
填报单位		填报人		签发人
建设单位经办部门		建设单位经办人		
项目名称				
变更图号及内容				
变更理由				
变更后工程数量变化	工程项目	单位	原设计数量	变更后数量
	其余的工程变化数量见附表			
变更概算及预估合同金额的增减	增加投资（元）			
	减少投资（元）			
	预估合同变更增加金额（元）			
	预估合同变更减少金额（元）			
	相应单位工程合同额（元）		预估变化占合同额的百分比（%）	
	单位工程设计变更及累计增加金额（元）		预估变更的增加金额占合同额的百分比（%）	
变更原因			是否改变设计方案	
变更项目属性		专业名称	是否引起规划变更	
附件名称				
备注				

表 2—7　　　　　　　　设计变更说明表（样表）

变更名称		变更编号	
工点设计单位			
变更项目"五点说明"： 一、必要性 二、技术合理性 三、变更范围 四、工程量及投资变化 五、引起的连带变更内容 填写要求： 1. 由变更申请单位填写。 2. Ⅰ、Ⅱ类变更设计应附变更方案及费用、技术经济比较以及由此引起的连带变更情况等资料。 3. 各项目变更申请内容中均需正面说明是否有连带性变更，如有连带性变更应列出相关内容。当产生连带变更时（包括接口发生变化），申请变更的专业设计人员必须将连带变更的专业情况书面上报设计总体单位，设计总体单位应组织会审确定变更项目，并提供连带变更专业的书面确认材料。			
经办人：　年　月　日		审定人：　年　月　日	

2.4.7　设计总结

工程完工移交运营后，由建设单位组织，设计咨询单位和设计总包总体单位要对工程进行全过程的设计总结，为各城市轨道交通的新线建设提供设计经验。按照建设单位统一要求和部署，由技术管理部门或总工程师室组织设计总包总体单位、设计单位和设计咨询单位（施工、监理、运营等参与）完成设计总结。

第五节 设计工作检查与考核

2.5.1 月报制度

设计总包总体单位和设计总体咨询单位每月分别出具设计月报和咨询月报,对设计、咨询工作质量、进度、投资、计划和存在问题进行通报,月报报送建设单位,并分送各有关设计单位、施工单位、监理单位和咨询单位。

2.5.2 巡检抽查制度

(1) 设计总体巡检

由设计总包总体单位组织,建设单位(总工程师室、项目部和总体部)、设计咨询单位和设计单位参加,对设计进度、设计质量、设计计划执行情况和存在问题进行检查,由设计总包总体单位出巡检通报,每月一次。

(2) 设计咨询巡检

由总体设计咨询单位组织,对各工点设计咨询单位工作进行检查,及时解决存在问题,设计总包总体单位、建设单位项目部、总工程师室和工点设计咨询单位参加。

(3) 抽检制度

建设单位(总工程师室、项目部和总体部)不定期地对设计单位、施工单位和监理单位进行抽检。

(4) 考评制度

根据设计总包总体管理有关考评办法进行考评。

2.5.3 设计考核

设计总包单位和设计咨询单位制定设计考核细则，通过协助建设单位对设计单位设计过程的"三控两管一协调"，定期对设计单位的文件质量、设计进度、投资控制和信息管理等方面进行考核，将考核结果及对设计单位的奖惩建议报建设单位。由建设单位总工程师室综合内部各部门有关意见，对设计、设计总包总体和设计咨询工作作出综合评价。

(1) 设计考核阶段的划分

工点设计考核以单位工程为基础进行划分。初步设计阶段在初步设计专项审查或预审查通过完成后组织初步设计阶段考核；施工图设计阶段按季度组织考核，招标设计阶段考核与施工图设计阶段第一次季度考核同时进行；施工图设计完成后综合各季度考核结果，以此作为施工图设计阶段考核评分。

(2) 工作职责与分工

设计考核工作由建设单位技术部牵头，各线路或专业范围的考核归口管理责任人，由建设单位技术部根据具体工作安排和划分。

建设单位技术部负责设计考核工作的全过程，负责综合、汇总考核评分，完成设计工作考核简报。

建设单位各工程部向技术部提交对总包总体单位和各咨询单位的工作意见，建设单位技术部负责考评打分；各线土建、机电工程部负责考评打分，由技术部汇总考核评分。设计总包总体单位、总体咨询单位和工点咨询单位分别对设计单位考评打分，由技术部审核并汇总考核评分。最终设计考核评分由各线土建机电工程部、总包总体单位和设计咨询单位考评打分按照相应的权重（比例）统计产生。

由于不同阶段的侧重点不同，建设单位技术部和工程部在工点设计考核中的考核权重（比例）具体划分为：总体及初步设计阶段技术部评分占建设单位评分的75%，工程部评分占建设单位评分的25%；招标设计及施工图设计阶段技术部评分占建设单位评分的25%，工程部评分占建设单位评分的75%。

(3) 设计考核时间

建设单位技术部在各阶段政府部门审查完成后，下发设计阶段考核通知并进行考核。季度考核为每季度末月的30日，在此之前，各设计工作考核单位和部门将设计考核报表和电子文件一并递交建设单位技术部，技术部在下月15日前汇总设计考核评分，完成并下发设计工作考核简报。每设计阶段综合考核一次，对综合评分前三名分别给予不同额度的奖励，具体奖金额度视阶段（或季度）扣款金额而定。样表见表2—8。

表2—8　　　　设计考核项目表（示例）

考核项目		考核分级		
		优良	基本合格	不合格
1. 承担设计任务的组织、人员（10分）	(1) 专业配置是否齐备（3分）	完全齐备	基本齐备	缺一个专业
	(2) 人员配置是否和投标文件一致（3分）	完全一致	主要负责人未变，但设计人员有更换	主要负责人未到位
	(3) 现场办公人员落实情况（4分）	完全满足工作要求	基本满足工作要求	人员不足，但仍能勉强工作
2. 设计进度执行、落实情况（15分）	(1) 是否按时上报各类计划报表（5分）	完全准时，内容完整	基本准时，内容基本符合要求	延误时间或内容不全
	(2) 是否按下达的计划按期完成任务（5分）	按期、按量、按质完成	基本按期、按量、按质完成	延误时间或数量、质量不符合要求
	(3) 变更设计计划程序执行情况（5分）	积极主动申述理由且提出变更内容	被动提出申述理由和变更内容	延误或不理睬，但仍上缴变更计划

续表

考核项目		考核分级		
		优良	基本合格	不合格
3. 贯彻执行建设单位意图和指令情况（20分）	（1）出现技术问题能否主动上报（5分）	积极主动	基本主动	经催办后能提出报告
	（2）对各类要求上报的资料完成情况（5分）	反应快、内容齐全	稍有延误，但质量欠佳	经催办后，能够上报要求的资料
	（3）对各类设计方案指令的执行情况（5分）	完全执行或积极主动地提出不能执行的理由	能照办，但质量欠佳	拖而不办，但经催办后仍能办理
	（4）对各类工作联系单上报、落实情况（5分）	完全按规定办理并认真执行	能上报问题，但程序不对或落实不到位	自行其事，经指正后能改正，但落实不到位
4. 设计文件质量水平（30分）	（1）是否按批准的方案出文件（5分）	完全符合并有优化	基本符合	基本符合
	（2）设计文件是否按规定进行会签（5分）	完全照办	基本照办	部分图纸未经会签
	（3）设计文件深细度是否按"文件组成与内容"规定执行（5分）	完全照办	基本照办	部分图纸未达到规定
	（4）设计文件目录、签署是否完整（5分）	完全符合要求	稍有不足	基本完整
	（5）设计文件上交数量是否符合规定（5分）	完全符合	基本符合	缺个别图纸
	（6）按时出具各类参考图、标准图（5分）	完全符合	基本符合	缺个别图纸

续表

考核项目		考核分级		
		优良	基本合格	不合格
5. 配合施工服务水平（20分）	（1）是否按段、按专业配齐人员（5分）	完全符合要求	基本符合要求	能应付工作，但力度不够
	（2）人员资历是否能胜任现场配合（5分）	完全符合	基本符合	仅能充当"二传手"，但尚未影响工作
	（3）变更设计程序执行情况（5分）	完全符合规定	基本符合规定	有违规现象，但能改正
	（4）配合施工人员是否积极主动为现场服务（5分）	积极主动，态度好	基本主动，态度稍有不足	能办事，但不主动
6. 信息管理（5分）	（1）建立完善的信息管理体系（2分）	信息管理体系完善，且合理	信息管理体系较完善，基本合理	能应付工作，但有缺陷
	（2）信息管理制度的执行情况（3分）	完全照办，且完成质量好	基本照办，完成质量较好	有违规现象，但能改正

说明：

1. 考核总得分在70分（含70分）以上，全额支付本阶段（或季度）费用。

2. 考核总得分在65分（含65分）至70分之间（不含70分），将扣除50%本阶段（或季度）考核费；该部分金额在合同结算时扣除。

3. 考核总得分在60分（含60分）至65分之间（不含65分），将扣除100%本阶段（或季度）考核费；该部分金额在合同结算时扣除。

4. 考核总得分在60分（不含60分）以下，将扣除100%本阶段（或季度）考核费且不支付本阶段费用；该部分金额在合同结算时扣除。

第六节　信号设计管理注意事项

信号系统建设工程实施过程中也会发现不少设计质量问题及缺陷，为适应多条新线同时建设的形势，必须想方设法进一步提高设计质量。只有认真分析总结设计问题产生的原因，提出改善设计的建议，才能在新线建设工程中避免类似问题的发生，从而使参建各方在工程实践中不断积累经验，更好地对设计、施工、监理进行全过程的质量控制。通过对以往工程的回顾、分析与总结，对设计管理工作有如下认识和建议，供新线建设参考。

2.6.1 善于从设计缺陷或工程质量问题中总结经验

轨道交通工程建设项目庞大，专业多，接口管理复杂，通常由20多个专业近40个子系统组成，有多个设计单位、施工单位和供应商参与建设，在地铁公司内部形成不同层次、不同单位之间复杂的、互相制约的、互相影响的接口，而在外部，轨道交通建设与城市规划、城市交通规划、城市现代化市政建设的各种设施（给排水、电力、通信、燃/煤气、房屋、道路和消防等）均有密切联系，各种因素都在不同层次、不同阶段、不同程度地影响着轨道交通工程建设的顺利实施。因此，任何设计缺陷或工程质量问题的产生，都是多种因素共同作用的结果，是多个失误重叠的结果，包括外界客观因素的影响（如政府部门对规划、招标、工期等的要求），不同建设阶段重叠交叉（如边设计边施工），实际设备与设计图纸之间的差异，以及施工单位之间施工工序衔接不畅的影响等。如果对发现的问题能认真分析原因，采取措施加以解决，无疑可以在新线建设中避免重复犯错，因此，从这个角度来说，经验教训也是一笔宝贵的财富。

2.6.2 加强设计接口管理

综观信号专业各项目情况，从设计的角度看，绝大多数质量缺陷属于接口及接口管理上的问题，信号系统设计与线路、轨道、装修等各专业之间应加强沟通与协调。

首先是装修设计与土建设计之间的协调不够。主要表现在：装修阶段对已完成的土建部分改动较大（如突出墙面的附墙柱、随意增加的构造柱、大小及位置不一的结构柱等），部分车站装修后的个别净空无法满足设计要求。因为土建设计中的层高、面积和设备预留等一旦实施，便难以改动。其次，土建设计应充分考虑施工误差。例如，土建设计为现浇钢筋混凝土楼板、风道及楼梯，就必须考虑现浇施工的误差，否则必然出现装修及设备难以按图施工的情况，造成装修施工及设备安装困难。再次，设备与装修应充分考虑接口协调。设备的选型不能仅仅满足功能要求，还必须考虑外观与安装方式，外观设计、尺寸及预留位置应尽早提供给装修专业，电梯和自动扶梯等大型设备与装修效果更应尽早协调，以免影响车站整体装修效果。

屏蔽门预埋件、扶梯吊钩、隧道通风机房的设计和预埋件设置也必须重视。信号专业应在机电设备开展施工图设计之前，对中低压电缆预埋管数量进行确认，并向轨道专业提供过轨管线的数量。

2.6.3 加强对总体设计单位的管理

设计总包总体单位受建设单位委托，对参与本项目设计工作的设计单位的设计过程实施技术上的管理与协调，对轨道交通工程设计成果负总责。设计总包总体单位负责组成设计总体部（组），设置设计总体负责人及主要专业副总体若干人，接受建设单位在合同、进度、质量和投资等方面的管理和协调。

设计总包总体单位应该由实力强的综合设计院担任，只有如此，才能协调好各参与设计单位之间的关系，才能对设计中的重大原则问题做到心中有数，尤其是各专业接口问题，应提前安排计划，预先制定解决措施，将接口问题解决于设计阶段。

针对部分专业的设计人员业务素质偏低、实际经验偏少的现象，督促总体总包组内部加强业务经验的交流，从而减少大量的低级设计失误，如安装检修空间的预留、预留孔洞与管线间空隙尺寸等设计失误。

2.6.4 充分发挥设计咨询的作用，重点审查设计接口

在设计咨询工作中可能存在以下问题：由于各专业图纸不是同时到达，设计咨询单位审图时相对注重信号专业设计方面存在的问题，没有及时沟通、核对各专业之间的接口；建设单位对总包总体、工点设计及工点咨询单位管理和协调力度不够，在审图过程中向设计总体单位及工点设计单位提出过相关接口的技术要求，但未能引起设计单位的足够重视，或设计单位未向咨询单位提供设计基础资料，致使有些问题无法审查，形成遗漏；总体咨询单位和工点咨询单位未及时沟通，未能及时汇总各单位咨询意见及落实情况，致使一些问题被带入施工当中。

设计咨询工作应着重于以下几个方面：

(1) 充分了解建设单位的目标和期望。知道建设单位的真正需求，才能明确自己的管理目标，不能仅限于建设单位的描述和己方的猜测。

(2) 明确设计原则和设计标准（质量标准）。这里所说的设计原则是指设计的基本指导思想，需要和建设单位协商确定。设计标准不是越高越好，应有合适的标准、最佳的性价比，既要防止质量不足，也要防止质量过剩。

(3) 确定设计所执行的技术标准和规范。

(4) 协助建设单位落实设计基础资料，确认设计输入。一旦确认，不可轻易变动。

(5) 参与重大设计方案的比选。

(6) 控制设计关键时间节点。

2.6.5 慎重处理设计单位与供应商系统设计之间的关系

信号系统设计与信号供应商系统设计互为前提又彼此影响。设备必须满

足设计的功能需求，同时，设计单位的施工图又受供应商设备参数和尺寸的影响。因此，应遵循基本建设程序，及早确定信号系统供应商并开展设计联络，尽快稳定机电设备系统基础资料，如信号电源供电方案、电缆参数规格和AP光缆连接方案等，以便为施工图出图创造条件。设计单位与供应商互提的资料应该准确、及时，不能互相拖拉。

2.6.6 做好设计与施工之间的衔接工作

设计单位和施工单位都要有全局思想，设计单位一定要做好施工交底和施工配合工作，既要检查设计是否满足工地的实际情况，又要检查施工是否符合设计要求，还要积极处理施工中出现的设计问题，尽可能用最小的代价达到最好的结果，用优良的设计加以补救。根据国内工程实施现状，在选择设计单位时，应要求其配备有经验丰富的施工配合人员，专门负责对施工配合的设计管理工作，在工程实施前认真做好施工图纸交底工作，如接地要求、过轨要求、防护要求等，均需要准确、翔实地做好技术交底。

2.6.7 落实技术标准和指导性文件（参考图）

为提高设计工作效率，推动施工图设计，信号系统设计单位应熟练掌握技术指导性文件和参考图的使用方法。

2.6.8 保持设计人员的稳定

由于信号系统设计和施工周期长，根据合同要求，信号系统设计项目负责人、专业负责人和设计人员应尽可能稳定。因为人员变动后，新接替的设计人员对标准、原则及接口不甚清楚，将会影响项目进度和质量。

第七节 设计管理案例

2.7.1 案例一：广州市××号线××车辆段信号转换轨设置方案协调

根据××号线目前的设计进展情况分析，××号线出入段线信号转换轨的设置位置还存在很大的不确定性，对未来运营可能会造成较大的不利影响，特提请总公司技术审查部门予以重视与协调。详情如下：

一、协调经过

××号线初步设计预审已于2010年7月完成。鉴于初步设计只是设计原则、设计方案和系统功能的粗略设计，因此在初步设计文件中，并未涉及转换轨的具体技术要求，转换轨及其范围内的信号系统设备布置将在系统设计和施工图设计中细化并明确。

2011年5月，广州地铁召开了××号线××车辆段总平面布置方案审查会，此次会议上，信号专业第一次得知转换轨将设置在出入段线的中部，而通常情况下，转换轨设置在靠近车辆段的端部。因此，信号专业明确提出该项设计存在问题，会议纪要第三条要求"设计院总体与运营单位沟通明确出入段线转换轨设置位置，并落实到相关工点设计中"。

随后，××号线设计总体单位主持召开了××号线××车辆段信号转换轨协调会。会议针对××车辆段信号转换轨设置的相关问题进行了分析讨论，考虑到××车辆段出入段线条件限制，转换轨需设置在靠近车辆段的位置，坡道不大于10‰，长度不少于180 m。同时，因线路弯度较大，为保证信号机的瞭望距离，该区域内需连续设置两架复式信号机。

此后，建设单位在7月召开了车辆段出入段线方案变更审查会，同意对出入段线部分线路的平、纵断面进行局部变更，将出入段线设置转换轨地段的线路按10‰纵坡、180 m长度进行调整，预计土建变更费用接近1 000万元。但在2011年10月下旬，关于××号线转换轨的设置出现了不确定性，总公司总工程师室对该方案变更进行审查时要求运营单位对转换轨的设置位置给出明确意见，否则不支持该项变更。

二、存在问题

按照设计总体最初（2011年5月）提出的方案，由于土建施工难度和投资问题，建议转换轨设在出入段线中部。但该方案中的转换轨既不靠近车站，也不靠近车辆段，存在如下弊端：

1. 影响列车出入段能力。从转换轨末端至车辆段停车列位的出入段线路需人工驾驶，最高速度为25 km/h（实际速度20 km/h），出入段线全长2 385 m，若800 m的出入段需要人工驾驶，再加上车辆段内部线路400 m，人工驾驶总长度为1 200 m，需要耗时3.5 min以上，考虑到列车在转换轨需要2 min的停车作业时间，则单向出车能力约为5.5 min，难以与正线4 min的间隔相匹配。

2. 列车在转换轨停稳后需再次启动闯过30‰的竖坡，考验车辆的牵引和制动性能。

3. 列车在转换轨停稳后，尚未出地面，无法观察到车辆段线路的情况，影响司机瞭望。

4. 由于出入段线最小的曲线半径为200 m，所以不可避免地要设置复式信号机。

三、处理意见

鉴于转换轨的设置位置对车务、乘务作业、车辆性能和信号系统设备布置都将产生一定的影响，且我司所有运营线路的转换轨都设置在出入段线靠近车辆段的端部，设置在其他位置不利于将来××号线的运营，考虑到转换轨设置牵涉多个运营相关专业，特别是对将来的行车组织影响较大，需请技术管理部门尽快协调，以便信号专业根据出入段线平、纵断面开展信号系统设备布置工作。

2.7.2 案例二：××号线××站信号转辙机安装预留尺寸不满足安装要求的处理

一、问题现状

×××南区间为马蹄形断面，属于暗挖结构，由于早期土建未考虑后期转辙机的安装位置，因此导致该站存在3组道岔不满足转辙机安装要求。如图2—2所示，W2401道岔：钢轨两侧墙体距钢轨中心分别为2 427 mm、2 467 mm；W2403道岔：钢轨两侧墙体距钢轨中心分别为2 547 mm、2 547 mm；W2405道岔：钢轨两侧墙体距钢轨中心分别为2 567 mm、2 587 mm。

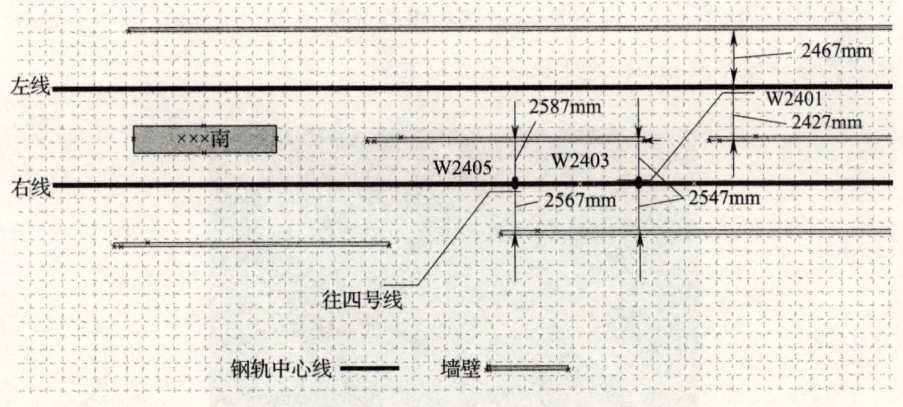

图2—2 转辙机安装空间不足

1. 根据总公司企业标准《广州市轨道交通新线工程设计技术标准》，转辙机安装位置"要求隧道加宽到距离轨道中心线2 800 mm"，目前该三组道岔均不符合规范。

2. ××号线采用ZYJ7+SH6型转辙机，转辙机杆件最外缘距离轨道中心2 760 mm，目前×××南区间上述三组道岔均无法安装。

3. 受制于土建墙体结构，目前的改造方案无法满足设计标准。在高、宽、深三个方面，高度可以满足设计标准，宽度不能满足（标准为最坏情况下2 m，目前只有1.5 m)，深度只有转辙机套管部分能够满足2.8 m的标准要求，其余部分约为2.6 m，按照目前建总方案开槽后，转辙机安装空间将由原来的口字形变成凸字形。

二、方案分析

土建设计单位给出两个方案。

1. 方案一（推荐）。如图2—3、图2—4所示，开孔深500 mm、宽1 500 mm、轨面以上800 mm，土建总工期约16天。改造后安装空间如下：

W2401道岔：钢轨两侧墙体距钢轨中心分别为2 927 mm、2 967 mm，此空间含净空800 mm、宽1 500 mm的孔洞。

W2403道岔：钢轨两侧墙体距钢轨中心分别为3 047 mm、3 047 mm，此空间含净空800 mm、宽1 500 mm的孔洞。

W2405道岔：钢轨两侧墙体距钢轨中心分别为3 067 mm、3 087 mm，此空间含净空800 mm、宽1 500 mm的孔洞。

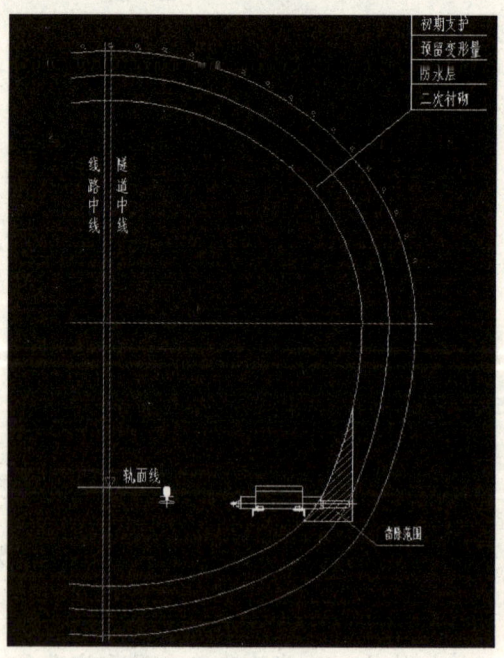

图2—3 转辙机基坑纵截面图

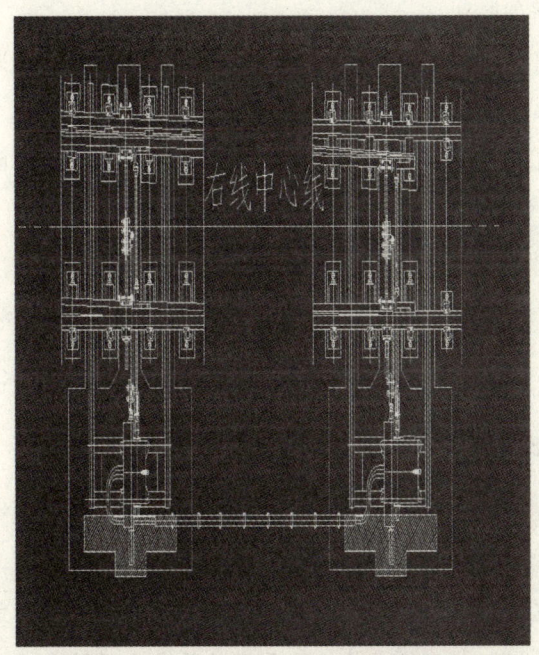

图 2—4 转辙机基坑横截面图

2. 方案二。开孔深 500 mm、宽 2 000 mm、轨面以上 800 mm。土建总工期约 35 天。改造后安装空间如下：

W2401 道岔：钢轨两侧墙体距钢轨中心分别为 2 927 mm、2 967 mm，此空间含所凿墙体深 500 mm、净空 800 mm、宽 2 000 mm 的孔洞。

W2403 道岔：钢轨两侧墙体距钢轨中心分别为 3 047 mm、3 047 mm，此空间含所凿墙体深 500 mm、净空 800 mm、宽 2 000 mm 的孔洞。

W2405 道岔：钢轨两侧墙体距钢轨中心分别为 3 067 mm、3 087 mm，此空间含所凿墙体深 500 mm、净空 800 mm、宽 2 000 mm 的孔洞。

三、措施方案的风险评估

改造后转辙机安装空间变成凸字形，转辙机只有套管部分满足距离轨道中心 2.8 m 的标准要求，宽度为 0.5 m，其余部分只能保证 2.6 m 左右的深度。经评估，在这种情况拆装转辙机还是可以进行的，但因为空间缩小，对维修拆装会存在一定影响，拆装转辙机的时间会增加，特殊情况下，如应急更换转辙机会增加时间。

从目前与建设总部沟通的情况来看，墙体主体结构方面若完全按照标准开挖，会涉及墙体受力等因素，需要完全重新做防护开挖，工期约为1个月，会影响项目移交时间。根据建设总部限界检查和热化的时间，转辙机安装时间为8月1日，最迟推延至8月7日左右。

综合以上因素，选取方案一较为合理。

2.7.3 案例三：关于××设计院××号线信号施工图纸质量问题的通报

各设计单位：

××设计院负责设计的××号线一期工程信号系统施工蓝图存在图纸缺漏、模糊不清等问题，不能满足××号线信号系统设计合同的相关要求，不能满足安装工程的需要，对后续工作造成了一定影响。主要问题如下：

一、图纸缺漏。该院所编制的××号线信号施工图缺少室外信号系统设备平面布置单线图、室外光电缆配线图、培训模拟设备布置图等，各站室内信号系统设备及线槽布置图缺少配电防雷箱，导致施工合同所列工程量清单不能通过施工图完整体现，存在审计风险，而且配线图的缺失不能满足施工配线需要，容易发生配线错位等问题。

二、个别图纸比例过小、图纸模糊不清。如：各站室内信号系统设备及线槽布置图比例过小，文字显示不清晰，缺少配电箱、防雷箱、接地端子及电缆引入信息；南×站、大×站站厅层管线示意图比例过小，文字显示不清晰，管线走向不明显，极难辨认。

三、审图不严。××设计院（咨询机构）作为××号线信号施工图的审图单位，未严格把关，图纸审查不细不严，未及时将审图意见向建设单位反馈，而且第二、六、九、十册图纸的咨询图章错误导致图纸存在失效的风险，也应引起警觉。

当前正值广州地铁建设高峰期，各设计单位也处于出图高峰期，为避免此类情况重复发生，规范地铁工程设计行为，现对××设计院予以通报批评。

希望××设计院高度重视以上问题，采取切实有效措施尽快予以整改，并坚决杜绝此类问题再度发生。各设计和咨询单位要引以为戒，吸取教训，信守合同，切实抓好设计管理，以认真负责的态度开展地铁设计和咨询工作，确保设计文件满足地铁建设和运营的需要。

广州地铁××事业部
2016年×月×日

本章小结

"设计是龙头"表明设计在基本建设流程中的作用重大，对于工程质量、投资、进度和建成后的运营效果都起到关键作用。因此，建设单位应高度重视设计管理，把设计管理当作项目管理的关键环节进行管控，在设计管理过程中，选择适合当地发展需要的管理模式，建立完善的组织管理体系，明确建设单位、设计总包总体单位、设计咨询单位和设计单位各方职责，提前筹划，通过公开招标选择履约能力强、诚信、综合实力强、设计水平高的设计单位，并建立互惠互信的长期合作关系。随后，根据项目专业特点，认真做好总体设计、初步设计和施工图设计等关键阶段的质量、进度管控，督促设计单位做好接口资料互提工作，严格控制设计变更，充分利用设计总包总体单位、设计咨询单位的管理资源，采用设计月报、设计巡检和设计考核等手段，促使设计工作、设计成果满足工程建设的需要，实现预期的设计目标。

第三章 设备采购管理

第一节 设备采购管理概述

在项目管理的知识体系中,招标、采购管理是项目实施的重要内容。在城市轨道交通信号系统建设项目全寿命周期中,设备采购管理是极为重要的一环。如果招标、采购管理工作做不好,不仅会影响项目顺利进行,而且还会加大项目执行难度,增加项目实施风险。

信号系统设备采购管理的主要目标是:通过招标、采购,实现设计需求的落地,提高招标、采购的质量与效率,降低采购风险,做好投资控制,顺利实现所需信号系统的配套采购,同时为具体项目实施提供前瞻性思考。

信号系统设备采购的原则和管理思路是:使用合理的概算投资金额,采购适合相关项目或特定线路的高质量、高可靠性、高可用性的成熟稳定的信号系统及其服务。

3.1.1 轨道交通信号系统设备采购管理组织

信号系统设备采购管理组织是指为了完成采购任务,保证生产经营活动顺利进行，由建设单位按照一定的规则组建的设备采购团队。轨道交通设备采购管理组织有较为普遍适用的采购组织关系，结合实际设备采购的特点，能够适应设计、采购、审查、招投标等任务层次，有相应的管理组织成员和相关职能。

3.1.2 信号系统设备采购干系人

城市轨道交通信号系统设备采购管理的干系人是指所有与信号系统设备采购有关的利益人，例如：直接关系的有，作为采购主体的建设单位、运营单位维保部门、负责工点设计的设计单位、供应商或集成商等投标单位；间接关系的有，轨道交通上级主管部门（如发改委、住建委或交通委等）、地方财政部门和社会化投资人等。

信号系统设备采购管理的干系人对项目目的和结果施加影响，最终决定项目采购的成败。信号系统设备采购管理必须首先识别项目干系人，理解干系人关系网络，确定他们的需求和期望，尽最大可能处理和管理各项影响因素，保证项目取得成功。

信号系统设备采购干系人汇总定义如下：

(1) 项目出资及统筹部门

项目出资及统筹部门包括政府主管部门、财政部门等，负责规划项目并提供项目启动资金或牵头组织社会化投资人开展PPP融资等。

(2) 项目决策管理部门

项目决策管理部门是指建设单位及建设单位技术、商务审核部门，负责对项目统筹管理、审批招标文件、审批用户需求书等，整体把握招标、采购、谈判和合同管理。

(3) 项目合作伙伴

项目合作伙伴包括运营单位维保部门、技术支持部门、合同法务部门和财务部门等，负责提供商务和管理流程的支持，确保流程合法合规，合作推进项目进度，提供人力资源保障等。

(4) 项目经理

项目经理负责制订和实施信号采购项目的计划、汇报、全过程管理和推进，代表建设单位并对项目最终负责。

(5) 项目建设团队

项目建设团队包括建设单位组织结构的内部团队、由项目依法确定的设计单位等。建设单位的项目部是建设归口单位，负责组建项目团队，启动招标手续、推动项目进展；设计单位属于组织结构外人员，但在信号采购中与项目经理合作，为项目设计负责。

(6) 合作单位

合作单位是指供应商、集成商等信号投标单位或直接谈判对象，参与项目投标、采购合作谈判等流程。

(7) 最终用户

最终用户是指运营单位，主要是运营单位维保部门，其可以提供既有线路使用经验，参与用户需求书讨论。

对以上干系人应尽早识别，在项目早期阶段就要理顺关系。对干系人的管理，建议集中精力管理主要的干系人，定期沟通、适时调整，如做好与最终用户、项目决策管理部门、项目合作伙伴的沟通等。

3.1.3 信号系统设备采购流程及干系人网络

新建线路的信号系统设备采购通常采用公开招标方式，招标的具体流程如图3—1所示。

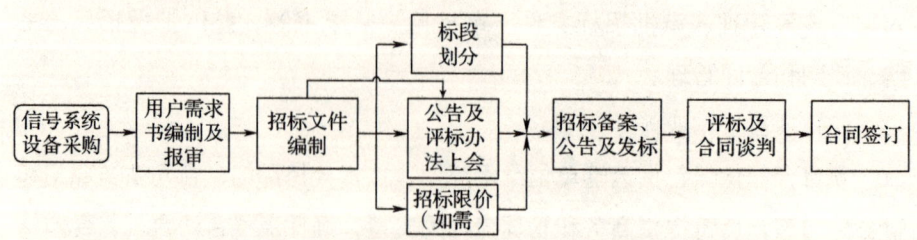

图3—1 信号系统设备采购流程图

第三章 设备采购管理

根据 3.1.2 的干系人识别，一般新建线路的信号系统设备采购招标的干系人网络如图 3—2、图 3—3 所示。

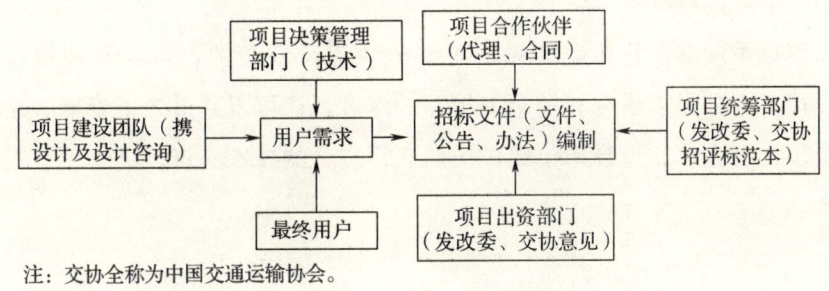

注：交协全称为中国交通运输协会。

图 3—2 前期干系人网络

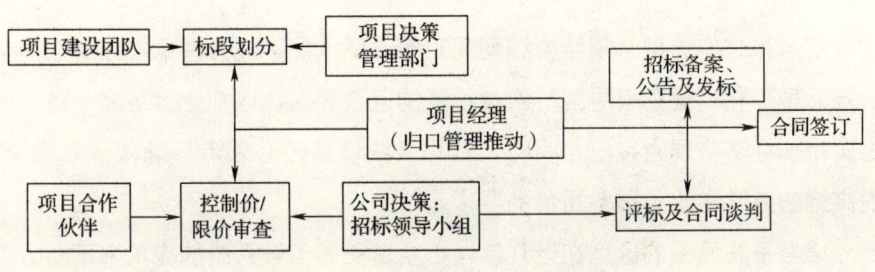

图 3—3 合同签订前的干系人网络

第二节 市场调研和设备选型研究

3.2.1 市场调研和设备选型的重要性

在招标启动阶段，项目主办部门作为建设归口单位，负责组织相关单位编写采购所需的各类文件，其中用户需求书将作为合同技术规格书的基础，是采购合同的核心内容。

信号系统的市场调研和系统设备选型不仅可为在建线路和今后新建线路的系统建设提供指导意见，还可为进一步统筹考虑线间资源贡献、互联互通运营提供技术支持。同时，信号系统制式的选型研究对于促进轨道交通线网的日常运营管理工作也是非常重要的，信号系统设备的选型还可以提高信号系统运营管理的适应性，减少故障维修类别，整合培训知识体系，减少备件采购清单等。

调研手段上，有在运营线路条件的轨道交通企业，可以开展设计回访，提高用户需求研究和需求书编写的深度，还可以通过外请专家、生产单位、合资企业、设计单位或供应商进行广泛的技术交流，了解行业前沿技术。

3.2.2 设备选型的原则

信号系统的选型必须结合线网规划的具体情况，充分考虑规划线网"交通疏导型"和"规划引导型"两类线路的运营要求，以安全、可靠、技术先进实用和经济合理为宗旨；同时，信号系统设备还必须满足确保行车安全、提高运输效率和改善服务质量的要求。

信号系统设备的选型在近几年城市轨道交通信号系统的应用中不断被总结，因为产品特性决定了经济性、维护便利性等性能指标。一般来说，从全寿命周期的信号产品的功能、适应性等角度，总结出信号系统的产品选型原则如下：

(1) 智能化、信息化。

(2) 模块化。

(3) 通用性（标准化、系列化）。

(4) 安全性。

(5) 可靠性。

(6) 可维修性。

(7) 先进性、是否为主流产品（如网络的兼容性）。

(8) 可持续性（电子产品使用寿命）。

(9) 成熟度（应用案例）等。

3.2.3 信号系统选型的要求

作为与行车关系密切的系统,信号系统设备选型应根据运营及行车组织要求,实现高速、高密度、多交路运输的能力。信号系统选型的主要指标应包括:

(1) 满足列车最高运行速度的要求。

(2) 满足全线平均旅行速度的要求。

(3) 满足最小行车间隔的要求。

(4) 满足初期、近期、远期长/短交路的要求。

(5) 满足列车编组的运营要求。

(6) 具备多种操作方式。

(7) 具备多重控制模式。

3.2.4 设备选型建议

信号系统主体设备在 1999 年以前基本依赖进口,1999 年 3 月,国家计委(现国家发改委)下发计预测〔1999〕428 号文,要求中国本土供应商作为城市轨道交通信号系统国产化总成单位,自此信号系统这一严重依赖进口的轨道交通设备开始国产化之路。

信号系统设备的选型主要关注系统制式、ATC(列车自动控制)系统信息传输方式(特别是车—地通信方式)、信号主要基础设备性能、国内设备配套、系统运行及控制模式、综合维修机构资源共享、ATC 系统国产化方案及线网内互联互通模式等。正线 ATC 系统的制式选型、系统构成和设备配置将直接影响到轨道交通的安全、可靠、高速、高效率运行。

根据当前的技术研究进展和广州地铁的应用情况,对具体设备系统的选型建议如下:

(1) 系统制式

目前用于城市轨道交通系统的闭塞方式有三种：固定闭塞、准移动闭塞和移动闭塞。

1) 固定闭塞系统。行车效率较低，基本不选用。

2) 准移动闭塞系统。优点是成熟稳定，部分城市在首条地铁线路中依然采用；缺点是区间通过能力较差，维护工作量大，受轨道和牵引回流的影响较大。

3) 移动闭塞系统。基于无线通信技术，能实现速度—距离连续控制，区间通过能力较强，行车效率高。同时，移动闭塞系统对非装备列车的防护和区分能力较强，是信号系统发展的大趋势。

(2) 控制网络（信息结构）

ATC轨旁有线传输网络包括ATS子系统信息传输网、ATP及联锁子系统信息传输网、ATS与ATP及联锁之间的信息传输网络。目前主流信号系统供应商关于ATC轨旁有线传输网络的设置方案主要有两种：一种是ATS子系统与ATP及联锁子系统分别单独组网，另一种是ATS子系统与ATP及联锁子系统信息网络三网合一。

单独组网除了基于安全网络和非安全网络的考虑外，还考虑不浪费通信资源，但为了完善信号系统控制体系，从加快线网各条线路的调试进度考虑出发，信号系统自建三网合一的网络是发展的趋势。

(3) 车—地通信系统设备

从国内开通、在建项目的实际情况来看，无论是基于电磁感应式的电缆环线，还是基于无线通信式的无线天线、漏泄电缆、裂缝波导管和无线扩频等车—地通信技术，均能满足移动闭塞系统制式的技术要求，但不同的车—地通信方式及信息传输载体在技术上和工程实施中各有利弊。建议根据不同的线路特点进行选择，选择标准包括抗干扰性、经济性和轨旁结构等。

(4) 列车位置检测系统设备

1) 轨道电路。由于目前轨道电路方式与相应准移动闭塞系统绑定，所以轨道电路的选型是对整体正线信号系统设备的选型。

2) 计轴设备。计轴设备应包括计轴主机、计轴磁头及轨旁盒、计轴用防雷单元、计轴室内外线缆等。

若正线与车辆段属于同一个标段，车辆段或停车场与正线可选用相同规格型号的计轴设备，以增加备件通用性。如果车辆段、停车场单独招标，从经济性、维护便利性、服务及时性等角度出发，计轴设备可考虑经过国际 SIL4（Safety Integrity Level，安全完整性等级）认证的国产计轴设备。另外，试车线作为正线模拟试验场，应始终与正线采用相同规格型号的计轴设备。

(5) 转辙机

转辙机属于铁路指定安全生产设备，目前可以选择的有 ZDJ9、S700K、ZYJ7 和 ZD6 等型号系列。一般来说，轨道交通延长线需采用与原线路厂家一致的转辙机，便于维护和备件共享，新建线路的转辙机选型可参考已建线路的使用情况和维护成本等。

根据国家工信部颁布的《高能耗落后机电设备（产品）淘汰目录》，选择转辙机时，还应该避免使用被国家淘汰的高耗能产品类别。

(6) 信号机

LED（发光二极管）信号机价格昂贵，备件费用高，使用寿命长，亮度稳定；色灯信号机成熟稳定，维护费用低，但故障率高。采用 LED 信号机是目前轨道交通发展的趋势。

(7) UPS（不间断电源）系统

大型 UPS 系统与小型 UPS 系统应以稳定为首选指标。

目前 UPS 选型倾向于两台 UPS 冗余备份方式。在两路输入电源自动转换或中断时，每个 UPS 应无时间中断地通过备用电池提供后备电源。至于是否采用双套电池系统，是否采用双交流输出模块，各个地铁公司应从成本、必要性和厂家技术来源等方面做对比选择。

(8) 标准化培训系统

培训设备应构成一个完整的 ATC 系统，具有完整的 ATC 功能演示，具有故障模拟和故障诊断功能，能至少体现正线区段内一个设备集中站的设备工作状态，以及一个 ATP/ATO 车载系统及地面设备的工作状态。

标准化培训系统设备组成建议应至少包括：1 套 ATS 系统的最小配置，1 套联锁室内设备（包括现地工作站、道岔和信号机控制设备），2 套 ATP/ATO 线路设备，1 套车—地连续通信室内设备，1 套车—地连续通信轨旁设备，2 架室外信号机，2 台道岔转辙设备，1 套列车检测设备（3 个计轴器组成的 1 个计轴区段），2 套车载 ATP/ATO 装置（包含各类车载天线），1 套车载人—机接口装置，驾驶台及与 ATP/ATO 车载设备的接口，电源设备，等等。

轨道和车辆仿真设备为 ATP/ATO 设备提供实时、完整的仿真环境。培训设备在实时仿真模式运作时，不需连接室外及车载设备；不在仿真模式运作时，ATP/ATO 设备与培训中心的车载设备及轨旁设备通信，维修人员可以通过硬件接口和报文状态进行工作。

(9) 全自动运行系统

全自动运行信号系统包括 GOA3、GOA4 两种等级，是近年的研究热点，有些地铁公司会从成本角度考虑选择无人驾驶系统。

全自动运行是指在没有司机参与驾驶的情况下，列车在控制中心的统一控制下实现全自动运营，整个线路网的站间联系、信号系统、列车运行和车辆调度等也完全实现了自动化。全自动运行系统是可以自动实现列车休眠、唤醒、自检、自动运行、自动开关车门和出入库，以及在故障情况下自动恢复或退出运营的全过程技术应用。

目前国内信号系统供应商/集成商的全自动运行技术已经有所积累，北京地铁燕房线和机场线、上海地铁十号线均已经在实践全自动运行信号系统。

从整体上看，全自动运行系统需要联动信号、车辆、综合监控、屏蔽门和通信等专业，对行车组织规则和运营管理的影响大于信号系统本身。

(10) 监测子系统

监测智能化、便利化是近年来信号监测子系统的发展趋势，如道岔转辙机缺口监测，目前已经发展为成熟的视频缺口监测技术，十分有利于道岔转辙机的维护、故障数据记录和预防性检修等。除主流系统供货商以外，目前多个厂家均具备该技术的上道资质。

第三节　用户需求书编制及审查

3.3.1　用户需求书编制的必要性

用户需求书是信号系统设备招标的技术要求和准则，是投标人编制轨道交通工程信号系统投标技术规格书的基础。

用户需求书的编制依据主要是新线可行性研究报告、初步设计文件、相关行业标准和专业技术规范等。

一份完整的城市轨道交通信号系统用户需求书，应对工程全线信号系统设备的性能、系统构成、系统功能、运营要求、系统接口、供货范围、责任范围、系统集成、技术服务、项目管理和协调、质量控制、安装督导、调试、试验和验收等，作出适合工程需要的具体规定和要求。

3.3.2　用户需求书的组成

2015年，中国城市轨道交通协会技术装备专业委员会根据国家发改委产业协调司批复，发布了《城市轨道交通信号系统用户需求书（范本）》试行版，试行版的用户需求书范本适用于新建轨道交通工程和延伸的轨道交通工程，针对当前广泛应用的基于通信的列车指挥控制系统（CBTC）制式进行编制，成为各地信号系统用户需求书编制的主要参考依据。

一般来说，信号系统用户需求书的目录包括以下四个主要部分，分别为：

第一部分　通用技术要求

第二部分　专用（功能）技术要求

第三部分　接口技术要求

第四部分　投标格式要求

其中，通用技术要求可按要求提供本工程的各项附图（附图也可独立成章），包括：线路平纵断面图、段场平/纵断面图、限界图、信号正线平面布置图和段场信号平面布置图等。

在工程招标完成后，用户需求书一般保留上述用户需求目录的前三大部分，融合具体项目投标技术规格，成为合同技术规格书。

以广州地铁近期完成招标的线路为例，信号系统设备采购用户需求书的通用技术条件包含：工程摘要，供货范围，责任范围，现场条件，参照标准，项目管理，质量控制计划，一般要求，设计联络和设计审查，监造，包装与运输，库房，安装与调试，试验、检验和验收，质量保证，培训，国产化，工期进度，文件提交等，共计19章。

信号系统设备采购用户需求书的接口技术要求一般包含以下几个部分：总则与要求，信号内部接口（联锁与轨旁硬件接口、正线与段场联锁接口、试车线与车辆段接口、ATS与段场联锁接口），信号外部接口（车辆接口、综合监控接口、屏蔽门接口、乘客信息显示接口、时钟接口、低压配电接口、无线通信接口、广播接口、牵引供电接口和联络线接口）。

在广州地铁实际应用中，广播接口、乘客信息显示接口和牵引供电接口均由综合监控接口统一对接，该方式为当前的普遍应用方式。

3.3.3　用户需求书的编制、送审过程

城市轨道交通建设项目的用户需求书编制时，由项目建设归口部门负责收集、整理信号系统最终用户及相关人员使用需求意见，组织设计单位收集设计基础资料，拟定招标设计原则和接口要求，最终编制完成用户需求书。

在用户需求书初稿编制完成后，项目建设归口部门负责依据公司内部相

关技术管理规定，开展用户需求书报审工作。

用户需求书终稿编制完成后，将作为信号系统招标文件的一部分上报上级主管部门（一般为发改委）备案。

3.3.4 用户需求书的成果应用

用户需求书的成果（技术规格书），将适用于以下几个方面：信号系统设备的设计、设计联络、制造、出厂检验、保险、包装发货、运输、仓储、交货、安装督导、测试、试验、综合联调、安全评估、验收、试运行、开通、设备性能确认、人员培训、备品备件和仪器仪表及工具的提供、质量保证期内系统缺陷的纠正和维护等具体项目工作。

3.3.5 信号系统用户需求书编制的注意事项

(1) 互联互通和延续的需求

由于城市轨道交通信号系统技术比较复杂，具有极强的专业性，当前虽然各家供应商提供的信号系统所实现的功能基本相同，但因为采用的硬件和软件差异极大，且关键技术、接口协议均不对外开放，导致各系统互不兼容。根据现有轨道交通信号系统技术发展水平，不同供应商信号系统之间的互联互通在技术上和工程上均难以实现，因此延伸工程招标或合同谈判前编制的用户需求书，一般与原既有开通线路信号系统的技术规格一致。

(2) 独立第三方安全认证内容

第三方安全认证是信号系统用户需求书有别于其他机电系统用户需求书的特殊部分。一般来说，用户需求书会要求相应单位与合乎规定的第三方安全认证评估机构合作，对工程信号系统进行安全等级评估。实际操作中，只有很少部分城市会对第三安全认证评估机构进行单独招标。

(3) 信号与车辆接口

鉴于列车控制、服务乘客是整个轨道交通设计最终和最重要的输出结果，信号与车辆接口也是信号接口技术要求中极为重要的一个章节。工程实践中，考虑到信号与车辆接口的项目管理内容较多，为规范城市轨道交通行业的招投标文件，2015年由广州地铁主编，参照《城市轨道交通A型车电动客车用户需求书（范本）（试行版）》、《城市轨道交通B型车电动客车用户需求书（范本）（试行版）》、《城市轨道交通信号系统用户需求书（范本）（试行版）》等文件，编制完成《城市轨道交通车辆与信号系统接口技术要求（范本）》，作为同一项目招标中信号系统与车辆用户需求书的共同组成部分，独立成章。该范本也是中国城市轨道交通协会技术装备专业委员会主持下编制的特殊接口内容。

(4) 新技术、新应用

当前城市轨道交通信号系统发展迅速，线网集中监控需求也越来越强，各项新功能层出不穷，这就要求城市轨道交通企业要不断加强技术交流，总结工程实践经验，在保证信号系统稳定、好用、易用的基础上，不断充实信号系统用户需求书。

第四节 设备招标管理

3.4.1 信号系统设备招标管理依据

实施信号系统设备招标采购的法律依据，与城市轨道交通机电系统普遍采用的招标依据类似，主要依据《中华人民共和国招标投标法》《中华人民共和国招标投标法实施条例》《中华人民共和国合同法》、各省市实施招标投标法管理办法、商务部《机电产品国际招标投标实施办法（试行）》以及各地地铁公司合同管理实施细则、资料档案管理规定及结算制度等。

按照《机电产品国际招标投标实施办法（试行）》和《中华人民共和国招标投标法》，信号系统属于机电产品范畴。机电设备招标，是指为采购机电设备，事先公布竞争条件，依照规定择优选择合格制造供应商的活动，以政府投资为主的机电设备的公益性采购，应委托有资格的招标代理进行招标。

信号系统主体设备的招标，一般采用国际公开邀请招标方式，而国内配套设备因发展成熟，一般采用直接公开招标方式。当前国内信号系统集成能力已经具备和国际厂商同台竞争的实力。

3.4.2 标段划分

依据国家发改委等主管部门对各个城市轨道交通建设规划的批复，在招标采购之前应开展标段划分工作。

在20世纪90年代末还没有大规模开展城市轨道建设之前，很多城市的信号系统招标经常采用"系统标＋国内配套设备标"的形式，需要与每一类子系统单独签订合同，如主信号系统、电缆、车辆段系统、电源等。此类标段形式下，建设单位管理的合同数量较多。

在当前大规模城市轨道建设批复之际，信号系统招标普遍采用集成包的形式，一条线路的信号系统为一个标段甚至几条线路合并，即采用"系统标集成国内配套设备"的形式。

特殊情况是延长线的采购。延长线的正线信号系统设备已投入运营，对正线设备的采购需考虑与原系统的兼容问题，该类采购通常是将采购方案报送上级主管同意后，采用直接谈判形式。该特殊采购方式将在本书的第十章详细论述。

多线路的信号系统招标，其集成标的标段划分时，影响因素有资金、技术和策略等。资金的融资方式如果是BT（Build－Transfer，建设－转让）、PPP（Public－Private－Partnership，公共私营合作制）等方式的话，基本上需按照线路的融资特点进行招标。技术上，信号系统的互联互通还在探索中，就当前而言，多线路合并招标，至少会在几条线路之间形成统一系统供应商的结果，最终可以使各线路之间存在实现列车共享的可能，如广州地铁有三条线路合并招标的情况，最终三条线路采用统一的信号系统。该情况在采用统一车辆制造商的基础上，可以实现列车的车载信号与轨旁信号的兼容，继而实现列车的共享。

3.4.3 编制商务文件

信号系统设备采购招标方式即合同的授予方式，目前可采用的有公开招标、邀请招标、公开比选、邀请比选和直接谈判（竞争性谈判）等多种形式，不同招标方式需编制不同的商务文件。机电设备及安装的法定国际招标项目必须经国家商务部授权网站"中国国际招标网"审批。以下以核心信号系统集成国内配套设备整体招标为例，说明信号系统国际招标的商务文件编制。编制商务文件，需做好技术文件和商务文件的呼应、整合。

(1) 商务文件的内容

根据信号系统设备标的要求，招标的主要商务内容有：

1) 招标人名称、招标项目名称及简介。
2) 投标人须知。
3) 投标人资格条件、投标文件的基本要求。
4) 评标办法、评标细则和评标程序。
5) 投标保证金、履约保证金要求。
6) 投标价格的要求及计算公式。
7) 主要招标条款及内容。
8) 合同格式、合同条款。
9) 延长线、增购车和备品备件的备忘录。
10) 格式附录等。

其中，投标人须知一般分为通用须知和专用须知。通用须知为国家规定的通用范本，而专用须知是根据项目特点并结合投标人须知条款编制而成的。专用须知包括招标文件说明、递交投标文件的方式、开标日期、开标地点和有效投标期限等。

(2) 商务文件的编制

编制招标文件是一项十分重要又十分烦琐的工作，必要时可聘请咨询专家。

第五节 信号系统设备采购合同管理

3.5.1 合同澄清

合同澄清依据招标文件、用户需求书，结合投标文件进行。在确定中标候选人后，由招标代理组织招标方和中标方进行合同澄清，如有进口设备，进口代理也需参与合同澄清。

(1) 合同澄清流程

信号项目的合同澄清流程包括：

1) 制订合同澄清计划安排。

2) 组织合同澄清专题会议。

3) 合同澄清及记录。

4) 整理合同文件并归档。

应当注意，合同澄清结束后所生成的合同文本内容不得与投标文件内容有实质性区别。

(2) 谈判小组

在建设单位内部，合同澄清及谈判分为建设单位主办部门授权内项目和主办部门授权外项目。信号系统国际邀请公开招标在地铁公司一般为建设单位主办部门的授权外项目。

澄清谈判要成立谈判小组。授权外项目的合同澄清在组建谈判小组时需分两级管理，即澄清谈判领导小组、澄清谈判工作小组。

澄清谈判领导小组组长由地铁公司领导担任，建设单位主办部门、企业管理部（根据各地铁公司授权情况）、总工程师室和财务部等分管人员参与组成，公司监察审计部门也会派员监督。

谈判工作小组由合同主办部门（建设单位主办部门）、合同部门、企业管理部、财务部、总工程师室和运营单位（如讨论备品及库存问题）组成。谈判工作小组组长及成员名单由澄清谈判领导小组审定。

合同澄清谈判期间，工作小组根据工作进度，页签澄清谈判结果报告并向澄清谈判领导小组汇报。澄清期间，如存在合同偏离等相关的重大调整，须提交谈判领导小组审定。

(3) 合同会签及签订

一般来说，合同澄清文件的会签流程与招标文件的会签流程一致。合同会签时须附合同澄清谈判对比表及相关谈判事项审查会议纪要。

招标文件及澄清文件的商务部分须由合同主办部门经办人、合同经办人和企业管理部经办人页签；技术部分由合同主办部门经办人页签。

信号采购项目的招标文件及澄清文件均须经公司企业管理部会签，盖章生效。

(4) 合同澄清的注意事项

合同澄清需遵守回避制度：原则上项目经办人员如与谈判对方或其代理人有亲属关系、利益关系或其他利害关系，可能影响谈判结果的，不得成为谈判小组成员。

3.5.2 合同支付管理

支付管理是合同履行双方极为重视的环节，各个城市轨道交通项目对合同支付有自己的规定，但合同支付总体上是配合合同的整体管理进行的。

合同支付的有效设定，可以有效促进合同进度、把控合同风险、提高合同服务水平、平衡合同各阶段的重视程度并促进合同收尾等。下面以广州地铁某线路的合同支付为例说明，见表3—1。

表 3—1　　　　　　　广州地铁某线路的合同支付管理

付款种类		款项描述及支付要求
预付款 （所有合同设备及服务）		付款比例：合同总价的 15% 请款时点：合同生效后
进度付款 （所有合同设备及服务）		付款比例：合同总价的 10% 请款时点：卖方提交工程系统设计文件并经买方审查通过后
到货付款	系统设备材料 （不包括车载设备）	付款比例：已交货系统设备材料（不包括车载设备）价格的 35% 请款时点：每批系统设备材料（不包括车载设备）交货至广州地铁仓库（或工地）之后
	车载设备	付款比例：已交货车载设备价格的 35% 请款时点：每批车载设备交国内车辆总装厂后
	随机附件、专用工具 （含测试仪器）	付款比例：已交货随机附件、专用工具（含测试仪器）价格的 35% 请款时点：每批随机附件、专用工具（含测试仪器）交货至广州地铁仓库之后
商业运营付款	系统设备材料 （不包括车载设备）	付款比例：已交货系统设备材料（不包括车载设备）价格的 10% 请款时点：信号系统具备列车自动防护功能，能实现实际载客并产生票务收入，即商业运营时
	车载设备	付款比例：已交货车载设备价格的 10% 请款时点：信号系统具备列车自动防护功能，能实现实际载客并产生票务收入，即商业运营时
	随机附件、专用工具 （含测试仪器）	付款比例：已交货随机附件、专用工具（含测试仪器）价格的 30% 请款时点：信号系统具备列车自动防护功能，能实现实际载客并产生票务收入，即商业运营时
	服务费	付款比例：服务费价格的 35% 请款时点：信号系统具备列车自动防护功能，能实现实际载客并产生票务收入，即商业运营时

续表

付款种类		款项描述及支付要求
预验收付款（通过预验收但结算未完成）	系统设备材料（不包括车载设备）	付款比例：系统设备材料（不包括车载设备）价格的20% 请款时点：系统工程（不含车载设备）通过预验收但结算未完成付款
	车载设备	付款比例：通过预验收车载设备价格的20% 请款时点：当列车载设备（每列列车分别验收）通过预验收但结算未完成付款
	服务费	付款比例：服务费价格的30% 请款时点：系统工程（不含车载设备）通过预验收但结算未完成付款
预验收付款（预验收完成且结算完成）		付款比例：合同总价的5% 请款时点：预验收完成且结算完成付款
最终验收付款	系统设备材料（不包括车载设备）	付款比例：系统设备材料（不包括车载设备）价格的5% 请款时点：系统工程（不含车载设备）通过最终验收后
	车载设备	付款比例：通过最终验收车载设备价格的5% 请款时点：当列车载设备（每列列车分别验收）通过最终验收后
	随机附件、专用工具（含测试仪器）	付款比例：随机附件、专用工具（含测试仪器）价格的5% 请款时点：系统工程（不含车载设备）通过最终验收后
	服务费	付款比例：服务费价格的5% 请款时点：系统工程（不含车载设备）通过最终验收后

从表3—1中可以看出，合同支付管理主要由合同支付阶段划分和合同支付比例组成。合同支付阶段与比例的设定，不仅与工程项目的进度相匹配，而且各个阶段支付比例的选择体现了各建设单位的供应商管理策略。

比如，要求供应商重视系统试运营后的持续服务和遗留问题的解决，故而商业运营支付比例低，预验收支付比例高。从信号系统开通线路的实际操作来看，近年来开通即取得信号预验收（PAC）证书的线路越来越多，这不仅说明供应商系统越来越成熟，也说明预验收支付款的重要性驱动了各供应商不断提高开通水平。

再如，为敦促信号供应商在系统合同周期内配合建设单位开展财政资金结算，可以对结算设立单独支付节点。

3.5.3 合同变更管理

合同执行过程中，根据工程的实际进度，可以在任何时候就合同范围内的事宜进行变更、修改和补充。一般合同变更内容有：

(1) 技术方案变更：合同项下提供的货物变更图纸、设计和规格。
(2) 变更交货地点。
(3) 合同清单变更：变更货物数量和服务。
(4) 合同主体变更等。

其中，技术方案变更应组织技术方案变更审查后再执行合同变更。

理论上，应严格控制变更的启动时间不晚于线路建设完毕、具备开通条件的时间节点。

第六节 信号系统设备采购的重点

在整个信号项目采购管理的各阶段，以下几点值得重点关注。

3.6.1 备件采购及售后服务

备品备件关系到系统开通时的运营保障，售后服务关系到轨道交通的长期正常运营。

在城市轨道交通协会发布的《城市轨道交通信号系统用户需求书（范本）》试行版中，对备品备件规定了质保期内的备品备件和质保期后的备品备件，总体来看还是比较容易混淆，不容易管理。

为了更好地管理备品备件，广州地铁专门将上述两种备品备件定义为

"备品备件"和"随机附件",并在招标文件编制时专门做了定义上的澄清。"备品备件"指在本项目信号系统质保期内,投标人须向招标人提供的用于系统维护、更换、修复的零部件及材料,该部分的价格包含在投标总价中。"随机附件"指本项目信号系统质保期后维护和维修所需的零部件。

从定义上看,随合同采购的是随机附件,随机附件在质保期(一般为24个月)内是不使用的,由地铁公司运营单位保管,质保期内出现故障时,统一由供应商或集成商利用其本地的备品备件库进行更换。该定义避免了地铁公司的合同备件在质保期内被供应商借用,也敦促供应商必须重视质保期备件储备及应用。

针对质保期的备品备件管理,广州地铁还专门在"随机附件"款项支付条款中增加了一条规定"由用户出具的备齐备品备件的证明一份",即供应商备齐了质保期内的备品备件,建立了本地仓库,才能取得质保期后随机附件的到货款。

该方式供各地铁建设同仁参考。

3.6.2 供应商不平衡报价

不平衡报价,是相对通常的平衡报价(正常报价)而言的,是在工程项目的投标总价确定后,根据招标文件的付款条件,合理地调整投标文件中子项目的报价,在不抬高总价以免影响中标(商务得分)的前提下,争取实施项目时能够尽早、更多地结算工程款,并能够赢得更多利润的一种投标报价方法。

(1) 不平衡报价方法

在同一信号采购项目中,在总价不变的情况下,供应商一般会对部分报价作适当调整,以争取最多的盈利。具体做法有以下几种:

1)对到货早的开项报高价。
2)对预计今后系统运行时故障率高的信号系统设备相对报高价。
3)对用户需求书或者技术规格书未明确提出的功能,不主动报价。

4) 对可预见的增购项目开项报高价（常见的如车载设备增购）。

5) 对不可能单独增加但是不利于免税政策的进口设备报相对低价（如系统机柜）。

6) 根据执行期间汇率变化的趋势，设置外币计价的开项价格。

(2) 不平衡报价的应对方法

不平衡报价往往对项目的执行有影响，特别是对预计需要执行较长周期的信号项目，不平衡报价的影响更大。过度不平衡报价是信号系统建设单位主办部门需要防范的风险之一。在采购项目执行过程中，建议主办部门采取的应对措施有以下几点：

1) 注重招标前的准备工作。项目建设单位主办部门应在招标前做好招标前准备工作，包括市场调研、系统选型、牵头设计单位完成招标图纸的设计等，设计和调研的程度要达到一定的深度和质量。

2) 对单项价格细化分析。要求投标单位对所有开项提供单价分析表，对于明显不合理的单价分析，可以规定相关处理方式；要求投标单位提供所有开项的单价构成表，并且要求细化到可以拆卸的最小模块为止。

3) 做好采购备忘录。对于延伸段和增购项目，提前做好采购备忘录，对延伸采购和增购内容作好规定。

4) 编制招标控制价。编制招标控制价能有效控制总价，建设单位还应该对工程涉及的主要材料和设备进行市场调查，掌握价格信息。

5) 熟悉项目要素。比如工期要素，针对可能的长周期项目，在招标文件中提前设置好工期要素可能造成的价格变化，并作好规定。

6) 严密编制招标文件，特别是用户需求书。

7) 完善合同条款，合理划分风险责任。对于系统接口，项目界面接口应做好各类风险责任划分。

8) 重视设计变更审查。如果在合同已签订的情况下发现存在不能消除的不平衡报价，对于执行过程中可能发生的变更，更要重视设计变更审查，在设计上把握好工作策略。

总之，不平衡报价策略的应对贯穿于工程建设的全过程，前期招标准备工作做得越充分，合同条款签订越严密，在合同管理和后期结算中越不容易出现问题。

3.6.3　项目开通工期的处理

当项目开通工期可能存在不确定性时，应该在项目合同阶段对该风险进行规范，保证执行时的可操作性，避免风险敞口，导致项目后续工作不可控。

对于单一合同，如果策划同一时间开通并据此约定合同，在执行期间或系统开通前又调整为分段开通，这对信号系统建设确实存在不小的影响，如首段开通后控制后段调试时可能需要增设临时控制中心，开通安全认证需进行两次，网络系统需进行割接等工作。

对此，从风险整体打包的角度考虑，在原合同签订阶段，即使策划按照全线统一时间开通，除了规定项目开通工期整体延长 N 年（视各地铁公司建设单位定义）内不得变更之外，也应该明确规定分段开通的风险在价格方面如何操作，以对工期和合同风险具体化。

本章小结

本章从轨道交通信号系统设备采购与管理的思路入手，详细阐述了从招标准备到合同管理、风险应对的各个方面，在执行过程中，各地铁公司可根据自身经验不断丰富相关内容。据此呈现的成果性文件一般为各城市轨道交通建设单位的范本性文件，如用户需求书范本、商务合同范本和企业技术标准等。可以说，范本的建立是对所有上述过程的凝练和经验总结。

第四章 设计联络管理

第一节 设计联络管理概述

设计联络是指由建设单位主持，信号系统供应商与设计单位之间所进行的澄清、方案优化与深化、文件确认等需要各方会议讨论的工作。设计联络的目的是依据供货合同，完成系统的深化设计（含安全逻辑）、生产、试验、安装调试和验收等技术条件（含图纸），同时确保设计深度达到可配合建设单位开展施工招标的程度。设计联络是合同实施的重要步骤之一，通过设计联络会议的召开，将合同中的功能落实为可操作的设备布置、设备安装等工程内容，通过模拟仿真检查合同中定义的系统功能指标能否实现，通过细化信号系统与各专业接口内容实现接口功能。设计联络阶段是系统建设从设计方案向实施方案转化的关键环节，是信号系统后期施工安装、调试开通的基础。

4.1.1 设计联络各方职责

参与设计联络的各方及其职责划分详见表 4—1。

表 4—1　　　　　　　　设计联络各方及其职责划分

序号	项目	设计联络各方及其职责				
		设计单位	供应商	接口单位	运营单位	建设单位
1	设计联络内容	编写	编写	—	审核	审批
2	设计联络大纲	协助	编写	—	审核	审批
3	设计联络会议	参加	参加	参加	参加	主持
4	设计联络技术方案	技术负责	技术负责	参加	审核	审批
5	设计联络接口	接口要求	技术负责	接口要求	审核	审批
6	设计联络会议纪要	起草	起草	会签	会签	审核
7	设计联络文件归档	负责	负责	—	—	检查
8	设计联络成果执行	执行	执行	—	检查	检查

4.1.2　设计联络管理流程

设计联络管理流程如图 4—1 所示。

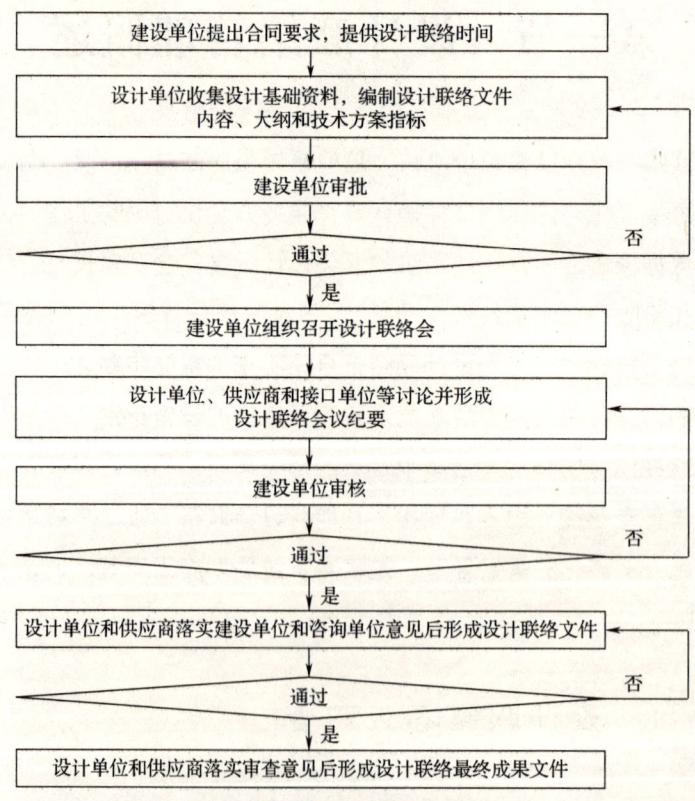

图 4—1　设计联络管理流程图

第二节 设计联络主要内容

4.2.1 设计联络的时间和阶段设置

设计联络是为项目服务的,设计联络的时间和阶段设置也要遵循项目总工期的要求。在一个普遍周期(2~3年)的信号系统采购项目中,设计联络一般分为三个阶段开展。每一阶段的检查内容有差别,遵循由浅入深、由整体到局部的原则实施。而在一个周期紧张的信号系统采购项目中,设计联络有可能仅开展一次。同时,在部分延伸段项目中,如工程条件(站位、线路等)未发生变化,设计联络也可能合并在项目第一阶段完成,不再另行召开设计联络会议。

4.2.2 设计联络各阶段工作重点

在信号系统采购项目中,设计联络一般分为三个阶段开展。各设计联络阶段均应把握住细化系统功能、落实逻辑安全、检查系统性能指标这一主线开展工作。

(1) 设计联络阶段需提交的资料

设计联络阶段信号系统供应商、设计单位需提交的资料如下所示,所列各项仅为示例,实际执行时,提交的资料包括但不限于以下内容。

信号系统供应商、设计单位需提交的资料(示例)

1. 系统设计文件
2. ATC系统数据定义
3. 系统仿真设计报告
4. 轨道设置平面图
5. 紧急制动发动速度(最高可能速度)计算表

6. 人—机界面的详细说明

7. ATS 系统功能概述

8. 联锁系统功能概述

9. 无线传输接口描述

10. 列车接口描述

11. ATP 速度曲线

12. ATO 功能规范

13. 电缆技术规格书

14. 联锁表编制原则

15. 防淹门接口描述

16. 与车辆段和停车场接口描述

17. 时刻表编辑系统描述

18. 联锁表

19. 安全区段计算基础

20. 信号与安全逻辑功能描述

21. 时刻表目的地码方案

22. 安装手册

23. 操作手册

24. 维护手册

25. 系统安全性、可靠性、可用性水平及相关说明

26. 信号驾驶模式使用说明书

27. 试车线试车模式功能说明书

28. 中央背投显示屏与 ATS 接口

29. 中央 ATS 系统与综合信息自动化接口

30. 中央、车站、试车线及车辆段供应商室内设备供电要求（负荷量、供电等级等）

31. 轨旁设备及室内设备连接电缆、光缆技术参数

32. ATC 设备结构尺寸

第四章　设计联络管理

33. 室内设备布置图
34. ATC室外轨旁设备接地要求
35. 正线、试车线轨旁设备及箱盒的安装图和接线图

(2) 设计联络工作重点

信号系统设计文件编制应能满足不同阶段的设计深度要求，符合设计文件编制内容格式要求，技术措施无差错，说明能充分表达设计意图，文字精练，图面清晰。设计中采用的基础资料齐全、可靠，符合有关设计标准、规范的规定，计算正确，计算结果可靠，文件和图纸一律使用国标符号及缩写。

以设计联络分为三个阶段完成的情况为例，各阶段的重点工作见表4—2、表4—3、表4—4。

表4—2　　　　　　　　第一次设计联络会议重点工作

名称	重点工作	形成文件
第一次设计联络会议	1. 确认系统设计所需有关工程信息，包括线路数据、轨道和车站数据等 2. 讨论系统技术规格书，主要包括中央ATS系统、车站ATP/ATO系统、车站联锁系统、车载ATP/ATO系统功能规格书、电源及UPS功能规格书 3. 讨论系统构成方案，主要包括中央ATS系统构成及组网、车站ATP/ATO系统构成及轨旁设备配置、车站联锁系统构成、车载ATP/ATO系统构成及操作界面 4. 确认与其他系统的接口 5. 讨论继电器接口电路与信号系统的接口、联络线与信号系统接口、出入段线与车辆段微机联锁接口，确认接口电路图 6. 编制联锁表	1. 第一次设计联络会议纪要 2. 各专题报告

第一次设计联络会议完成后，参会各方对线路数据等输入信息进行了澄清，对信号系统各子系统的功能规格书有了框架性的了解，达成对联锁表编制原则的一致，为第二次设计联络会议系统内容的再次深化做好准备。

表 4—3　　　　　　　　第二次设计联络会议重点工作

名称	重点工作	形成文件
第二次设计联络会议	1. 讨论室内、轨旁设备布置，完成轨道设备布置图（单、双线图） 2. 讨论控制进度计划及供货计划 3. 确认施工设计所需有关系统设计文件，主要包括确定配套电缆、光缆技术规格及类型，室内室外设备连接要求，信号系统设备配电要求和接地要求等 4. 确定联锁功能 5. 确定各类人—机界面	1. 第二次设计联络会议纪要 2. 各专题报告

第二次设计联络会议完成后，室内外所需安装设备的数量及位置基本确定，施工配套设备和光缆、电缆技术规格也得到明确，为系统施工招标做好充分准备，并承上启下地为第三次设计联络会议做好铺垫。

表 4—4　　　　　　　　第三次设计联络会议重点工作

名称	重点工作	形成文件
第三次设计联络会议	1. 根据施工设计文件，确定最终继电器接口关系、信号电源系统接口及状态信息表示 2. 根据系统设计确定的功能要求，完成详细功能规格书 3. 确认最终速度—距离曲线图 4. 确定最终进路表 5. 根据施工设计和系统设计，讨论详细系统结构，完成系统设备之间的连接图和架间连接图，确定供货材料清单	1. 第三次设计联络会议纪要 2. 各专题报告

第三次设计联络会议在第二次设计联络会议的基础上再次细化工程实施细节，直至落实设备数量和配套接口内容等，进一步深化工程实施能力。设计联络各阶段由浅入深，由功能概述到系统性能具体化，由设计到具体系统的结构、图纸，最终达到信号系统的可实施。

若仅能召开一次设计联络会议，以上各项内容也需在会议中全部落实。

4.2.3 设计联络的主要内容

设计联络是将合同规定的系统结构和功能落实到具体的工程中，在设计联络过程中一定要认真仔细地考虑问题，所有设计联络的决定均要写入会议纪要中，并在实际工程中落实。设计联络的主要内容是：

(1) 确定系统结构

系统供应商需提供全线的系统结构图，包括控制中心、集中站、非集中站、车辆段（场）、培训中心、试车线和维修中心的设备配置，各轨旁有线和无线数据传输网络的设备配置，轨旁设备的配置等。联络过程中需重点关注关键设备/数据通道的冗余配置及切换机制、各地点的设备配置是否齐全及合理，系统接口是否满足要求，系统结构是否满足招标需求等。

(2) 提供和确认工程数据

设计联络过程中需提供系统供应商开展设计所需的工程数据，如线路布置、站场线路配置、坡度、曲线半径、曲线限速、站台限速，以及道岔图纸、道岔限速、警冲标位置、停站时分，各车站/控制中心/车辆段建筑图纸等，这些都是信号系统设计的基础。系统供应商整理出系统设计所用的基础图纸和工程数据表，设计联络过程中需对现场数据进行确认，作为供应商开展系统设计的依据。

(3) 检查牵引计算

系统供应商需提供牵引计算文件，包括牵引计算的取值及依据［包括车辆的 GEBR（可保证紧急制动率）值、ATO 计算加速度、ATO 计算减速度、牵引力切除时间、制动率建立时间、信号系统反应时间、进路排列时间和停站时分］，全线时间—距离曲线，全线速度—距离曲线，时间间隔曲线，牵引计算结论、曲线段横向加速度和加速度变化率等。联络过程中需重点关注牵引计算的取值及依据是否正确，速度—距离曲线是否平滑，CBTC 模式和降级模式下的合同指标（平均旅行速度、列车追踪间隔、列车折返能力、曲线段横向加速度和 Jerk 率）是否满足要求，合同指标是否可进一步优化等。

(4)确定信号平面布置图

系统供应商根据工程现场数据和牵引计算结果开展信号平面图（带里程位置）设计，包括信号联锁及点式 ATP 轨旁设备布置图、无线轨旁设备布置图。设计联络过程中需检查并确定各轨旁设备布置是否满足间隔及故障快速恢复的要求，轨旁设备的设置位置能否满足平行作业要求，可变数据应答器的布置是否不会导致车辆区间降速，结合车站设备配置核查轨旁设备是否满足单点故障不影响正常运行，优化折返站设备布置是否能提高折返间隔，车—地通信设备布置是否满足全覆盖和无线链路预算要求等。

(5)编制联锁表

系统供应商根据平面图及联锁表编制原则编制联锁表（见表4—5），包括进路的轨道区段、道岔、保护区段和敌对信号等。讨论联锁表过程中应重点讨论扣车按钮、紧急停车按钮、站台门、防淹门、临时限速、道岔回转、保护区段、引导进路、进路触发区段、接近锁闭区段和各种进路模式的联锁处理方式，以及移动闭塞和点式固定闭塞的安全与非安全移动授权点的位置、移动闭塞下顶牛（对向）死锁进路的处理。

(6)确定联锁子系统功能

1）确定联锁进路排列模式。通常联锁具有 FLEET、ARS、ARC 三种自动进路模式和人工模式，需要分别对这四种模式下联锁的进路排列和操作方式进行确定。

2）确定联锁驱动和采集方式。按照《铁路车站计算机联锁技术条件》(TB/T 3027—2015) 的规定，讨论和确定联锁采集、驱动方式和信息内容。

3）确定联锁在 CBTC 和点式 ATP 模式下，对不同信息采集的处理方式（站台门、防淹门、扣车、临时限速和引导等）。

4）确定联锁和 ATP 设备的接口信息内容，以及接口信息的功能（停稳信息、停车保证、区段空闲/占用等）。

(7)确定 ATP/ATO 子系统功能

1）确定列车在各种运行状态下如起动、加速、制动、停站、开关门及出/入 ATC 控制区设备动作程序和操作步骤。

表4—5 联锁表

进路编号	进路名	保护进路	排列进路的按钮	主信号机开放时的显示	道岔检查（引导进路检查道岔）	CBTC模式 监控逻辑区段	非CBTC模式 列车进路监控逻辑区段	侵限区段 计轴区段*	紧急停车按钮	屏蔽门	防淹门	敌对信号	敌对保护进路未锁闭	互斥进路	ARC FLT	ARC触发条件	接近锁闭区段	引导检查区段	延时解锁时间	跨区进路	其他联锁
1	S2306V-S2302	O_S2302	S2306V, S2302	L	—	2302G_A	2302G_A~J	—	—	—	—	X2402	—	—	Y	2206G	—	—	—	—	Y
2	S2302-S2305	O_S2305	S2302, S2305	L	—	2304G	2304G, 2306G	2304G	ESB2302, ESB2304	PSD2302	—	X2402	—	—	Y	2302G_F	2302G_E, 2302G_F, 2302G_G, 2302G_H, 2302G_I, 2302G_J	2302G_J	90S	N	
3	S2305-S2404	O_S2404	S2305, S2404	L	—	2308G	2308G, 2402G_A~I, 2404G, 2406G_A~D	2308G	ESB2302, ESB2304	PSD2302	FG2303, FG2402	X2402, X2410, <(W2404)> X2412	O_X2402, X2412	—	Y	2306G	2302G_G, 2302G_H, 2302G_I, 2302G_J, 2304G, 2306G	2306G	60S	N	

方向：上行方向

2）确定各种驾驶模式的转换方式，列车换向设备动作程序及操作步骤，各种驾驶模式下列车折返包括无人驾驶自动折返设备动作程序和操作步骤，进站速度及不停站通过车站速度。

3）检查并确认 ATP/ATO 系统设计重要结果。检查及确认内容有：保护区段长度、折返和追踪间隔、各区间运行时间、旅行速度、曲线未平衡横向加速度及其变化率、列车最高 ATO 运行速度等。

4）确定车载系统人—机界面。车载系统人—机界面设计对方便司机操作、保证系统及行车安全有重要作用。以系统功能为基础，结合本地司机的操作习惯及运维规定，对人—机接口中显示内容、图型符号、色彩、进入系统方式、各种数据输入方法及安全保障、提示及报警信息等进行确认。

5）ATO 驾驶模式下列车区间运行控制。主要考虑如何使用控制列车不同运行状态，即加速、减速、惰行、巡航的方法取得要求的区间运行时间并达到节能目的，通常采用以下设计原则：

①采用控制惰行起点及巡航速度综合的办法对列车的区间运行进行控制。

②区间运行时间宜以秒为控制精度，每个秒级运行曲线均应是最节能曲线。

(8) 确定 ATS 子系统主要功能

1）为提高在各种故障及特殊情况下系统的可用性并尽可能保持自动工作状态的连续性，应采用多级控制和多种自动方式。

2）设计适合运营管理需要的列车识别号，包括在各类人—机界面及打印文件上的显示内容及格式、列车识别号中本工程目的地号的编制，原则上具备折返条件的线路均应具备目的地号。

3）列车运行图。基本列车运行图是行车调度自动化的基础，其设计原则如下：

①由输入的运行要素直接自动生成运行图。

②严格的运行冲突自动检查及提示（含 Y 型接轨站接/发车冲突）。

③方便的人工介入手段，使运行图编制人员的意图能得到完全体现，并

能方便地清除运行图中存在的运行冲突。

调度员根据当日运营计划加载基本运行图后，该运行图便成为当日计划运行图，在运营过程中调度员可根据需要进行"加线""减线""运行图平移""等间隔运行"等调整策略，且所有具有车次号的列车均应在实际运行图上显示运行线。

4) 各工作站及背投显示屏的人—机接口界面。设计联络过程中，主要结合运营部门的需求，对以下内容进行确认：

①图面分类、数量、显示内容、各种转换方式和基本色彩。

②各种显示对象的代号、图形符号及各种显示对象在不同工作状态下的显示形式和色彩。

③操作命令菜单及子菜单的形成、形式、内容和转换方式。

④各种命令的操作过程、有关安全命令的操作防护和各种操作提示。

⑤各类报警信息的显示、提示方式和文本形式。

⑥所有人—机界面均应汉化。

5) 运维需求。系统应做到支持外部运营图导入、运行数据储存和屏幕回放，包含各种运行报告内容及文本，拥有报警分类及提示等功能。该部分主要考虑运维部门的要求和规定。

(9) 确定系统降级模式

为确保系统的可用性，当部分设备出现故障时，系统应具有降级运行模式。如中央 ATS 故障时，车站级 ATS 系统接替工作；车载设备故障时，采用 RM（受限人工驾驶）模式运行。需特别注意的是，当轨旁 ATP 设备故障时，系统应具有安全、可靠的联锁级后备模式。

(10) 确定试车线功能

试车线信号系统的任务是测试车载 ATP/ATO 系统的完整功能。试车线上一般设置 3 个虚拟站台，在设计联络过程中主要确定以下内容：

1) 提出试车线信号系统与车辆段联锁设备间的接口技术要求，明确试车线投入及退出试车作业的操作步骤，以保证试车列车及车辆段内作业列车的安全。

2) 确定车载 ATP/ATO 系统功能的试验项目，包括在典型的速度—距离曲线下以各种驾驶模式驾驶列车（含 CBTC 和点式控制级）、ATP/ATO 报文传送、车门控制、列车自动换向、无人驾驶自动折返、精确停车、车—地通信报文传送、人—机接口、紧急制动、临时限速和站台门接口模拟等。

应特别注意试车线的最高试车速度、列车两端的无人自动折返功能测试及车门的多种开关门方式测试。

(11) 确认系统配套设备及材料

在设计联络会议上确定系统配套设备及材料的技术规格、配套设备及材料，主要包括计轴设备、电源屏及 UPS、信号机、转辙机、各类光/电缆等的型号。各系统配套设备及材料技术规格确认需关注以下关键点：

1) 计轴室内设备应按上下行分开的原则设计参考本工程采用的计轴复用方式、复位方式以及预复位状态在 ATS 界面上的显示。

2) 电源系统与配电系统的空开特性匹配、电源系统的维修旁路、UPS 及电池的配置设计。

3) 信号机及转辙机型号与室内电路的匹配。

4) 光缆、电缆的型号应采用国内型号，敷设原则是在满足冗余设计的基础上尽量减少光缆、电缆数量。

(12) 接口的技术条件及电路设计

为确保系统可靠工作，明确分工界面，顺利开展系统设计及施工设计，应对内、外部接口的技术条件及电路设计进行讨论确定。内部接口主要包括：车辆段联锁系统、联络线、试车线、转辙机、信号机、紧急停车按钮、发车指示器、电源屏/UPS、继电接口电路和各类电缆的工程连接等；外部接口主要包括：车辆、站台门、防淹门、紧急后备盘、通信传输网、通信无线系统、广播系统、PIDS（乘客信息导向）系统、时钟系统、综合监控系统、背投显示屏和中低压配电（配电容量及位置、接地箱位置）。

第三节 设计联络中的接口管理

4.3.1 设计接口

(1) 与信号系统供应商的设计接口

正线信号系统设备（含车载、试车线、培训设备、专用测试及维修设备）按整个系统进行招标，国外或国内供应商对信号工程技术负全责，信号系统设计单位为系统供应商提供设计基础资料。

系统供应商对所提供的系统设备（无论引进、国产化还是国产设备）负责设计、采购、工厂制造、试验交付、安装督导、调试、开通、试运行、质保期维护、文件交付及培训。

正线信号系统配置设备（包括各种继电器模块、UPS 及电源设备、信号机、转辙机、各种箱盒、各种线缆、工频轨道电路、轨道接续线及道岔跳线、车站紧急后备盘、紧急停车按钮和发车指示器等）、车辆段联锁等由设计单位负责设计，设计单位需协助建设单位及施工单位进行选型、招标及采购。凡与系统供应商所提供设备有接口关系的配套设备，设计单位应与系统供应商共同确定技术要求。

信号系统的施工图由设计单位完成，其中系统供应商提供的机柜/架之间、机柜/架与分线架之间的接配线图由供应商负责提供有关文件，配套设备及其与其他系统供应商设备之间连接的施工图由设计单位负责设计。

信号各子系统之间的接口由系统供应商负责协调、解决。信号系统与其他系统的接口在采购合同执行阶段由建设单位指定有关部门负责与相关各方协调解决，在系统招标中由设计单位负责协调解决。

(2) 与其他系统的设计接口

信号系统相关信息接口关系如图 4—2 所示。

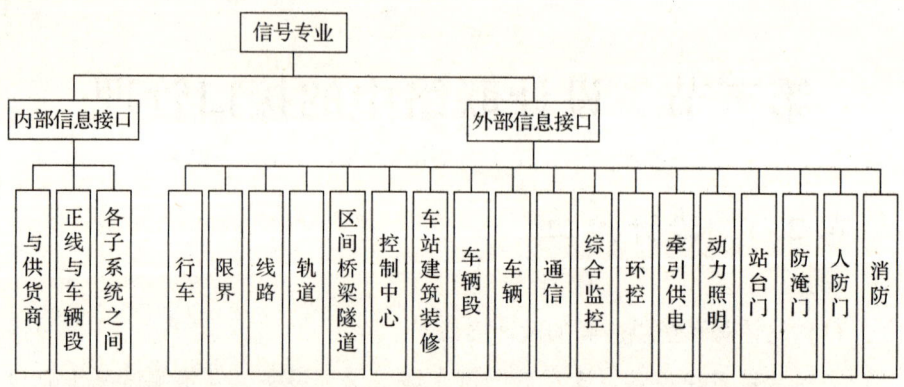

图4—2 信号系统相关接口关系图

1)轨道。信号系统设计单位负责提出绝缘节安装要求、过轨管道位置及要求、道床信号系统设备安装基础要求等,道岔部分与轨道专业协调配合,轨道专业负责相应的设计。

2)低压配电。信号系统设计单位提出设备用电的供电要求,低压配电专业负责供电设计,接口分界点在信号系统设备室配电箱二次侧出线端。信号专业提出设备接地点位置及要求,低压配电专业负责接地网设计,接口分界点在信号系统设备室接地箱出线端。

3)杂散电流防护及接地系统。杂散电流防护及接地系统专业提出杂散电流防护绝缘节的位置以及对轨旁信号系统设备的接地防护要求,信号专业配合设计。

4)屏蔽门。信号专业配合屏蔽门专业确定控制系统的设计原则,共同设计接口电路,接口分界点在屏蔽门设备室控制柜出线端。

5)防淹门。信号专业配合防淹门专业确定与列车防护有关的控制系统的设计原则,信号专业负责联锁接口电路的设计,接口分界点在防淹门状态表示元器件的出线端及防淹门设备室防淹门控制柜出线端。

6)综合监控系统。信号系统与综合监控系统在控制中心和车站进行连接,信号系统将相关的信息传输给综合监控系统。控制中心接口分界点在控制中心综合监控设备室配线架接线端,车站接口分界点在车控室IBP盘(综合后备盘)的端子排上。

7）与通信系统接口。信号系统与通信系统各相关子系统之间进行信息交换。

8）与建筑装修专业接口。信号系统涉及的房间建筑装修改造、通风空调改造等相关内容，信号专业负责提出对土建及综合管线改造、通风空调设备的需求，并联合土建、机电专业开展相关设计。

4.3.2 接口技术内容及划分

(1) 与车辆专业的接口设计

1）供货界面（即各自的供货范围）。如图4—3所示，所有信号车载设备，包括主机、机柜、控制和表示单元（包括触摸显示屏、按钮及按钮灯等）、天线、速度传感器、电源设备、接口单元、信号车载设备之间的连接电缆及信号车载设备到车辆的特殊电线电缆、信号车载设备侧的电气连接器等均由信号专业提供。车辆专业提供信号车载设备安装空间、支架等安装辅助装置，车载信号所需供电电源、车辆侧的电气连接器等。根据信号与车辆接口相关要求，信号车载设备到车辆的连接电缆（除信号特殊电线电缆外）由车辆专业提供。

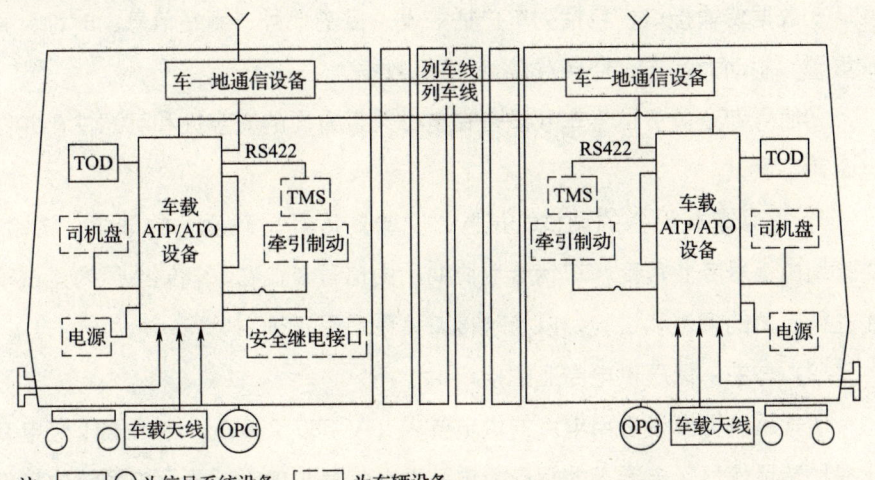

图4—3　信号专业与车辆专业的接口示意图

2) 物理接口

①信号车载设备必须符合车辆限界要求。

②信号专业应提供信号车载设备的明细表、主要部件的安装示意图及要求。

③信号专业应与车辆专业完成接口的协调，协商确定信号车载设备与车辆各部分的接口、安装及配线方案。

④车辆专业根据信号专业提供的资料和双方签订的协议，提供信号车载设备安装空间、制作安装支架、安装指定的设备并对该设备进行配线。

3) 电气接口

①车辆专业提供信号车载设备供电电源。

②车辆专业提供信号车载设备保护地和工作地的接地点。

③车辆专业提供与信号车载设备及信号车载设备之间连接线缆的特性参数。

④ATO 与车辆的牵引和制动系统接口。

⑤ATP 紧急制动命令输出与车辆紧急制动系统接口。

⑥ATP/ATO 与车门控制系统接口。

⑦输入接口，包括驾驶模式选择、ATO 模式启动、驾驶室激活、"零速"检查、车辆信息（车辆完整状态、车门状态、空转/打滑状态）等。

⑧数据传输接口，包括列车广播触发、目的地号、到站信息、时钟、列车重量、制动力状态、空转/打滑状态等数据。

⑨信号专业负责信号车载设备在电磁兼容方面的安全性和可靠性，并做电磁兼容测试。

4) 信号车载设备的调试、试验、交验。信号车载设备的调试、试验、交验均由信号专业负责，车辆专业协助。由信号专业在车辆制造厂内或试车线进行简单的调试和试验，以检验接口关系是否正确。

(2) 与中、低压供电专业的接口

信号系统提出设备用电点的供电要求（AC380/220V），中、低压配电专业提供满足信号用电要求的相应配电装置。信号与中、低压配电系统的接口分界点在配电箱出线端。

(3) 与通信系统的接口

1) 通信时钟系统：为信号中央 ATS 系统提供标准主时钟信号，接口分界点在控制中心通信设备室配线架外线端。

2) 通信无线、PIS 和广播系统：控制中心中央 ATS 系统通过标准数据通信接口（RS422 或 RS485）向调度指挥无线通信系统及 PIS、广播系统传送实时变化的乘务组号、服务号、序列号和车组号对照表，列车占用车辆段/停车场转换轨区段信息及出入段信号机的列车信号开放信息，列车到站和列车位置信息，下列车及下下列车目的地，预计到某站台时间，首列车末班车信息，列车进出联络线，列车折返信息和运行方向（上/下行）等信息。接口分界点在控制中心信号系统设备室配线架外线端。

3) 由通信系统在区间设置区间信号系统设备的贯通接地扁钢，接地电阻应不大于 1 Ω。

4) 由通信系统设置信号干线电缆敷设所需的电缆支架。

(4) 与综合监控系统的接口

在控制中心，中央 ATS 设备通过以太网接口接入综合监控系统的中央交换机，接口类型为 IEEE802.3 标准 10M/100M 以太网接口（一主一备）。接口分界点在中央综合监控设备室配线架外线端。接口界面如图 4—4 所示。

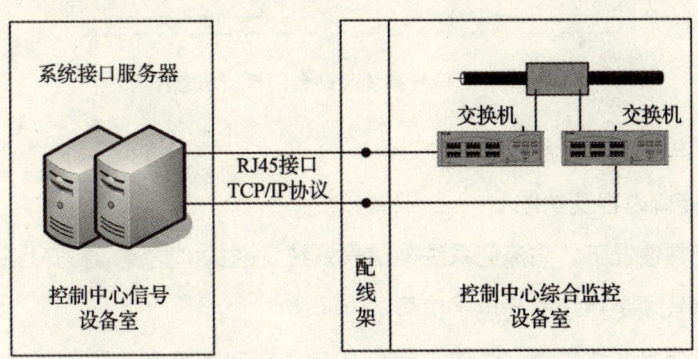

图 4—4　信号系统与综合监控系统服务器的接口示意图

信号系统与综合监控系统的接口内容有：

1) 信号系统按约定的数据格式，周期性向综合监控系统提供实时的线路运行图信息(包括不同列车车次号对应的列车实时位置信息、列车实时区间运行时间和列车停站时刻等)、区间列车停车超时信息和实时的信号系统设备状态及故障信息。

2)每天正式运营前或运行图变化时,信号系统向综合监控系统传送当天或更新计划运行时刻表。

3)回应综合监控系统对信号与综合监控之间的通道的检测。

4)接收综合监控系统提供的牵引供电信息,该信息应能在行车调度工作站和模拟显示屏上显示牵引供电各供电分段的状态信息。

(5)与站台门系统的接口

信号系统提供站台门"开门指令""关门指令"的控制信号,站台门系统向信号系统提供"全部门关闭且锁闭"信息和"互锁解除"信息。

信号与站台门的接口采用安全型继电器接口方式,分界点在站台门系统设备室的接口柜外线端,如图4—5所示。

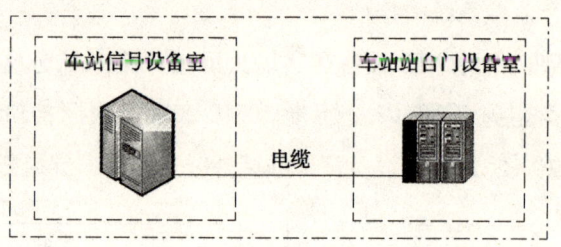

图4—5 信号系统与站台门接口示意图

(6)与防淹门系统的接口

1)接口内容及功能

①正常情况下,防淹门系统向信号系统发送的"防淹门打开且锁定装置锁定"信号须是持续的高电平信号。

②当信号系统失去"防淹门完全开启且锁定装置锁定"的状态表示时,两端车站均不能再向相应线路"过河隧道"内设置进路,如已设置进路,则联锁系统要立即将防淹门防护区域的信号机关闭,ATP系统将列车移动授权回撤至防淹门防护区域入口。

③当需要关闭防淹门时,信号系统在收到防淹门操作员发出的"防淹门关闭请求"信号后,信号系统将判断防淹门附近线路区段和列车信号系统设备的状态,以决定是否向防淹门系统发出"允许关闭防淹门"信号。

④"防淹门关闭请求"信号须以持续高电平信号向信号联锁系统发送,直至信号系统向防淹门控制设备发出"允许防淹门关闭"信号为止,如果防淹门系统取消"防淹门关闭请求"信号或是信号系统故障,信号系统则将不再输出"允许关闭防淹门"信号。

⑤对由于防淹门请求关闭而引起的防淹门防护信号机的"封锁",必须经过安全操作命令才能解除。

2)接口位置及接口类型。信号系统与防淹门系统的接口采用安全型继电器接口方式,分界点在防淹门系统设备室的接口柜外线端,如图4—6所示。

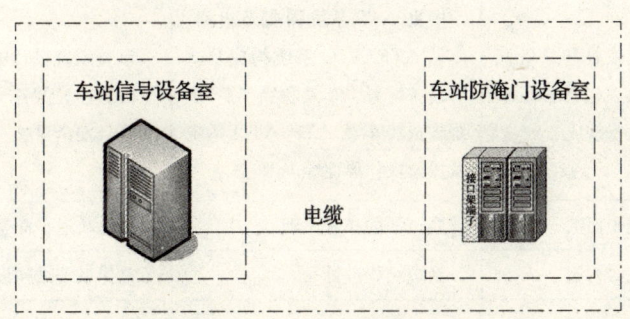

图4—6 信号系统与防淹门系统接口示意图

(7) 与土建专业的接口

信号专业与土建专业的主要接口内容包括:车站、控制中心和车辆段提出的全部信号用房的改造位置及要求,包括面积、层高、负荷、位置、环境、照明、装修和电缆通道等,以及信号缆线所需的沟、槽、管、洞等。

(8) 与轨道专业的接口

1)信号专业提出道岔转辙机制定机坑及连接杆件沟槽的预留要求,寻找过轨管线预留/预埋位置。

2)轨道专业向信号专业提供轨道的曲线超高及限速资料。

3)信号轨旁设备安装应适应轨道专业的配轨类型。

第四节 设计联络文件审查

待信号系统三次设计联络完成后,建设单位组织开展设计联络文件审查工作,审查系统供应商提供的技术规格书、供货设备数量及供货计划、安装设计文件、改造方案等,并提出审查意见。审查文件与审查内容见表 4—6。

表 4—6 设计联络文件审查的文件与内容

序号	审查文件	审查内容	审查目的
1	CBTC 系统功能需求说明书	信号系统的功能	确保各子系统规格符合设计要求
2	系统设计和设备配置方案,包括各子系统的设备构成	中央 ATS 系统构成及组网、车站 ATP/ATO 系统构成及轨旁设备配置、车站联锁 ATS 系统构成、车载 ATP/ATO 系统构成及操作界面等	审查系统设计中是否存在安全隐患,确保各子系统构成方案符合安全要求
3	轨道平面图	轨道平面布置原则	确保轨道平面布置原则正确
4	系统结构图	系统结构设计	确保系统结构设计符合要求
5	设备布置图	设备布置内容	确保设备布置位置和原则明确
6	联锁表	联锁关系	确保联锁表的正确
7	牵引计算图及能力分析文件	审查运行间隔及系统折返能力的仿真计算	确保设计思路正确,计算原则及计算过程考虑全面
8	信号系统内部接口文件	信号系统接口电路实现方式的安全性和可靠性	明确信号系统接口技术要求,确保信号系统接口电路实现方式的安全性和可靠性
9	所有信号系统与其他系统的接口文件	信号系统与相关系统接口电路实现方式的安全性和可靠性	明确信号系统与其他系统的接口技术要求,确保信号系统与相关系统接口电路实现方式的安全性和可靠性

在完成审查后，出具设计联络通过最终审查证明文件，整个设计联络阶段结束。

第五节　设计联络管理案例

4.5.1　案例一：××线增购车对标不准问题的解决

(1) 发现问题

通过恒定制动力测试（见图4—7）发现，××线增购车主要存在以下问题：

1) 低速电空配合阶段减速度波动较大。

2) 40~15 km/h阶段电制动减速度波动较大。

(2) 研究分析

经过车辆专业和信号专业多次讨论，对列车波形进行优化的方法主要集中在以下几点：

1) 优化时延。列车由制动系统管理电制动更改为网络管理电制动，减少数据和控制延时，使数据和控制指令的传输路径达到最优状态，理论传输延迟达到最低状态。

2) 调整气制动。制动系统尝试在停车阶段提前补充气制动或增加气制动上升斜率的方式，弥补制动力缺失的问题。

3) 调整电制动。按照信号专业提出的电制动的介入和退出时机是相同的，且过程时间相同的思路，车辆专业更改对实际电制动力在申请值基础上的系数，对实际减速度偏小和偏大的地方进行系数补偿调整，调整电—空混合阶段的电制动衰退速率、曲率及衰退速度点等关键参数。

(3) 解决问题

根据以上方案，编制新的逆变控制软件，调整电—空配合参数包括电制动退出延时、电制动退出斜率等。最终调整的结果如图4—8所示。

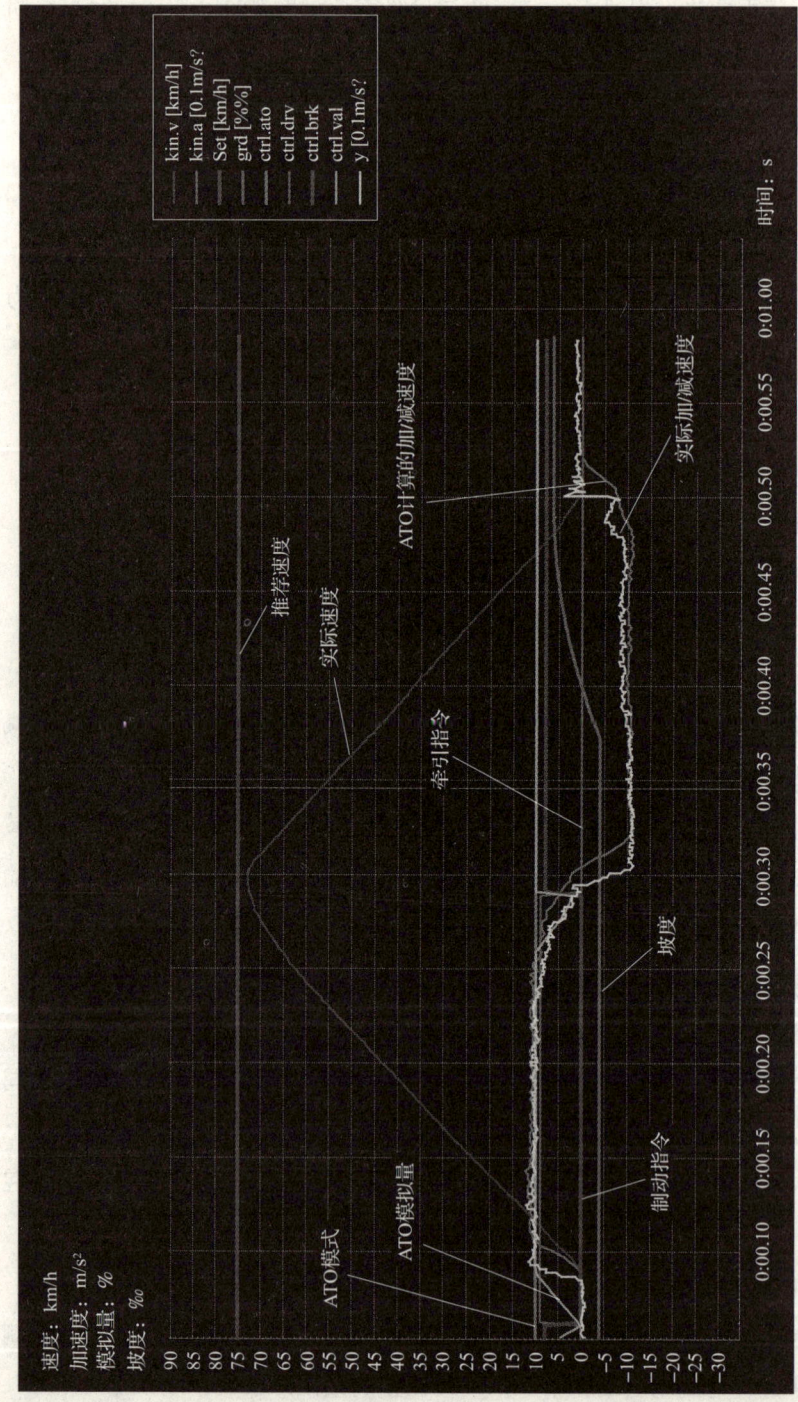

图 4—7 恒定制动力测试 1
(100%恒定制动力下,列车对标阶段减速度出现波动)

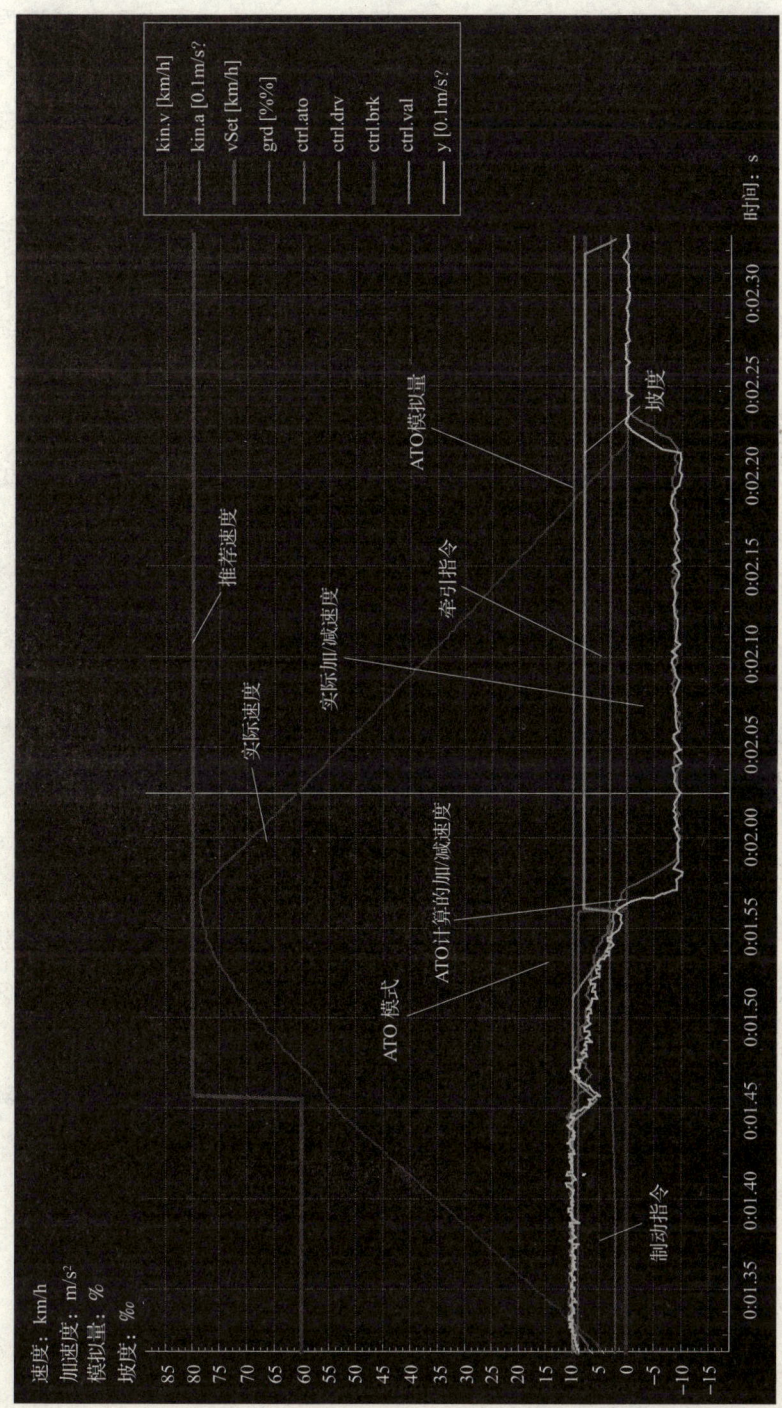

图 4—8 恒定制动力测试 2
(调整后在 100% 恒定制动力下,列车的减速度曲线)

1) 中高速阶段电制动波动减小，低速电—空转换过程中整车减速度较为平滑。没有明显波动，没有出现制动力损失，低速电—空转换过程得到明显改善，并且在100%级位、80%级位和60%级位下车辆减速度表现一致。

2) 恒定制动力测试后要求列车进行了几个站点的对标测试，各站点均表现为欠标且欠标幅度相差不大，车辆的减速度是平稳的。

3) 电制动力波动及电—空配合效果改善明显，信号专业确认牵引系统参数以及相关软件。

4.5.2 案例二：××市轨道交通××线关于近路防护区段的设置

由于系统采用双红灯防护原则，系统设计的防护区段普遍过长，对运营效率造成影响，如××站下行进站进路的防护区段延伸到了存车线，当存车线有车占用时列车不能进站（见图4—9a）。优化后防护进路回缩到出站信号机内方的道岔区段，满足存车线有车占用时列车进站的要求（见图4—9b）。

优化后的防护区段设置原则为：

(1) 以进站信号机为终端的进路，其防护区段不包括站台区段。

(2) 以出站信号机为终端的进站进路，当出站信号机内方有道岔时，防护区段为出站信号机内方的道岔区段；当出站信号机内方无道岔时，防护区段为出站信号机内方的第一个区段。

(3) 对于区间信号机内方有多个无岔区段的情况，在满足安全防护距离的前提下，以该信号机为终端的进路的防护区段只考虑信号机内方的第一个区段。

第四章 设计联络管理

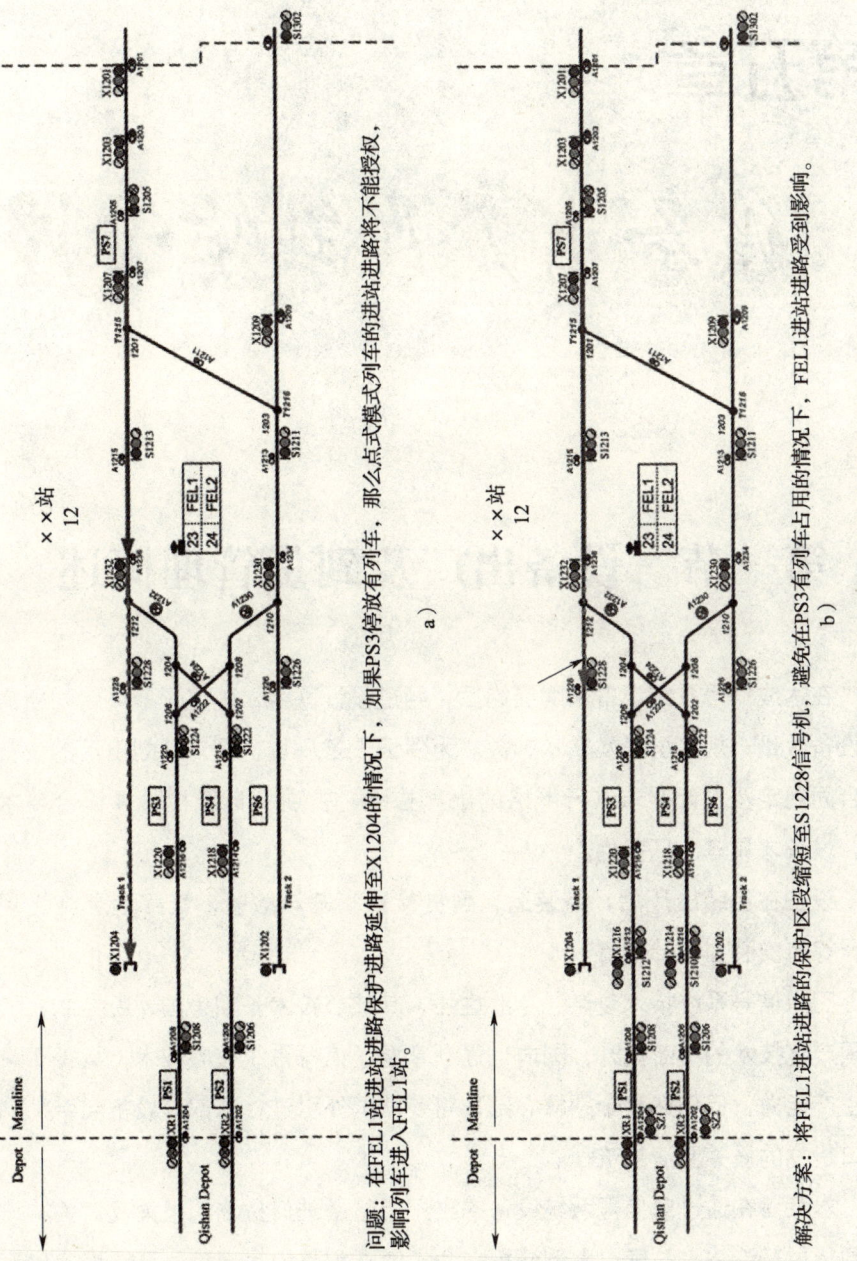

图4—9 ××市轨道交通××线关于近路防护区段的设置

第五章 设备出厂及到货管理

第一节 设备出厂及到货管理概述

在达成信号系统设备采购要约后，经过设计联络，确定了最终合同所需的设备数量、规格型号及技术参数。为保证设备质量，需对计划出厂的设备按合同规定及设计要求进行严格的出厂检验，各项指标经检验并符合要求后，设备才具备出厂条件。

设备在包装出厂后，经装运、到货检查和开箱检验，最终运至施工现场，等待安装在设计位置。

因为信号系统技术复杂、专业性强，其核心技术长期为国外所控制，随着国产化技术的不断提升，国内也逐渐掌握了信号系统核心技术，具备了设备生产能力，但仍然有个别核心部件需要从国外引进，这部分设备会牵扯到进口货物的报关及清关流程。

本章旨在通过对信号系统设备的出厂检验、进口货物的报关及清关、设备到货展开论述，并辅以案例分析，力求清晰完整地呈现信号系统设备出厂及到货环节，用以指导信号项目管理人员实操。

5.1.1 干系人网络

设备出厂及到货管理干系人见表5—1。

表5—1　　　　　　设备出厂及到货管理干系人

干系人	出厂检验	报关及清关	设备到货
建设单位（买方）	主要参与	主要参与	主要参与
运维单位	主要参与	—	主要参与
设计单位	主要参与	—	—
供应商/集成商（卖方）	主要参与	主要参与	主要参与
仓储单位	一般参与	—	主要参与
进口代理	—	主要参与	—
施工单位	一般参与	—	主要参与
监理单位	—	—	主要参与

5.1.2 设备出厂及到货流程（见图5—1）

(1) 出厂检验

出厂检验从流程上大致可划分为出厂计划编排、硬件出厂检验、软件出厂检验，设备厂验合格则签署厂验报告，若厂验不合格，则需要进行工厂整改，设备重新进入出厂检验流程。

(2) 设备装运

国内设备经包装和装运即可运至指定地点；进口设备需要经过核销清单备案、银行保函办理、到货设备保函办理、包装、装运、报关及清关流程后，方可出关运至指定地点。

(3) 设备到货

设备到货分仓库、工地两种到货形式，分别经到货检查合格后进入仓库或工地，若到货检查不合格，则需返厂整改，设备重新进入出厂及到货流程。

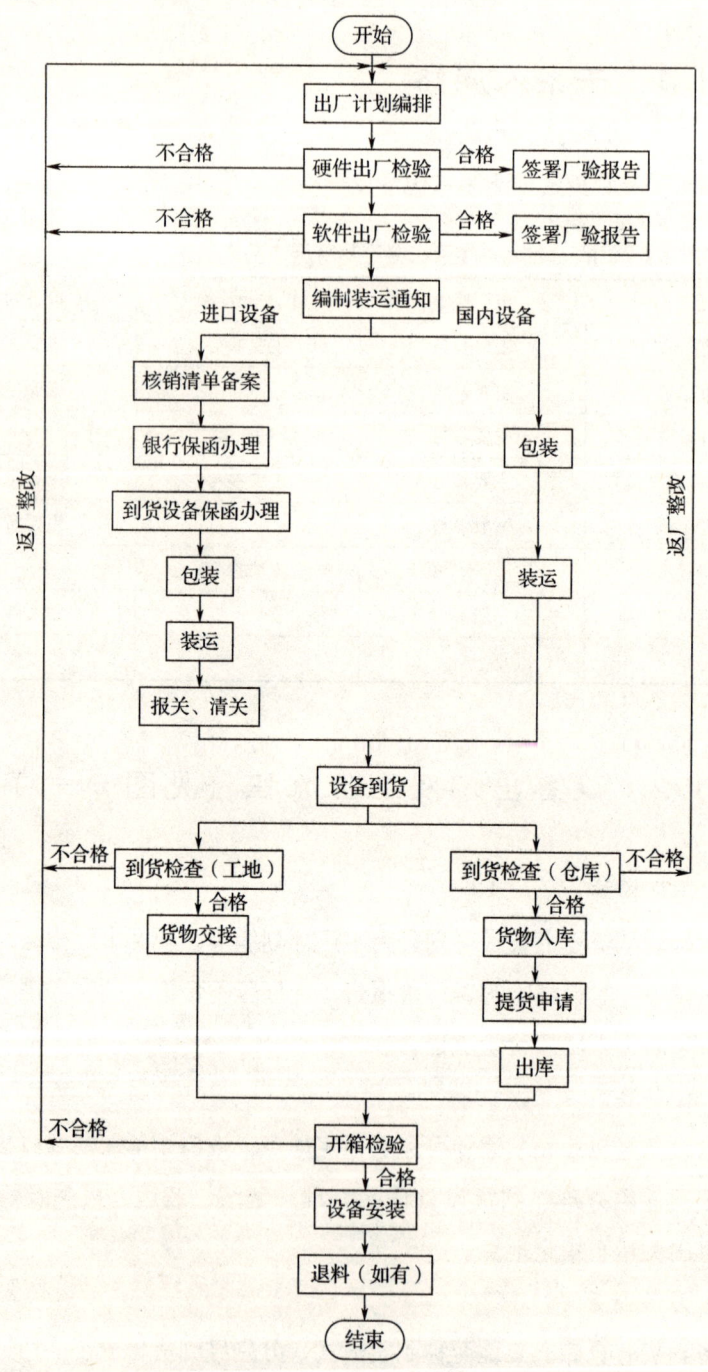

图 5—1 设备出厂及到货流程

需特别说明的是，信号系统车载设备出厂后，如到货地点为车辆组装厂，在车辆组装厂由车辆专业负责组装，信号系统供应商或集成商提供现场安装督导。组装完毕后的列车发往建设单位现场时，信号系统车载设备随车辆整体到货。

(4) 开箱检验

设备运至工地后，根据需要进行开箱检验，开箱检验合格后进入设备安装阶段，若开箱检验不合格，则需返厂整改，设备重新进入出厂及到货流程。

第二节 出厂检验

为了把控信号系统产品质量，建设单位（以下简称买方）将在系统供应商（以下简称卖方）工厂或者分包商制造厂内，按照工厂标准进行常规的出厂检验。

5.2.1 总体要求及前提

卖方须按合同要求在包装前对所有货物进行出厂检验测试。设备和系统的出厂检验须有买方到场参加。

(1) 检验和测试应在卖方和（或）其分包商的驻地、交货地点和（或）货物的最终目的地进行。如果在卖方或其分包商的驻地进行，买方的检验员应能得到全部合理的设施和协助。

(2) 系统应被证实满足功能要求，被发现的故障及功能失效应在出厂前纠正。

(3) 如果任何被检验或测试的货物不能满足技术的要求，买方可以拒绝接受该货物，卖方应更换被拒绝的货物，或者免费进行必要的修改以满足规格要求。

(4) 若买方人员不能按合同条款所规定的时间表到达，卖方可单独进行出厂检验并签署报告，此报告应被视同为买方人员确认。

(5) 若买方检验人员已到达卖方场地，而检验无法按计划进行时，所有由此产生的包括买方人员在内的直接费用及成本由卖方承担。

5.2.2 出厂检验计划编排

出厂检验按照检验方法分为硬件出厂检验和软件出厂检验；按照检验对象分为联锁系统、ATP系统、ATS系统、ATO系统和无线系统等主系统出厂检验，以及电源系统、计轴系统、转辙机和信号机等配套设备出厂检验。

出厂检验计划是对整个检验和试验工作进行的系统策划和总体安排的结果，确定检验和试验方式、方法以及工作量，用以指导检验人员的工作。根据实施合同文件规定的出厂检验节点，卖方需提前三个月提交相应的出厂检验计划（包括检验程序、检验内容、检验标准和时间安排）供买方确认。

针对具体的某一项出厂检验，卖方应提前一个月向买方提供出厂检验测试大纲供买方确认，测试大纲至少包括测试项目、测试步骤、检查标准和要求到达的测试目标，买方如对测试大纲有异议，卖方应及时进行修改。

5.2.3 硬件出厂检验

硬件出厂检验流程通常可归纳为四个步骤：组件位置校对，导通连接测试，配线测试和最终检查。

(1) 组件位置校对

对组装组件和关键功能部分按照制造设计文档进行校对。这个步骤作为一个可视化检查，包括：

1) 正确安装、组件和辅件的位置和表示的核查。
2) 组件紧固情况及部件的防护（如外漆防护）检查。
3) 常规条件检查，测试对象的类型标识。

(2) 导通连接测试

该测试将作为一个可视化/手工的检查，来评估导通连接的可分离性和不可分离性。包括：

1) 2个连接点及连接点和地的间距。

2) 导体绝缘到导体连接的距离。

3) 外体缺损和清洁性（如锡焊点、线头）。

(3) 配线测试

配线测试通过一台装有特定测试软件的配线测试计算机进行，输入信号系统计算机的控制要素在测试期间用模拟插头来代替。这些要素包括：

1) 导通路径和错误连接。

2) 电阻值、电阻绝缘和（或）绝缘强度。

3) 无源组件（电阻、电容、二极管等）的测试。

(4) 最终检查

检验测试完成后，设备会在出厂前经过最后一次检查。最终检查包括以下项目：

1) 常规检查

①总体印象。

②着色和防腐蚀情况。

③可见部位的表面条件。

④组件的紧固情况。

⑤外体缺损和清洁情况。

⑥生产号和类型号。

2) 附件检查

①完整性和标识的控制。

②附属技术文件的控制。

③测试对象的类型号检查。

下面以国内某厂家联锁系统（DS6-60）为例，列举具体的硬件出厂检验项目。

(1) 外观及工艺检查

表 5—2　　　　　　　联锁系统外观及工艺检查项目

类别	检验项目	检验方式	检验内容	是否合格
外观及工艺检查	外观及表面涂层	目测	1. 结构外形无明显翘曲变形，表面无明显凹凸不平；无撞击痕迹	
		目测	2. 外表涂层无明显色差	
		目测	3. 无脱落、无露底、无划痕、无污点	
		目测	4. 电镀层无老化锈蚀、无毛刺	
		目测	5. 镀层/漆面平整、清洁	
	面板、侧板、门板安装	目测	1. 面板组合与机架间隙均匀	
		目测	2. 门开启灵活、锁具良好	
	接地线	目测	接地线连接良好（包括机柜前后门接地线的连接）	
	布线及线槽安装	目测	1. 配线均匀合理，无破损	
		目测	2. 过孔要有护套	
		目测	3. 导线标识清晰	
	部件、端子、接插件	目测	1. 安装到位	
		目测	2. 不松动	
		目测	3. 接插件接插到位、无松动	
		目测	4. 接线端子导线数量不超过两根	
		目测	5. 接线连接良好	
		目测	6. 多股线与端子连接处无毛刺存在	
	出线圈及紧固件	目测	1. 出线圈护套安装到位	
		目测	2. 无漏装	
	整洁及残留物	目测	1. 机体内外无灰尘	
		目测	2. 无污染	
		目测	3. 无残留物	
	依照图纸核对各部件安装情况	目测	1. 位置是否正确	
		目测	2. 型号是否与图纸要求相符	
		目测	3. 紧固件无松动，螺钉连接和铆焊坚固	
	铭牌、标识内容正确	目测	1. 铭牌完整	
		目测	2. 标识清晰	
		目测	3. 名称丝印清晰完整	

(2) 硬件检验及系统测试

表 5—3　　　　　　联锁系统硬件检验及系统测试项目

类别	检验项目	检验内容	检验方法	预期结果	检验结论
硬件检验	直流 24 V	直流 24 V 电压	观察直流 24 V 电源电压显示屏	直流电源上电压显示为 24.5 V 左右	
		直流 24 V 电源报警	依次关闭直流 24 V 电源，观察报警现象	电源故障灯点红灯，有声音报警	
	联锁机笼	电源板 CIL—F2010 工作电压测试	用万用表测量电源板逻辑 5 V	电压应调整到 (5.10±0.02) V	
		电源板 CIL—B2010 工作电压测试	用万用表测量电源板逻辑 5 V	电压应调整到 (5.10±0.02) V	
		逻辑部 I 系独立工作	观察各电路板面板指示灯，根据《DS6—60 工程手册》描述的指示灯状态判断	各电路板指示灯显示正确	
		逻辑部 II 系独立工作	观察各电路板面板指示灯，根据《DS6—60 工程手册》描述的指示灯状态判断	各电路板指示灯显示正确	
		逻辑部 I 系、II 系同时工作	观察各电路板面板指示灯，根据《DS6—60 工程手册》描述的指示灯状态判断	各电路板指示灯显示正确	
		逻辑部系间通信测试	联锁 I 系先启动，II 系后启动	I/II 系为主系，II/I 系为从系	
		逻辑部 ARC-NET 通信测试	I 系和 II 系连接控显机，观察控显机显示，操作鼠标排列 XC01822 至 XC03823 的进路	站场显示正确，鼠标操作信号按钮时，XC01822、XC03823 按钮闪烁	

续表

类别	检验项目	检验内容	检验方法	预期结果	检验结论
硬件检验	控显机	控显整机运行（A、B机）	打开控显A、B机电源开关，观察控显机软件运行结果	控显软件可以自动运行，站场图形上方Ⅰ网和Ⅱ网指示灯显示绿灯，Ⅰ系和Ⅱ系指示灯显示绿灯或黄灯	
		语音报警	运行控显（A、B机）后，设置设备故障	A机和B机均有语音报警	
		Ⅰ、Ⅱ系ARC-NET网卡独立工作	分别断开ARC-NET网卡Ⅰ、Ⅱ系光纤	Ⅰ网和Ⅱ网指示灯分别显示红灯，Ⅰ系和Ⅱ系指示灯显示绿灯或黄灯	
	监测机	显示器、鼠标、键盘	观察监测机图形显示，操作鼠标进行测试，使用键盘进行测试	图形显示正确，鼠标操作正常，键盘操作正常	
		Ⅰ、Ⅱ系ARC-NET网卡独立工作	分别断开ARC-NET网卡Ⅰ、Ⅱ系光纤	系统图形上Ⅰ系和Ⅱ系的连线分别变为红色	
系统测试	联锁双系切换	Ⅰ系切换Ⅱ系	Ⅰ系为主系，Ⅱ系为从系，在有信号开放的情况下，关闭联锁Ⅰ系电源后重开	Ⅱ系变为主系，Ⅰ系变为从系，信号保持开放	
		Ⅱ系切换Ⅰ系	Ⅱ系为主系，Ⅰ系为从系，在有信号开放的情况下，关闭联锁Ⅱ系电源后重开	Ⅰ系变为主系，Ⅱ系变为从系，信号保持开放	
	监测报警	监测机系统运行图报警功能试验	关闭Ⅰ系逻辑部电源	监测机显示Ⅰ系逻辑部为红色	

5.2.4 软件出厂检验

卖方应在其工厂测试中心配置完整的 ATC 系统模拟测试平台，主要包括联锁、ATP/ATO、ATS 设备、ATC 与其他相关系统的接口仿真等。以上设备必须能够有机地结合，搭建一个能对整个 ATC 系统软件进行测试的平台，可以模拟真实运营条件下可能出现的各种状态，能对故障状态进行重复模拟和故障原因分析。

卖方的出厂检验测试项目、测试步骤、检查标准和测试目标描述应清晰完整，并在买方厂验时能提供功能非常完备的软件完全版本。

软件出厂检验至少包括如下内容：

(1) 联锁逻辑试验。

(2) 子系统（包括联锁系统、ATP/ATO、ATS 系统）故障报警、记录及诊断试验。

(3) 后备模式试验。

(4) 命令执行试验。

(5) 模拟的车站紧急停车试验。

(6) 车—地双向通信试验。

(7) 传输通道的测试。

(8) ATS 系统显示试验。

(9) 车次号跟踪及生成试验。

(10) 自动进路排列试验。

(11) 列车运行自动/人工调整试验。

(12) 时刻表编辑试验。

(13) 运行图显示试验。

(14) 授权、职责功能试验。

(15) 自动生成各种报表功能试验。

下面以某厂家 ATC 信号系统为例（包含联锁系统、ATP/ATO 系统、ATS 系统和无线系统），列举具体的软件出厂检验项目，具体见表 5—4。

表 5—4　　　　　　　ATC 信号系统出厂检验项目

检验项目	检验内容	结果	备注
软件版本检查	检查测试的子系统的软件版本号		
数据版本检查	检查测试的子系统的数据版本号		
启动测试	检查整个系统的基本功能，列车可以运行于 CBTC 和 BM 模式（标准后备模式），没有非正常的 EB（紧急制动）发生		
BM 进路	检查 TMS 中的后备进路		
BM 自动进路	检查 TMS 中的后备自动进路		
BM 折返	检查折返运行，检查折返区域		
BM 保护区段	检查后备下的保护区段		
BM 初始化信号机	检查后备初始化信号机		
TSR	TSR（限速）初始化解除，简单设置 TSR（最大和最小速度）		
CBTC 进路	检查 TMS 中的 CBTC 进路		
CBTC 自动进路	检查 TMS 中的 CBTC 自动进路		
CBTC 车次号追踪	检查车次号能在 CBTC 模式下，在两个联锁区之间显示；车次号能在折返的时候自动换号		
CBTC 通过进路	检查 TMS 中的自动通过进路		
CBTC 折返	检查折返运行，检查折返区域		
CC—CI 通信	检查 CC（车载控制器）和 CI 的通信		
PSD 区域	对 MCS 模式（综合监控模式）下列车行驶至车站 PSD（站台屏蔽门）区域进行测试		
ESA	检查 ESA（紧急停车区域）所保护的区段		
站台扣车	检查列车进站前的扣车功能		
站台设置和取消跳停	检查进站前对站台设置和取消跳停的功能		
区间设置和取消跳停	检查在两站区间对站台设置取消跳停的功能		
列车设置和取消跳停	检查在进站前对列车设置和取消跳停功能		
停站时间	检查在 ATS 上设置停站时间		
列车进站对标	检查列车用 MCS 模式和 AM 模式（列车自动运行驾驶模式）停准的功能		

续表

检验项目	检验内容	结果	备注
BM 升级 CBTC	自动从 BM 模式升级到 CBTC 模式		
ATB	检查 ATB（自动折返）功能		
CBTC 循环	检查在 ATS 上设置循环功能，检查折返运行，检查折返区域		
ATS 降级扣车	检查当 CATS 主机关闭时的车站扣车功能		
停站后设置扣车	检查停站后设置扣车的功能		
BM 车次号追踪	检查车次号能在 BM 模式下，在两个联锁区之间显示；车次号能在折返的时候自动换号		
信号点灯	信号点灯方式		
联锁冗余	检查联锁倒机		
ATS 冗余	检查 ATS 倒机		
DCS 冗余	检查 DCS（数据通信系统）倒机		
ATS 降级跳停	当 CATS 主机关闭时测试车站跳停功能		
折返混跑	检查折返混跑的情况		
门控制	检查列车门没关且未锁闭状态下列车触发 EB 的情况		
ZC 边界	检查当列车运行在 ZC 边界时，一个 ZC 关闭的情况		
驾驶模式转换	检查列车从 RM 升级为 ATP 模式和列车从 ATP 模式升级到 AM 模式		
自由通信	自由测试		
进路自动触发	检查两列车的自动触发进路		
CI－ATS 通信	检查联锁三层交换机倒机时，CI 和 ATS 的通信		
TORR	检查 TORR（列车运行进路解锁）功能		
非通信车防护	检查非通信车产生的自动防护区段的功能		
道岔强操	测试强行搬动道岔的功能		
IBP 扣车	测试 IBP 盘扣车的功能		
CC 冗余	测试 CC 倒机功能		
信号机强制点灯	检查全线强制点灯功能		
进路解锁	检查进路快速人工解锁功能		
计轴切除	检查计轴切除功能		

续表

检验项目	检验内容	结果	备注
变更进路	检查变通功能		
司机号显示	检查司机号能在 DMI（司机显示单元）上正确显示		
时刻表运行	根据计划运行列车		

5.2.5 签署出厂检验报告

出厂检验小组进行综合评定，如检验程序满足合同要求及厂验大纲要求、设备外观没有破损、导通连接及配线正确、各项指标检测结果符合技术要求，即可判定出厂检验对象合格，具备出厂条件，由出厂检验小组共同签署出厂检验报告。下面为某公司计轴系统出厂检验报告示例。

广州市轨道交通 XX 线信号系统
计轴系统出厂验收报告

一、验收目的

检测合同设备的质量、性能、外观、尺寸等是否满足合同及相关标准的要求。

二、测试依据

1. 广州市轨道交通××线信号系统计轴系统采购合同。

2. 计轴工厂验收大纲。

3. 合同设备产品技术条件及相关标准：

A25000—H1—A101—×—66　　通用测试说明。

A25060—X54—J41—×—66　　AzS（M）350U 型计轴系统检测规程。

三、测试方法

采用文件审查和现场测试的方法。按照合同约定，对第一批发货的计轴设备进行工厂测试，测试中的所有测试结果必须符合合同及相关标准的要求，否则该批设备将被认为不合格。

四、测试内容

1. 文件审查

(1) 工厂提供计轴设备产品说明书。

(2) 计轴设备出厂合格证。

(3) 计轴设备检验报告。

(4) 质量管理体系文件。

2. 现场测试

(1) 测试仪器。检验测量使用的仪器、仪表和工具应符合国家标准规定,并通过相关检验认定。

(2) 现场测试

测试对象:广州市轨道交通××线信号系统计轴系统采购合同规定的计轴设备。

测试内容:计轴设备外观及数量检查,参数测量及功能模拟验证,记录测试原始数据,得出结论。

五、出厂验收测试记录

1. 测试仪器、设备表

序号	仪器名称	型号	编号	备注
1	万用表	FLUKE 287C	15930069	

2. 车轴检测设备参数记录测试表(计轴点1)

项目名称:广州市轨道交通××线信号系统计轴系统采购项目				
设备名称:计轴产品车轴检测设备			型号规格:ZPD43	
检查地点:××信号有限公司			检查时间:2016年1月22日	
检验依据:《计轴出厂验收大纲》				
序号	项目		测量点	允许范围	测量值
1	$U60=$	WDE 供电电压 DC	NS 端子	30~72 V	67.73
2	f_s	轮轴检测器发送频率	8,9	41.5~44.5 kHz	42.93

续表

序号	项目		测量点	允许范围	测量值
3	U_{e1}	接收电压1	AC 3,4	60~150 mV	91.27
4	U_{e2}	接收电压2	AC 1,2	60~150 mV	93.59
检查结论：电气特性指标在允许范围内，产品合格。					
确认签字：		广州地铁：××			
		通号院：××			
		设计院：××			
		××公司：××			
注：合格填"√"，不合格填"×"，无此项填"△"，若测试结果为数值，则直接填写测试数据。					

3. 车轴检测设备参数记录测试表（计轴点2）

项目名称：广州市轨道交通××线信号系统计轴系统采购项目					
设备名称：计轴产品车轴检测设备			型号规格：ZPD43		
检查地点：××信号有限公司			检查时间：2016年1月22日		
检验依据：《计轴出厂验收大纲》					
序号	项目		测量点	允许范围	测量值
1	$U60=$	WDE供电电压	DC NS端子	30~72 V	67.76
2	fs	轮轴检测器发送频率	8,9	41.5~44.5 kHz	43.01
3	U_{e1}	接收电压1	AC 3,4	60~150 mV	88.87
4	U_{e2}	接收电压2	AC 1,2	60~150 mV	89.60
检查结论：电气特性指标在允许范围内，产品合格。					
确认签字：		广州地铁：××			
		通号院：××			
		设计院：××			
		××公司：××			
注：合格填"√"，不合格填"×"，无此项填"△"，若测试结果为数值，则直接填写测试数据。					

4. 计轴主机测量参数

项目名称：广州市轨道交通××线信号系统计轴系统采购项目					
设备名称：AzS350U 计轴主机				型号规格：AzS 350U	
检查地点：××信号有限公司				检查时间：2016年1月22日	
检验依据：《计轴出厂验收大纲》					
计轴点	通道	测量参数		允许范围	测量值
1	通道1	f_1	kHz	3.55~3.65	3.59
		U_1	V	2.9~3.1	2.98
	通道2	f_2	kHz	6.42~6.62	6.52
		U_2	V	2.9~3.1	2.97
2	通道1	f_1	kHz	3.55~3.65	3.59
		U_1	V	2.9~3.1	3.02
	通道2	f_2	kHz	6.42~6.62	6.50
		U_2	V	2.9~3.1	3.01
检查结论：电气特性指标在允许范围内，产品合格。					
确认签字：		广州地铁：××			
		通号院：××			
		设计院：××			
		××公司：××			
注：合格填"√"，不合格填"×"，无此项填"△"，若测试结果为数值，则直接填写测试数据。					

六、出厂测试结论

根据出厂验收检查的情况，验收组人员一致认为，××公司生产的该批设备质量符合合同要求，验收抽查结果合格，同意出厂。但本次工厂检验合格的结论，不能免除制造商质量保证的责任。

七、验收单位及人员

广州地铁集团有限公司：××、××、××、××

通号院：××

设计院：××

××公司：××、××、××、××

第三节 进口货物报关及清关

信号系统部分核心部件（如 ATP 计算机）需要从国外引进，这部分设备牵扯到进口货物的报关及清关流程。

进口货物报关及清关是指进口货物的发货人或供应商、收货人或最终用户、进口代理按照海关的规定，办理货物进出境及相关海关事务的手续和步骤。

5.3.1 法律依据

本节适用的法律法规：《中华人民共和国海关法》《中华人民共和国进出口关税条例》《中华人民共和国海关进出口货物征税管理办法》《财政部 工业和信息化部 海关总署 国家税务总局关于调整重大技术装备进口税收政策有关目录的通知》（财关税〔2012〕14号）、《财政部 国家发展改革委 工业和信息化部 海关总署 国家税务总局 国家能源局关于调整重大技术装备进口税收政策的通知》（财关税〔2014〕2号）、《关于调整重大技术装备进口税收政策有关目录及规定的通知》（财关税〔2015〕51号）。

5.3.2 进口税收政策

随着国产化要求的不断提高，进口税收政策也在不断变化，这里摘录了近5年进出口税收政策的变化历程。

（1）《财政部 工业和信息化部 海关总署 国家税务总局关于调整重大技术装备进口税收政策有关目录的通知》（财关税〔2012〕14号）

国家支持发展的重大技术装备和产品目录中，信号系统列车自动防护/

第五章 设备出厂及到货管理

列车自动控制系统（ATP/ATO）、联锁系统（CI）符合免税政策，目录清单见表5—5。

表5—5　　财关税〔2012〕14号附件2目录清单（部分）

设备名称	一级部件	二级部件	单机用量	税则号列（供参考）
2. 信号系统				
(1) 列车自动防护/列车自动控制系统（ATP/ATO）	列车自动防护系统（ATP）	列车自动防护系统用计算机	2套/列	85301000　84714
		司机显示单元	2套/列	85301000　85371090　8528
		列车测速装置（雷达、测速电机、加速度计）	6套/列	85301000　90292090　90318090
		列车车—地通信设备（无线设备、环线设备、车载交换机）	10套/列	85301000　8517
		车载输入/输出单元	2套/列	85301000　85177090
		轨旁ATP计算机（区域控制器）	1套/5公里	85301000　84714
		线路控制器	1套/项目	85301000　85371090
		轨旁车—地通信设备（接入设备、交换设备）	1套/200米	85301000　8517
		ATP板卡（车载和轨旁）	30套/列	85309000　85177090
	列车自动驾驶系统（ATO）	车载列车自动驾驶系统用计算机	2套/列	85301000　84714
		轨旁列车自动驾驶系统用计算机	30套/列	85301000　84714
		信号放大器	6套/列	85437092
		信号收发器	6套/列	85308000　90329000
		唤醒模块	2套/列	85309000　90329000
		计算机板卡	30套/列	85309000　84718000

续表

设备名称	一级部件	二级部件	单机用量	税则号列（供参考）
2. 信号系统				
（1）列车自动防护/列车自动控制系统（ATP/ATO）	列车和轨道数据服务器（TTS）		1套/项目	85301000　8471
	固定数据应答器（信标）		30个/公里	85301000
	可变数据应答器（信标）		10个/公里	85301000
	应答器电子单元（LEU）		6套/公里	85301000
（2）联锁系统（CI）	计轴主机	计轴运算主机（含机笼）	3套/公里	85301000　84714
		计轴评估器	3套/公里	85309000
		计轴测试器	3套/公里	85301000
	计轴器（磁头）		14套/公里	86080010

（2）《财政部　国家发展改革委　工业和信息化部　海关总署　国家税务总局　国家能源局关于调整重大技术装备进口税收政策的通知》（财关税〔2014〕2号）

2014年修订后的目录中，联锁系统不予免税，列车自动防护/列车自动控制系统（ATP/ATO）仍然在免税政策范围内，目录清单见表5—6。

表5—6　　　财关税〔2014〕2号附件3目录清单（部分）

设备名称	一级部件	二级部件	单机用量	税则号列（供参考）
2. 信号系统				
（1）列车自动防护/列车自动控制系统（ATP/ATO）	列车自动防护系统（ATP）	列车自动防护系统用计算机	2套/列	85301000　84714
		司机显示单元	2套/列	85301000　85371090　8528
		列车测速装置（雷达、测速电机、加速度计）	6套/列	85301000　90292090　90318090
		轨旁ATP计算机（区域控制器）	1套/5公里	85301000　84714
		线路控制器	1套/项目	85301000　85371090
		轨旁车—地通信设备（接入设备、交换设备）	1套/200米	85301000　8517

续表

设备名称	一级部件	二级部件	单机用量	税则号列（供参考）
2. 信号系统				
（1）列车自动防护/列车自动控制系统（ATP/ATO）	列车自动驾驶系统（ATO）	车载列车自动驾驶系统用计算机	2套/列	85301000　84714
		轨旁列车自动驾驶系统用计算机	30套/列	85301000　84714
	列车和轨道数据服务器（TTS）		1套/项目	85301000　8471
	固定数据应答器（信标）		30个/公里	85301000
	可变数据应答器（信标）		10个/公里	85301000
	应答器电子单元（LEU）		6套/公里	85301000

(3)《关于调整重大技术装备进口税收政策有关目录及规定的通知》(财关税〔2015〕51号)

在该文件中，国产化要求进一步提升，信号系统仅有列车自动防护系统（ATP）符合免税政策，目录清单见表5—7。

表5—7　　财关税〔2015〕51号附件2目录清单（部分）

设备名称	一级部件	二级部件	单机用量	税则号列（供参考）	执行年限
2. 信号系统					
（1）列车自动防护系统（ATP）	列车自动防护系统（ATP）	司机显示单元	2套/列	85301000 85371090 8528	
		列车测速装置（雷达、测速电机、加速度计）	6套/列	85301000 90292090 90318090	

5.3.3　进口货物报关及清关

进口货物报关及清关流程为：核销清单备案→银行保函办理→到货设备

保函办理→货物报关及清关。

(1) 核销清单备案

供应商根据《关于调整重大技术装备进口税收政策有关目录及规定的通知》(财关税〔2015〕51号) 中《重大技术装备和产品进口关键零部件及原材料商品目录》(2015年修订) 对进口货物核销清单进行归纳整理。

建设单位业务部门负责确认进口货物核销清单，确保三单匹配（合同进口清单、海关备案进口核销清单和装运通知单）。

进口代理协助建设单位向海关办理进口货物核销清单备案。

(2) 银行保函办理

建设单位合同管理部门负责办理本项目足额税款担保银行保函，并向海关提交项目凭保函放行申请。

海关同意采用银行保函方式进行税款担保。

(3) 到货设备保函办理

在进口货物清单已备案、税款担保银行保函已递交至海关并且海关已同意采用银行保函进行税款担保的前提下，根据设备到货计划，进口代理在到货前一个月办理到货设备保函。

1) 申请所需资料

①担保申请函。

②货物技术说明函。

③减免税货物税款担保申请表。

④进口货物与财关税目录构成关系表。

⑤发票、箱单（如有）。

⑥逐票担保审批函。

⑦减免税手续办理委托书。

⑧单机用量对比表。

⑨预归类申请表。

2) 建设单位审核资料无误并加盖公司章后，由进口代理将资料递交至海关现场业务处审批。

3）海关现场业务处同意出具担保保函。

（4）货物报关、清关

供应商根据进口合同规定向进口代理提供装运前、装运后通知及相关票据资料。货物到达港口海关后，进口代理办理报关、清关手续。

1）所需资料

①担保保函。

②发票、箱单、提单。

③进口合同及代理协议。

④海关要求的其他文件。

2）一般进口货物的报关、清关流程为：进口货物申报→配合海关查验→缴纳税费→清关提取货物。

①进口货物申报

a. 准备申报单证。报关单是由报关人员按照海关规定格式填制的申报单。进口代理向报关人员提供基本单证和特殊单证，报关人员审核这些单证并据此填制报关单。

b. 申报前看货取样。进口货物的收货人或者最终用户/建设单位在向海关申报前，为了确定货物的品名、规格、型号等，可以向海关提出查看货物或者提取货样的书面申请。经海关审核同意后，双方在海关出具的取样记录和取样清单上签字确认。

c. 申报。申报分为两步，第一步是进行电子数据申报，第二步是提交纸质报关单及随附单证。海关审结电子数据报关单后，进口代理应在接到海关"现场交单"或"放行交单"信息之日起10日内，持纸质报关单及随附单证，到货物所在地海关提交书面单证，办理相关手续。

②配合海关查验。海关查验是指海关为确定进出境货物申报内容与真实情况相符，或者为确定商品的归类、价格、原产地等，依法对进出口货物进行实际核查的执法行为。海关在对进出口货物实施查验时，进/出口货物收/发货人或者进口代理应当到场，负责按照海关要求搬移货物、开拆和重新封装货物，如实回答查验人员的询问并提供必要的资料，配合海

关查验。

③缴纳税费。海关审核报关单,对需要查验的货物查验后,开具税款缴款书和收费票据。合同规定的税款责任方或进口代理应在规定时间内,持缴款书或收费票据到海关指定银行办理税费缴纳手续。一旦收到银行缴款成功的信息,即可报请海关办理货物放行手续。

④清关提取货物。在完成报关审核、查验货物及征收税费等上述流程后,海关在进口货物提货凭证上签盖"海关放行章",进口货物收货人或者进口代理签收进口提货凭证后,即可凭证到货物所在仓库办理提取进口货物的手续,将货物装运到运输工具上,完成清关手续。

第四节 设备到货

设备到货是货物标的交接的一个过程,从流程上可大致划分为编制装运通知、货物包装、货物装运、到货检查、提货申请、开箱检验和工程退料(如有)等。

5.4.1 编制装运通知

在完成系统设计联络后,根据工程实际进度和项目总工期的要求,设备供应商与建设单位、集成商(如有)和仓储单位共同确定设备供货、运输及仓储进度计划。

距每批货物约定的装运日期之前 30 天,设备供应商须编制装运通知,填写合同编号、合同名称、货物尺寸、箱盘号、运输方式、货物名称、到货金额、到货地点等基本信息,货物备妥待运的日期和预计到达日期,以及货物在运输、储存中的特殊要求和注意事项,易燃品或危险品的细节还应另行注明。装运通知示例见表 5—8。

第五章 设备出厂及到货管理

表 5—8　　　××地铁××号线货物装运通知

卖方：（盖公章）

制单日期：　　年　月　日　　　　装运通知单：

合同编号		预计启运日期		本批次到货合计			
合同名称		预计到货日期		累计到货			
装运批次		运输工具					
箱号	货物编号	货物名称	型号规格	单位	数量	箱(件)数	单价(元)	合计金额(元)	到货金额(元)	总金额(元)	总体积(m³)	总毛重(t)	总净重(t)
											毛重(t)	净重(t)	体积(m³)(长×宽×高)	包装方式	仓储特殊要求

设备供应商将装运通知单填写完整后以电子文件的形式发送给建设单位、集成服务商（如有）和仓储单位审核，审核通过后，即可按照既定日期装运。

5.4.2 货物包装

设备供应商负责提供将货物运至合同规定的最终目的地所需要的包装，以防止货物在转运中损坏或变质。

(1) 包装总体要求

1) 按目的地站点进行装箱。

2) 合同项下的随机附件、专用工具和试验仪器必须独立装箱。

3) 各种设备的松散零部件必须单体包装，或成定数组合包装后再装入尺寸适当的箱内，组合包装在箱内的位置要相对固定。箱内各散装部件均应系上标签，注明合同号、主机名称、本部件名称及散装部件在系统装配图中的部件号和零件号。

4) 供应商应保证货物在没有任何损坏和腐蚀的情况下安全运抵合同规定的交货地点。设备供应商应承担由于其包装不当或防护措施不妥而引起货物锈蚀、损坏和丢失等任何损失的责任或费用。

(2) 随箱文件

每个包装箱的内外部均应附有装箱文件，装箱文件内必须包含但不限于有详细的货物清单，说明货物名称、规格、数量、使用站点名称和必要的技术文件（包括合格证、检验报告和说明书等）。

5.4.3 货物装运

设备供应商应在每一包装箱或货物的正反两面用明显的中文字样做出以下标记（对裸装货物应以金属标签或直接在设备本身注明下述有关内容）：

(1) 收货人：具体收货人。

(2) 目的地：交货地点，建设单位指定的仓库、工地、车辆段或车辆总装厂。

(3) 合同号。

(4) 站点名称。

(5) 发货标记（唛头）。

(6) 货物名称。

(7) 箱号/件数：必须与纸面装运通知的箱号一致，不得用同一箱号标明任何两个箱件。

(8) 毛重/净重（用公斤或千克表示）。

(9) 体积（长×宽×高，以毫米表示）。

5.4.4 到货检查

设备供应商的货物运至建设单位指定的交货点，分两种情况：一种是运至仓库，另一种情况是运至工地或车辆总装厂。视工程情况而定，一般急于安装的设备采取到货工地的方式，其中车载设备到货车辆总装厂；暂时不安装的设备采取到货仓库的方式。

(1) 到货仓库

1) 设备供应商根据约定的进度计划，在发货的当天通知仓储单位和集成商（如有），并及时跟踪货物的运输进度。

2) 到货当天，设备供应商、仓储单位和集成商（如有）在指定仓库共同进行货物检查工作。

①通过验货各方检查，包装外观完好无损的货物可进入仓库。

②包装外观损伤严重、验货各方一致认为可能损坏的货物，由验货各方签署货物残损记录单（仓库），设备供应商将货物返回工厂检验并重新包装后再运至仓库。货物残损记录单（仓库）示例见表5—9。

③包装外观轻微损伤的货物，经验货各方确认后，可进入仓库，但必须在到货检查表（仓库）注明货物相应受损情况。

表5—9　××地铁××号线机电设备采购合同货物残损记录单（仓库）

填单日期：　　仓库名称：　　单号：

合同号									
合同名称					装运通知编号				
序号	包装箱号	货物编号	设备名称	主要型号规格	单位	数量	单价（元）	金额（元）	残损记录
1									
2									
3									
4									
5									
6									
7									
8									
9									
10									
买方					卖方				
买方商务代理					集成商				
仓库									

④包装不方便装卸及运输的货物，或者装运标记不符合合同要求的货物，必须由设备供应商按照要求重新包装后再进入仓库。

3）进入仓库的货物交由仓储单位保管，验货各方根据合同规定和纸质装运通知清点箱（件）数，共同签署到货检查表（仓库）、货物入库单。到货检查表（仓库）、货物入库单示例见表5—10、表5—11。

表5—10　　××地铁机电设备采购合同到货检查表（仓库）

序列号：

合同编号		到货批次号	
合同名称		到货地点	
合同总金额		检查日期	
本批到货金额		入库货物金额	
累计到货金额		残损货物金额	
检查内容	各方在货物开箱前进行初步检查，内容包括： 1. 包装是否符合合同规定 2. 装运标记是否符合合同规定 3. 外观是否完好无损，是否有异常现象 4. 货物的编号、名称和数量等是否与装运通知相符 5. 合同规定的其他要求		
检查结论	货物入库情况详见第［　　　　］号货物入库单。 货物残损记录详见第［　　　　］号货物残损记录单。		
处理意见			
参检各方	单位名称	授权代表签名	签字日期
买方			
买方商务代理			
仓库			
卖方			
集成商			

表 5—11　　××地铁机电设备采购合同货物入库单

入库日期：　　年　月　日　　系统（　）　仓库名称（　）　单号：

合同号				合同名称				
合同总金额				累计到货金额				
序号	包装箱号	货物编码	货物名称	主要型号规格	单位	数量	单价（元）	总价（元）	备注
1									
2									
3									
4									
5									
6									
7									
8									
9									
10									
合计金额									
买方				卖方					
买方商务代理				集成商					
仓库									

第五章　设备出厂及到货管理

(2) 到货工地/车辆总装厂

1) 设备供应商根据约定的进度计划，在发货的当天通知仓储单位，并与建设单位、集成商（如有）、安装施工单位和驻地监理联系沟通，确定到货时间、地点。

2) 安装施工单位预先准备货物装卸人手和相应机械，储存货物的地点或相应设备房，做好相应装卸运输方案。驻地监理应督促施工单位做好到货前的准备工作。

3) 货物运至工地现场后，由建设单位、仓储单位、设备供应商、集成商（如有）、驻地监理和安装施工单位组成到货检查小组，在供应商的指导下，由施工单位负责装卸货物。货物检查内容有：

①包装外观完好无损，通过验货各方检查的货物，进入工地现场。

②包装外观有损伤的货物，验货各方应当场进行开箱检验，经检查没有损坏的货物进入工地现场，如果经检查确认货物有损坏，则验货各方签署货物残损记录单（工地），由供应商进行退换货物工作。货物残损记录单（工地）示例见表5—12。

③包装不方便装卸及运输的货物，或者装运标记不符合合同要求的货物，必须由设备供应商按照要求重新包装后再进入工地现场。

4) 经检验进入工地现场的货物交由安装施工单位保管，验货各方根据合同规定及纸质装运通知清点箱（件）数，并签署到货检查表（工地）和货物交接单，示例见表5—13、表5—14。

5.4.5　提货申请

在货物办理入库手续后，由仓储单位将已入库货物装运通知发送给建设单位、集成商（如有）、安装施工单位和驻地监理单位。

随着工程建设推进，需要对已入库货物办理出库手续，运至工地现场或相应设备房。提货前，由安装施工单位根据入库货物装运通知内容填写提货申请单，经驻地监理和建设单位审核、签字及盖章后，通知仓储单位，约定提货时间。

表5—12　××地铁机电设备采购合同货物残损记录单(工地)

填单日期：　　　工地名称：　　　单号：

合同号									
合同名称									
包装箱号				装运通知编号					
序号	货物编号	设备名称	主要型号规格	卖方					残损记录
				单位	数量	单价(元)	金额(元)		
1									
2									
3									
4									
5									
6									
7									
8									
9									
10									
买方						施工单位			
买方商务代理						监理单位			
卖方						集成商			

第五章　设备出厂及到货管理

表 5—13　××地铁机电设备采购合同到货检查表（工地）

序列号：

合同编号		到货批次号	
合同名称		到货地点	
合同总金额		检查日期	
本批到货金额		交接货物金额	
累计到货金额		残损货物金额	
检查内容	各方在货物开箱前进行如下检查： 1. 包装是否符合合同规定 2. 装运标记是否符合合同规定 3. 外观是否完好无损，是否有异常现象 4. 货物的编号、名称和数量等是否与装运通知相符 5. 合同规定的其他要求		
检查结论	货物交接情况详见第［　　　　］号货物交接单。 货物残损记录详见第［　　　　］号货物残损记录单。		
处理意见			

参检各方	单位名称	授权代表签名	签字日期
买方			
买方商务代理			
卖方			
集成商			
驻地监理			
施工单位			

表 5—14　××地铁机电设备采购合同货物交接单

交接日期：　年　月　日　　系统（　　）　安装工点（　　）　单号：

合同号					合同名称				
合同总金额					累计到货金额				
序号	包装箱号	货物编码	货物名称	主要型号规格	单位	数量	单价（元）	总价（元）	安装位置	备注
1										
2										
3										
4										
5										
6										
7										
8										
9										
10										
合计金额										

买方		施工单位	
买方商务代理		驻地监理	
卖方		集成商	

第五章　设备出厂及到货管理

安装施工单位和仓储单位按约定时间到达仓库，办理货物提货单，由安装施工单位将货物运至工地现场或相应设备房，后续由安装施工单位负责保管货物。提货申请单、货物提货单示例分别见表 5—15、表 5—16。

表 5—15　　　　××地铁机电设备采购合同提货申请单

申请提货单位：　　经办人：　　负责人：　　日期：　　盖章：

采购合同号：　　采购合同名称：　　系统名称：　　安装地点：

序号	包装箱号	货物编码	货物名称	型号、规格	单位	数量	备注
小计							

审核单位：　　经办人：　　负责人：　　日期：　　盖章：

审批单位：　　经办人：　　负责人：　　日期：　　盖章：

表 5—16　　××地铁机电设备采购合同货物提货单

提货日期：　　年　月　日　　系统（　）　　安装工点（　）　　单号：

合同号		合同名称					
合同总金额		累计到货金额					
序号	货物编码 包装箱号	货物名称	主要型号规格	单位	数量	单价（元）	总价（元）	安装位置	备注
1									
2									
3									
4									
5									
6									
7									
8									
9									
10									
合计金额								
仓库		授权代表					签字日期	
提货单位		授权代表					签字日期	

5.4.6 开箱检验

安装施工单位提货到工地后或货物已直接到达工地现场后,若施工进度达到相关设备安装节点且现场具备设备开箱检验条件的,安装施工单位应向建设单位、仓储单位、集成商(如有)和驻地监理单位申请设备开箱检验,经各方核实相关信息无误后,确定开箱检验时间、地点。

安装施工单位、建设单位、仓储单位、集成商(如有)和驻地监理单位按照约定时间、地点到达现场后进行开箱检验工作。重点检查以下内容:数量是否与装运通知和装箱单相符,包装箱及货物有无破损、损坏、锈蚀等情况,其他事项(如合格证、装箱单等随箱资料是否完整等)。

开箱检验后应如实在开箱检验单上记录相关开箱情况并由验货各方共同签署,示例见表5—17。开箱后如发现短缺、误装等问题,或货物因设备供应商原因导致损坏,设备供应商应无偿地在规定时间(一般为10天)内补足短装货物,替换错装或损坏的货物。如由安装施工单位保管不善等其他单位原因导致货物损坏,其后果由相应单位负责,设备供应商应配合相关单位尽快提供对应合格设备。

5.4.7 工程退料(如有)

设备安装工程结束后,若工程现场仍有部分货物未使用,相应货物应走工程退料流程退回仓储单位。由安装施工单位按"工程退料退仓申报单"(示例见表5—18)填写好相应货物包装箱号,经仓储单位核对,送驻地监理和建设单位签字盖章后,即可办理工程退料。

表 5—17　　××地铁机电设备采购合同开箱检验单

检验日期：　　　　　　序列号：

合同号		装运通知号	
合同名称		提货单/交接单号	
货物名称		箱数	
卖方		检验地点	
检验内容和结果	1. 数量是否与装箱单相符（如不符，应列明） 2. 包装箱及货物有无破损、损坏和锈蚀等情况（列明情况） 3. 其他说明事项 检验结果： （如内容填写不完，可续页填写）		
处理意见			
附单： ①（编号：　　　）②（编号：　　　　）			
买方		授权代表	日期
买方商务代理		授权代表	日期
卖方		授权代表	日期
集成商		授权代表	日期
驻地监理		授权代表	日期
施工单位		授权代表	日期

第五章 设备出厂及到货管理

表5—18　　　　　××地铁××号线工程退料退仓申报单

合同号：　　　合同名称：　　　系统名称：　　　安装地点（车站）：

序号	现包装箱号	原包装箱号	设备编号	设备名称	主要型号规格	单位	数量	单价（元）	总价（元）	退仓原因	外观记录	备注
					小计							

申报单位	经办人	负责人	日期	盖章
审核单位	经办人	负责人	日期	盖章
审批单位	经办人	负责人	日期	盖章

注：1. 原包装箱号为首次从仓库提货时的包装箱号，现包装箱号为竣工后经整理、包装的货物箱号，单价、总价为货物出库时价值。
2. 审核单位为驻地监理，经办人为专业监理工程师，负责人为工点监理负责人。
3. 审批单位为建设事业总部，经办人为项目工程师，负责人为项目总负责人。
4. 本申报单一式四份，分别存于申报单位、驻地监理、建设事业总部和物资公司仓库。

第五节 设备出厂及到货管理案例

5.5.1 案例一：进口货物三单不匹配，不能享受免税政策

(1) 案例描述

2014年，广州地铁××线信号系统采购合同完成签署，其合同进口清单是按照卖方提供的开项名称进行确定的，见表5—19。

表5—19　　××线信号系统采购合同进口清单

序号	进口设备及技术名称	技术规格及型号	单价（欧元）	台（套）数		合价（欧元）	原产地	制造商	备注
				数量	单位				
1	列车自动防护系统用计算机及车载列车自动驾驶系统用计算机		82 677.00	48	套	3 968 496.00	德国	SIEMENS	
2	司机显示单元		23 736.00	48	套	1 139 328.00	德国	SIEMENS	
3	列车测速装置（雷达、测速电机、加速度计）		17 335.00	48	套	832 080.00	德国	SIEMENS	
4	轨旁ATP计算机（区域控制器）		104 771.00	1	套	104 771.00	德国	SIEMENS	
5	轨旁ATP计算机（区域控制器）		104 770.00	1	套	104 770.00	德国	SIEMENS	

2015年，上述进口设备完成生产制造，根据项目进度安排，计划从德国装运经广州海关发货至工程现场。

随后，该项目在向海关进行进口货物核销清单备案时，发现合同进口清单中设备名称"列车自动防护系统用计算机及车载列车自动驾驶系统用计算机"与《关于调整重大技术装备进口税收政策的通知》（财关税〔2014〕2号）中规定的一级部件、二级部件不相符（见表5—6），无法顺利享受免税政策。

（2）分析结果

合同进口清单中设备名称与《国家支持发展的重大技术装备和产品目录（2015年修订）》中符合免税政策规定的部件名称不相符，是造成不能享受免税政策的直接原因。

（3）处理指引

1）技术上核实确认"列车自动防护系统用计算机及车载列车自动驾驶系统用计算机"的商品特征，见表5—20。

表5—20　　列车自动防护系统用计算机及车载列车自动驾驶系统用计算机商品特征

列车自动防护系统用计算机商品描述	功能原理：列车自动防护系统用计算机用于控制列车的安全运行，安装在列车内。它根据移动授权、位置报告及移动闭塞原理执行列车安全防护功能，通过对列车允许的最高速度进行限制、施加紧急制动等方式实现列车安全运行。系统采用2取2的故障安全结构。设备的额定工作电压是110 V，额定功率是150 W。 主要用途包括：1. 连续检测列车的位置及速度并报告给轨旁设备；2. 在车载设备故障时实施紧急制动，确保列车安全；3. 监督列车运行速度；4. 确保列车不会越过防护点；5. 监控列车车门状态；6. 系统自检、自诊断、故障报警及记录列车运行数据，并将这些数据及信息传送至车站和控制中心。
列车自动防护系统用计算机商品图片	 

续表

车载列车自动驾驶系统商品描述	功能原理：车载列车自动驾驶系统（车载ATO）是一种完整的闭环自动控制系统，列车一方面检测本列车的实际行车速度，另一方面连续获取地面给予的最大允许速度，通过计算并依据其他与行车有关的因素，如机车牵引特性、区间坡道、变道等，计算出最佳的行车速度，控制列车实际运行速度，以实现列车按时、节能、可靠的运行。设备的额定电压是110 V，额定功率是150 W。 用途：车载ATO单元能连续、自动地控制列车的运行速度，实现在区间的按时平稳运行，此外在站台区域控制列车精确停车，同时能输出车门自动开启/关闭指令。
车载列车自动驾驶系统商品图片	 

2）判断属于两种不同部件，由供应商进行价格拆分。

主题：关于进口设备单价拆分

Subject：

尊敬的　　　　：

Dear　　　　：

鉴于本项目进口代理建议按照财关税〔2014〕2号文，将本合同项下的进口设备"列车自动防护系统用计算机及车载列车自动驾驶系统用计算机"拆分为两项，即"列车自动防护系统用计算机"和"车载列车自动驾驶系统用计算机"。基于成本核算，我方现将原合同设备单价拆分如下：

列车自动防护系统用计算机	41 330.00 欧元
车载列车自动驾驶系统用计算机	41 347.00 欧元

该价格只适用于本次拆分，不作为之后可能发生的任何相关设备采购的价格参考。

顺祝

商祺！

Sincerely yours,

  （签名）

×××（项目商务经理）

×××（Overall Commercial Project Manager）

广州地铁××线信号系统项目

Guangzhou Line×× Signalling Project

3）商务上进行合同变更及清单调整。

一、会议同意进口合同附件1供货范围及价格清单中，附件1.1供货范围清单（进口部分）序号1对应的"列车自动防护系统用计算机及车载列车自动驾驶系统用计算机"调整为"列车自动防护系统用计算机"和"车载列车自动驾驶系统用计算机"，相关序号顺序调整（详见附件4）。原清单中"列车自动防护系统用计算机及车载列车自动驾驶系统用计算机"单价为82 677.00欧元，数量48套，调整后"列车自动防护系统用计算机"单价为41 330.00欧元，数量48套，"车载列车自动驾驶系统用计算机"单价为41 347.00欧元，数量48套（详见附件4）。

二、会议同意同时对主合同中对应清单名称进行调整（详见附件3）。本次清单调整不涉及合同金额变化。

4）供应商再次整理进口设备核销清单，附上合同变更清单，重新向海关备案。

主题：关于进口设备核销清单的函

Subject：

尊敬的　　　：

Dear　　　：

  广州进口设备进口工作很快就要开始，请查阅设备核销清单。

Offshore equipment is about to be imported, pls check enclosed import list.

广州市轨道交通××线信号系统采购合同
设备核销清单（财关税〔2014〕2号文范围内）

申报单位：广州市地下铁道总公司

进口代理：××招标股份有限公司

合同号：×××××××

序号	对应2号文设备名称	进口设备名称	技术规格及符号	单价（欧元）	台（套）数量	单位	用汇额（欧元）	拟进口国别	已到货数量	未到货数量	备注
1	列车自动防护系统（ATP）/列车自动防护系统用计算机	列车自动防护系统用计算机	S25463-J210-A30-1	53 600.67	48	套	2 572 832.12	德国			
2	列车自动驾驶系统（ATO）/车载列车自动驾驶系统用计算机	车载列车自动驾驶系统用计算机	S25463-J210-A30-2	53 622.72	48	套	2 573 890.39	德国			
3	列车自动防护系统（ATP）/司机显示单元	司机显示单元	L25010-A2-G617	30 783.10	48	套	1 477 588.76	德国			
4	列车自动防护系统（ATP）/列车测速装置（雷达、测速电机、加速度计）	列车测速装置（雷达、测速电机、加速度计）	S25400-T1-B1	22 481.67	48	套	1 079 120.37	德国			
5	列车自动防护系统（ATP）/轨旁ATP计算机（区域控制器）	轨旁ATP计算机（区域控制器）	—	135 876.98	1	套	135 876.98	德国			
6	列车自动防护系统（ATP）/轨旁ATP计算机（区域控制器）	轨旁ATP计算机（区域控制器）	—	135 875.69	1	套	135 875.69	德国			
	合计						6 149 445.00				

顺祝

商祺！

第五章 设备出厂及到货管理

Sincerely yours,

　　（签名）

×××（项目商务经理）

××× (Overall Commercial Project Manager)

广州地铁××线信号系统项目

Guangzhou Line×× Signalling Project

5）按照本章节所述内容，进行进口货物装运、报关、清关。

5.5.2 案例二：安装施工单位擅自开箱检验，造成设备损坏

(1) 案例描述

××地铁××线安装施工单位经提货申请把安装所需的蓄电池运至工地后，由于工地下料口已封，蓄电池木包装箱很重，施工单位未经同意擅自开箱，将蓄电池拿出运到设备房。在没有供应商指导的情况下，由于施工单位搬运人员将两块蓄电池互扣，导致蓄电池正负电极互碰而短路，烧坏部分蓄电池。

(2) 分析结果

施工安装单位未提出开箱检验申请，未经各方同意擅自开箱，搬运过程中没有技术指导，造成蓄电池短路，部分蓄电池烧坏。

(3) 处理指引

1）召集相关单位到现场进行问题通报，明确开箱检验流程。开箱检验需要提前申请，由相关单位共同参与，不能由安装施工单位擅自开箱，如安装施工单位擅自开箱，则要承担相关责任。

2）对蓄电池进行受损评估，部分蓄电池烧损明显，直接下架；剩余其他蓄电池外观无法判断，需上电进行通电测试，若检测指标不合格或对使用功能有影响的，也应给予撤换。

3）做出事件处理决定，明确受损蓄电池由安装施工单位承担全部责任，负责同等赔偿，供应商给予协助。

本 章 小 结

设备的出厂检验、到货是项目管理中比较重要的一个阶段，是货物标的交接的一个过程，是货物归属风险转换的一个环节。设备到货仓库后，则风险责任由供应商转给建设单位或仓储单位；设备到货现场或者提货后，则风险责任又转给了安装施工单位。

信号系统因其技术复杂、专业性强，设备精密程度高、制造成本高、不可控风险高，在设备出厂检验、到货阶段，项目管理人员更应该严格按照合同规定及技术要求，参照本章节流程，严格把控质量关，提高系统可靠性、可用性。

本章所述内容为设备采购、设备安装的衔接部分，项目管理人员应充分掌握设备出厂及到货的各个环节流程，提升项目管理能力。

第六章 施工管理

第一节 施工管理概述

城市轨道交通信号系统的安装施工是根据施工规范和设计图纸，将具体信号系统设备安装到线路、设备房等相应位置的工作，以发挥信号系统的整体功能。其中，车载信号设备的安装通常包含在车辆供应商合同中，由车辆供应商负责实施安装，由信号系统供应商负责安装督导，故本章节所述的信号系统施工管理不含车载信号设备安装的相关内容。

城市轨道交通信号系统的施工安装是系统性较强的工程，工程范围涉及正线线路、车站、车辆段/停车场、出入段/场线、与其他线路的联络线、试车线、控制中心、维修中心和培训中心等，具有施工周期长、设备数量多、安装空间有限、交叉作业多等特点。

施工管理全过程主要有三个阶段：施工准备、施工过程和施工收尾。通过信号施工管理标准化、规范化、制度化、精细化，实现施工安全可控、目标可控、进度可控、质量可控和投资可控的目标。

主要工作内容如图6—1所示。

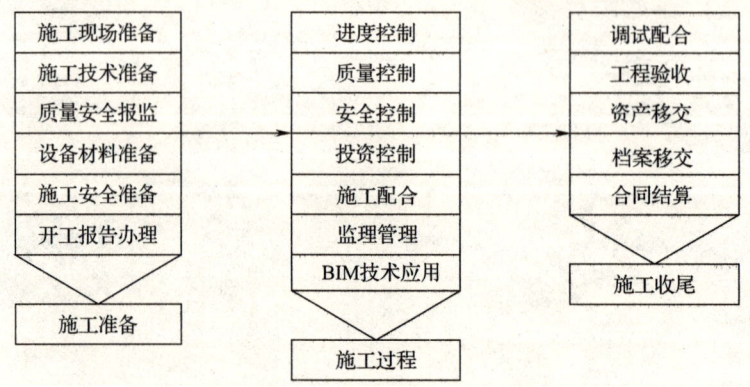

图 6—1 施工管理主要工作内容

第二节 施工/监理招标

6.2.1 基本原则

(1) 工程建设项目的施工/监理原则上均应选用前述公开招标方式进行，公开招标过程包括招标备案、招标公告发布、投标报名、资格预审（如有）、资格预审结果上会及公示（如有）、发标、澄清答疑、评标、评标结果上会和评标结果公示等。

(2) 项目招标应依据《中华人民共和国招标投标法》《中华人民共和国招标投标法实施条例》等法律法规。

6.2.2 招标准备

(1) 建设单位根据项目具体实际情况编制包含标段划分建议、发标安排、最低资格条件设置、拟采用的评标/评审方法、主要评标/评审/谈判原

第六章 施工管理

则、特殊条款设置等全部或部分内容的招标方案。

(2) 设计单位根据设计成果文件、技术规范和定额编制施工图、招标文件技术部分、工程量清单和招标概算等文件。

(3) 设计咨询、总体单位负责审定施工图、招标文件技术部分。

(4) 建设单位负责编制招标文件商务部分（含评标办法、公告），审定招标概算、招标控制价和招标文件。

6.2.3 招标

建设单位负责工程招标的工作如下：

(1) 在主管部门指定媒体发布招标公告，从发布公告之日起至报名截止应不少于5日。

(2) 接受报名单位提交的报名资料，做好相关记录。报名单位数量不足导致报名失败后应分析原因，修改招标方案，组织二次报名。连续两次报名失败，可按程序报建设行政主管部门同意后调整招标方式。

(3) 向正式投标人发售标书，组织标前澄清会，编制澄清文件，澄清文件于审批完成后发出。澄清文件会签流程与招标文件会签流程一致，招标文件及澄清文件加盖公司印章后生效。

(4) 组织开、评标，评标结果报告上会审查。经交易中心平台组建评标委员会，按评标办法组织开、评标。

(5) 组织中标公示。将中标候选人情况在交易中心公示3日，办理中标通知书并发放中标人。在投标有效期内，且在自中标通知书发出之日起30日内签订书面合同。

6.2.4 合同签订

(1) 合同文本的内容须合法、完整。

(2) 建设单位需组织合同澄清，以合同澄清会的纪要为签订合同的重要依据。

（3）建设单位在发出中标/中选通知书后的次日启动合同文件报批流程。

（4）中标/中选通知书发出之日起 30 日内，建设单位负责完成合同签订，并办理资料归集。

（5）建设单位应确保正式的合同文本与审批时的合同文本一致。

第三节　施　工　准　备

建设单位根据工程要求，向承包商提供必要的进场条件，相应的承包商应予以配合并主动创造条件，完成其职责范围内的进场条件：建立完善的组织机构，建设经理部驻地，完成施工图交底工作，编制施工组织设计，做好安装机具及人员准备，检查场地是否满足入场要求等。

6.3.1　施工现场准备

（1）组织机构建立

项目经理部是与工程项目施工周期同步的项目管理组织实体，是代表施工单位履行施工合同、项目管理和项目成本控制的主体。施工单位需根据工程规模和技术特点，建立完善的项目组织机构，明确各岗位职责。

（2）项目经理部驻地建设

建设项目经理部驻地，同时为施工监理人员、建设单位代表及供应商督导提供现场办公条件。

按照建设工程施工现场管理规定，实施标准化工地建设，施工基地设置办公区、生活区、设备材料机具区、危险物品专用仓库、停车场、材料堆放场和绿化区，并成立职工之家，丰富职工业余生活。

驻地墙面宣传栏应设置建设项目的统一归口公司标志、字样及工点名称。

第六章 施工管理

安装市话、传真机和计算机网络，接入临时用水、临时用电。

设置停车场、料库、伙房、饮水房、浴室、厕所、加工房和工作台，配置符合安全要求的加工器具等。

办公区室外、室内制作、悬挂项目概况标示牌、各项目施工进度横道图、项目人员组织图、施工技术管理流程图、物资采购管理流程图、人员岗位职责标牌、职工消防职责、安全生产管理网络图、安保体系要素分配表、职工安全生产职责、安全生产纪律和安全技术措施等图板或标牌。

(3) 施工现场调查

施工单位进场安装开始前负责检查区间隧道有无障碍物和其他施工材料，设备房装修施工有无完成，车站公共区域是否可以进入安装设备，预留管孔、沟槽、孔洞、建筑装修是否符合设计要求，发现问题时施工单位应及时提出，并与土建、装修专业施工单位协商处理。现场调查的主要内容包括：

1) 区间隧道。了解隧道内接地系统基础安装情况，隧道内是否有水及其他施工材料和障碍物，隧道内照明是否满足施工要求，及时了解铺轨进度、焊轨计划以及通信承包商关于电缆支架的施工进度，重点掌握线路上基标的完整性等。

2) 车站及设备房。调查各个车站出入口的位置、全线吊装口位置，从料库到车站的交通情况，从设备卸下地点到安装地点的路径情况，设备房内架空地板、基础结构及接地系统接地体的安装情况，是否有足够的照明和电源，重点掌握预留孔、洞、管的位置及尺寸是否满足信号系统的要求等。

3) 光缆、电缆路径调查。对照设计图纸对轨行区、停车场、控制中心和车站吊顶层的光缆、电缆路径进行调查核对，了解施工中可能出现的问题，发现问题应及时上报建设单位、设计单位协调解决，为光缆、电缆的敷设做好准备。

4) 公共区。对照设计图纸对设备安装的要求核对站台设备安装位置是否符合要求，安装空间是否充足，特别是站台紧急停车按钮箱安装位置及预留孔洞要提前与装修专业核对图纸。

5) 其他施工专业进度。对其他专业施工进度进行跟踪，在重要时间节点派专人现场跟踪，掌握相关单位的施工进度及管线、沟槽预留情况，为工程施工的顺利进行提供准确信息。

6.3.2 施工技术准备

(1) 技术交底

技术交底由监理单位组织和主持，设计咨询单位、设计单位、施工单位和建设单位等相关单位参加。设计单位介绍设计概况、设计原则、文件组成及设备或系统的功能，以及施工中应遵守的施工验收规范和技术标准。通过设计交底，施工单位与监理单位应明确设计意图、设计内容和技术要求，保证按设计要求实施。

(2) 施工设计文件的会签与审查

施工图设计完成后，由建设单位组织和主持图纸会审，监理单位、总体设计咨询单位、设计单位和施工单位等相关单位参加，共同审核设计文件和图纸以及施工工艺可操作性等。审查的主要内容包括：

1) 按照规范要求审查设计图纸是否齐全，工程数量和主要设备材料表中设备、材料的型号、规格、数量是否与施工图相符。

2) 设计图是否符合有关规范、标准或技术条件的规定。

3) 设备布局是否合理、正确，线路、路径是否符合规定和实际情况，二者有无矛盾和相互干扰。

4) 对主体工程有无特殊要求，施工有无困难，能否满足要求。

5) 特殊材料、设备有无相应的技术说明和图纸，生产厂家是否落实。

6) 非定型配套产品是否有加工定型标准图纸和必要的技术要求。

7) 设计文件中是否有完整的施工干扰处理方案和协议纪要，如城建部门批准的线路、路径有关文件等。

8) 室内外设备布置及路径走向有无矛盾，安装尺寸有无错误或不当。

9) 特殊施工要求在技术上有无困难，能否保证施工质量和安全。

10) 核对施工图纸中设备编号及坐标位置、建筑限界是否符合要求。

11) 各种设备、材料的品种、规格、数量及工程数量有无错、漏。

12) 接线图、配线图有无错、漏。

(3) 施工组织设计方案编制

施工组织设计方案是施工单位为指导工程施工而编制的设计文件，是施工单位管理工作的重要组成部分，是保证按期、优质、经济地完成安装工程施工的重要措施，是考核施工承包商管理水平的重要环节。

承包商应结合现场条件、施工准备，编制施工组织设计方案，报驻地监理工程师和建设单位批准。

1) 编制施工组织方案的必要性

①施工组织方案是在单位工程开工前对单位工程施工所做的全面安排，是指导施工的技术经济文件，是施工单位编制作业计划和制订、实施工程进度计划的重要依据。

②施工组织方案是以较小的单位工程，或难度较大、技术复杂的分部工程，或新技术项目为对象，指导施工的技术经济文件。

③轨道交通轨行区施工单位多、交叉作业频繁、干扰大，是各个施工单位作业、设备材料运输的主要通道，不加强作业协调，极容易发生安全事故。

④轨道交通信号施工作业面多，且在同一作业面与其他专业存在交叉施工情况，因此在交叉施工配合中可能会出现不和谐的地方，有的会造成信号施工返工，有的会影响信号系统设备使用功能，严重的甚至会带来质量问题和安全隐患。因此，如何协调好施工管理过程中的交叉施工配合问题是信号安装工程的重点。

2) 编制原则

①贯彻执行国家有关法律、法规和技术准则，地方政府及行业有关规范、标准、规定，企业相关标准和制度。

②科学组织、合理部署、突出重点、兼顾一般,充分考虑项目的特点、重点和难点,做到各阶段、工序、工种间有机衔接。

③统筹安排各项工程的实施顺序和进度目标,实现均衡生产。

④积极采用新技术、新工艺、新材料和新设备,不断提高施工技术水平和施工机械化、工厂化、装配化水平。

⑤根据项目所处地区自然和气候特点合理安排施工,充分利用当地资源就地取材,减少施工运输量及投入。

⑥贯彻国家环境、水土资源、文物保护政策及节能减排、职业健康、绿色施工等方面的要求。

⑦认真履行合同,并做到合同执行完成,服务不终止。

3) 编制依据

①安装工程招投标文件及工程承包合同。

②验收标准、法律法规等,包括:《地铁设计规范》(GB 50157—2013),《城市轨道交通技术规范》(GB 50490—2013),《地下铁道工程施工及验收规范(2003年版)》(GB 50299—1999),《城市轨道交通信号系统通用技术条件》(GB/T 12758—2004),《建筑物电子信息系统防雷技术规范》(GB 50343—2012),《城市轨道交通信号施工质量验收规范》(GB 50578—2010),《信号微机监测系统技术条件》(TB/T 2496—2000),《铁路信号工程施工质量验收标准》(TB 10419—2003)。

③施工图。

④施工安排要点、工期和质量要求。

⑤施工调查报告。

4) 主要任务

①确定工程开工前必须完成的各项施工准备工作。

②计算工程量,并据以合理布置施工力量,确定人力、机械、材料的需用量和供应方案。

③从施工的全局出发,确定技术上先进、经济上合理的施工方法和技术组织措施。

④选定有效的施工机具和劳动组织。

⑤合理安排施工程序、施工顺序和施工方案,并以此作为编制和实施工程进度计划的依据。

⑥对施工现场的总平面和空间进行合理布置,以便统筹利用。

⑦施工组织总设计,这是涉及整个建设工程施工的全面性的技术经济文件。

6.3.3 质量安全报监

(1) 法律依据

1)《建设工程质量管理条例》(国务院令第 279 号)。

2)《建设工程安全生产管理条例》(国务院令第 393 号)。

3)《建筑工程施工许可管理办法》(建筑部令第 18 号)。

4)《关于印发〈建筑施工企业安全生产管理机构设置及专职安全生产管理人员配备办法〉的通知》(建质〔2008〕91 号)。

(2) 报审资料

报审资料主要包括:建设工程质量安全监督登记申报表、招标投标情况备案表、施工监理中标通知书、施工图设计文件审查合格书、工程明细表、施工组织设计(或分期专项施工方案)、监理规划、监理实施细则和旁站监理方案、工程质量保证措施文件、施工安全措施文件、施工单位及分包单位安全生产许可证、中标的建造师资质证书和安全考核证书及身份证复印件、总监理工程师资质证书及身份证复印件、专职安全员安全生产考核合格证及身份证复印件等。

具体可参照轨道交通项目所在地质量安全监督机构的相关要求。

(3) 办理流程(见图 6—2)

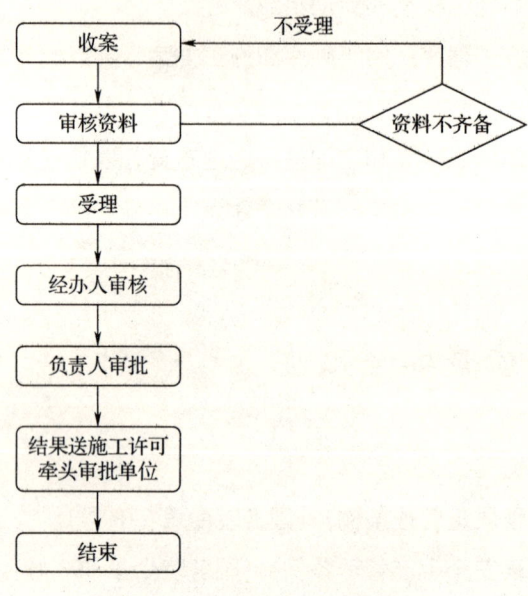

图 6—2 质量安全报监流程图

6.3.4 设备材料准备

工程所需的主要设备和材料分为甲供和乙供两大类。除建设单位招标的甲供单位供应的设备、材料外，工程所需的其他材料、设备均由施工单位提供。

(1) 乙供设备材料采购的原则

施工单位自行采购的设备材料应严格按照铁路、城市轨道交通行业的相关规范标准进行采购、安装、测试和检验，采取择优采购的原则。

(2) 乙供设备材料的质量控制

施工单位应严格按照设备材料试验与检验的标准实施，按有关规定对整个工程中所采用的设备材料进行性能技术指标测试，并将测试结果报送监理单位审批。

监理单位驻地监理工程师有权通知施工单位停止使用不合格或降级的材料（如果有此情类况时），信号系统施工工程严禁不合格材料、成品和半成品进场或使用。若进场材料、成品或半成品不合格，其损失及后果由施工单位自己承担，且不能以此为由要求增加额外支付费用。

建设单位鼓励施工单位使用高于设计标准的材料或设备。所有进场的电缆（含甲供和乙供）需要在专业检测机构进行检验，检验费用包含在合同总价中。

监理单位驻地监理工程师有权根据自己工作需要和工程施工具体情况对某项工程材料进行抽样试验，施工单位应向驻地监理工程师无偿提供试验用材料和各种试件，并为驻地监理工程师进行监督检查提供必要的条件和一切便利。所有抽样试验由建设单位指定的有试验资质的单位进行，如抽样试验结果合格，其抽样试验费用由建设单位负责；如抽样试验结果不合格，且是施工单位采购的材料，其抽样试验费用由施工单位承担。

施工单位自行采购的主要设备材料应安排在设备生产地进行出厂检验。建设单位对施工单位采购材料的质量确认，均不减轻施工单位对材料所负的质量责任。在施工过程中不论该种材料是否已履行质量确认手续，建设单位均可视需要进行抽查或送专业检验部门检验。

如发现施工单位在工程中使用不合格材料，驻地监理工程师即发出书面通知，施工单位应立即按通知进行更换，并承担由此造成的一切损失。

(3) 甲供设备材料的运输与保管

设备从建设单位仓库提货装车并运输到现场由施工单位负责。对已由安装施工单位提取运至现场的设备、材料，或者已由建设单位向安装施工单位移交的设备、材料，均由安装施工单位负责现场保管。在设备到货不经过仓库而直接运输到工地的情况下，施工单位同样有责任保管这些设备。保管工作必须保证设备、材料的完好无损。

(4) 甲供设备材料的开箱检验

甲供设备材料根据信号设备供货合同，在指定地点进行开箱检验。开箱检验必须在建设单位代表、驻地监理工程师、设备集成商、设备供应商和施工单位代表参加下进行。如对开箱检验结果无异议，上述代表应在开箱检验记录上签字确认，此后设备及其配件由安装施工单位保管，随附文件由施工单位保管并整理归档。

6.3.5 施工安全准备

施工单位应建立完善的安全文明施工管理组织机构，制定安全管理体系和安全生产管理责任制，明确安全管理目标，为施工作业人员购买工伤保险并配备必要的防护设备，编制具有针对性的安全技术交底材料，进行安全技术交底并规范记录。不间断地举办不同形式的安全生产教育活动，提高职工安全防护意识。

施工单位需成立现场安全管理组织机构，制定安全管理体系，包括但不限于：

（1）落实安全生产管理责任制

1）施工单位制定并落实各级安全生产责任制，明确安全管理目标，建立安全、文明施工管理机构，建立各项安全生产管理制度。

2）项目经理、安全主任持证上岗。

3）安全技术档案完整。

4）施工单位必须为施工作业人员购买工伤保险。

（2）进行安全教育

1）对新进场人员、变换工种工人进行三级安全教育并记录。

2）对进场工人进行安全培训，对考试合格的作业人员登记造册。

3）编制具有针对性的安全技术交底材料，对工人进行安全技术交底，并规范记录。

4）落实班前教育活动记录制度，并规范记录。

6.3.6 开工报告办理

在进场施工前，施工单位应提交开工报告（见表6—1），经驻地监理工程师审核并报建设单位批准后，方可进场施工。

第六章 施工管理

表 6—1　　　　　　　　　（单位）工程开工报告

工程名称		合同编号	
地铁里程		承包合同价	
计划开工日期		合同开工日期	
计划竣工日期		合同竣工日期	
计划工期		合同工期	

致项目监理部：

  我公司承担工程施工任务，现已完成开工前的各项准备，计划于　年　月　日开工，请审批。

  （说明：申请开工条件应明确施工组织设计方案、施工图预算、施工场地"三通一平"及施工人员配备等情况是否已安排妥当。）

承包商（章）：

负责人：

年　月　日

项目监理部审查意见：

项目监理部（章）：

总监理工程师：

年　月　日

建设单位项目部意见：	建设单位部门经理意见：	建设单位领导意见：
签名： 日期：	签名： 日期：	签名： 日期：

第四节　施工过程管理

6.4.1　进度控制

进度计划的制订是进度管理中的重点工作，计划订得好不好直接关系到后续各项工作能否顺利开展。为确保工期，施工单位应依据项目特点，结合其他专业的进度，分析影响工期的原因，制订切实可行的工程施工计划，并以施工进度计划为主制订其他计划，如劳动力和材料供应计划、机械设备需求计划、采购和租赁计划、质量控制计划、安全环保计划、资金供应与支付计划等。此外，施工单位还需详细审核施工图纸，做好现场定测工作，对施工难点、重点和关键项目成立攻关小组，研究施工方案，确保按期完成施工任务；合理组织、配备劳动力和施工机具，使工程形成以关键、重点工序为主的流水线作业，避免窝工、停工及误工现象；实时根据施工现场实际情况，分析进度滞后原因，及时修改和调整施工计划。

6.4.2　质量控制

施工质量是完成施工主体的关键环节，质量控制措施主要有以下几种：
(1) 供货质量控制

信号系统供应商已为合同范围内的所有设备、材料的设计、生产安装及测试建立了一套质量保证程序，施工单位从建设单位拿到施工合同后，供应商将给承包商提供两套与其责任相关的质量保证文件。

为使安装、调试工作完成并符合合同要求，遵循这些质量保证并在质量保证事务中与督导员紧密合作是承包商的责任。

承包商自行采购的设备、材料应严格按照《城市轨道交通信号施工质量验收规范》（GB 50578—2010）等城市轨道交通行业的相关规范、标准，进行采购、安装、测试和检验。

承包商自行采购的主要设备、材料应安排在设备生产地进行出厂检验。

(2) 安装培训与督导

为满足工程的需要,信号系统供应商技术人员需对施工技术骨干、主要技术工人进行信号设备施工质量技术要求、安装工艺、工具仪表使用、测试方法及安全规程培训,培训合格才准予上岗。培训包括理论培训和现场培训。在系统设备安装、调试全过程中,施工单位安装人员需认真接受系统供应商的督导,严格按照供应商督导人员的要求施工,保证安装质量。

(3) 设备定测

1) 定测前由施工单位负责联系轨道专业及负责基标的相关建设单位进行车站、区间的基标移交,为保证基标的准确性,应要求相关移交单位在移交时进行基标复测,并办理基标移交手续。

2) 设备的具体安装位置由系统集成商和施工单位一起进行定位,系统集成商对轨旁室外设备定位的数据和图纸负技术责任,施工单位负责组织定测并派出人员进行测量,需与其他相关单位协调事宜由施工单位负责办理。

(4) 首件定标

1) 所有分项工程均应在单位工程开工前进行首件定标。首件定标由施工单位组织并联系建设单位、驻地监理、设计单位和维修单位参加,经共同确定后,写入会议记录,必须依示范模式组织施工。

2) 施工单位按首件工程样板制,对全体施工人员进行"施工工艺技术标准"的交底,对关键环节的质量、工序、材料和环境进行验证,使施工工艺的质量控制符合标准化、规范化、制度化要求,并满足用户使用要求。

3) 施工单位应定期对现场安装设备进行检查,确保所安装设备与首件定标标准一致,不符合首件定标要求的须进行整改。为保证安装工艺的统一,应在安装督导指导下执行首件定标制。

(5) 安装质量控制

建立自检、互检制度,每个分项目或某个独立机构组织的施工都应指定质量负责人,负责落实这项工作。施工单位应严格按照信号系统供应商提供的安装指南、有关文件（手册）的规定以及施工图进行施工，安装过程必须留有质量记录，记录中应有检查项目和安装要求；同时对安装过程划分阶段，每个阶段都应有安装人和检查人签名，由驻地监理工程师检查后签名认可，才可进行下一阶段的安装。记录应一式两份，其格式和对工程阶段的划分应在施工组织计划中提出，取得建设单位认可后才能使用。施工过程中控制好人员、材料、机械、方法和环境五大因素是保证施工质量的关键，施工过程质量控制如图6—3所示。

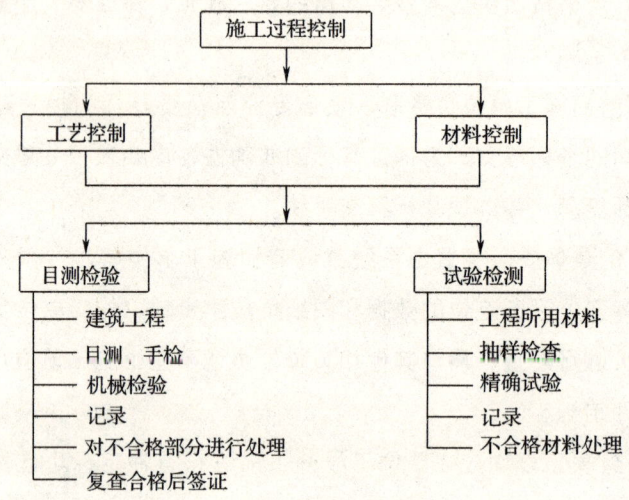

图6—3 施工过程质量控制

(6) 工艺控制

1) 严格执行国家、行业和建设单位制定的相关施工规范和验收标准。

2) 对全体施工人员进行"施工工艺技术标准"的交底，对关键环节的质量、工序、材料和环境进行验证，使施工工艺的质量控制符合标准化、规范化和制度化要求。

3) 严格工序管理，按照"工序质量控制流程图"（见图6—4）对施工工艺、工序交接和中间产品的质量进行控制，切实执行工班自检、工序互检和质检工程师专检的质量检查程序，发现问题按"四不放过"的原则，进行纠正和修补，保证不合格工序不转入下道工序。

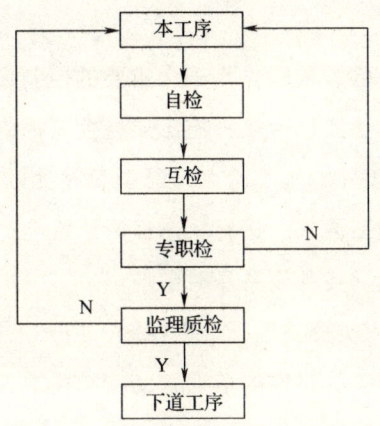

图 6—4 工序质量控制流程图

(7) 关键工序质量控制

1) 施工单位需确定关键工序范围,对每个关键工序制定对应的质量控制和质量保证措施。

2) 如果上道工序存在质量缺陷或隐患,不仅会使本工序质量达不到标准的要求,而且直接影响下道工序及后续工程的质量与安全,进而影响最终成品的质量。因此,在施工中要建立严格的交接班检查制度,每一道工序都必须坚持自检、互检,确保每道工序的质量。

(8) 隐蔽工程检查签证

1) 当施工负责人确认隐蔽工程达到检验程度后,严格进行自检,自检合格后,按规定格式填写隐蔽工程检查记录,于隐蔽前 48 小时通知监理工程师到现场进行检查,确认合格并签字后方可隐蔽。

2) 如监理工程师不能按时到场检查,施工负责人应将情况记入工程日志及检查证内,经监理工程师委托人确认合格后再行隐蔽,事后将隐蔽工程记录交监理工程师确认并签证。

3) 与设计资料差异较大的隐蔽工程,在通知监理工程师的同时,还应通知设计单位参加检查、签证。

4) 隐蔽工程应接受监理工程师随时抽查和重点检查,并提供必要的检查条件,不合格的工程按要求返工或修改,施工单位承担返工或修改的费用。

(9) 质量检验、试验

必须把加强质量检验、试验作为一个重要的控制环节,狠抓检验、试验的装备、程序和方法的落实,为工程施工质量控制提供良好的保障。

1) 根据本工程各工序的施工特点,配备包括兆欧表、接地电阻测试仪和光缆熔接机等满足施工要求、运行状态良好、性能可靠且数量充足的各项检测仪器、设备,并确保各种设备及时到场。

2) 对试验、检验人员资质进行严格控制,所有人员均应具有试验资质,并针对本工程特点进行有针对性的培训,使其掌握本工程所有检验、试验内容、程序、标准,经考核合格后方可上岗。

3) 过程检验、试验应按照施工设计图、施工规范、验收标准和技术标准(规程)进行。对新产品、新工艺和新材料中国家尚未颁布标准者,按供应商提供的技术条件和试验方法进行检验。

4) 细化各工序检验、试验流程,加强工序前、工序中和工序后的检验、检测,尤其对工程质量影响较大的关键工序和关键环节,从检测的人员、仪器设备、检验程序和方法等多方面进行控制,以确保工序质量合格。

(10) 质量缺陷修复

凡不符合国家和主管部门颁布的技术规范和技术要求、设计文件及本合同对工程质量要求的,均视为质量缺陷。施工单位无条件负责质量缺陷的修复工作,并确保修复后达到工程质量验收标准。

(11) 参考标准

根据ISO 9001"质量系统设计、开发、生产、安装和服务中的质量保证模型"实施质量保证。

6.4.3 安全控制

施工单位必须严格遵守国家、地方颁布的有关安全生产、环境保护及文明施工的规定,建设单位和驻地监理工程师应进行不定期检查;如果政府相关部门发现施工单位有违章施工或不符合文明施工的情况,应视问题的严重程度进行处置，甚至进行处罚，由此造成的一切损失由施工单位自行承担。

施工单位应指定安全生产及文明施工的责任人，并制定一整套安全生产和文明施工的规章制度。对特殊工程项目需采取特别安全防护措施，并事先报告驻地监理工程师和建设单位批准，否则不能动工。

施工承包单位需制定安全生产管理责任制，项目经理部负责夯实安全基础工作，深入开展职工安全意识教育。在施工生产中要切实做好安全隐患的预防和预控工作，配备必要的防护设备，不间断地举办不同形式的安全生产预防教育活动，提高职工自我安全防护意识，将安全隐患消灭在萌芽状态。

(1) 安全防护

1) 施工单位对安全防护的责任。在工程最终验收前的整个施工期内，施工单位必须制定并实施一切必要的措施，保证工程现场施工安全（包括施工单位和非施工单位的人员安全），维护工地正常生产、生活秩序。施工单位在签订合同协议书之日起30天内，必须拟制一份有关安全技术组织措施的书面报告递交驻地监理工程师批准。施工单位必须遵守国家颁布的有关安全规程，对于不符合我国法律、法规、安全规程及本合同规定的事故隐患，驻地监理工程师有权进行干预。如发生重大安全事故，施工单位必须在事故发生后立即通知驻地监理工程师及建设单位，并在48小时内向驻地监理工程师及建设单位递交事故报告，对事故承担责任，同时不应为此增加建设费用或延迟施工进度。

2) 劳动保护。凡属施工单位雇用的现场工作人员，施工单位必须根据作业种类和特点，遵照国家的相关法律法规，发给相应的劳保用品，包括安全帽、雨鞋、雨衣、工作服、手套、手灯、防尘面具和安全带等。

3) 防洪和气象灾害的防护。施工单位必须重视建设单位提供的水情和气象预报，一旦发现有可能危及工程安全和人身财产安全的洪水或气象灾害的预兆时，应立即采取有效的防洪和防止气象灾害的措施，以确保工程和人身财产的安全及保证工程按计划进行。

4) 安全防护标志

①施工单位应在施工工程区内设置一切必要的标志装置，这些标志装置

应包括（但不限于）标准的道路标志、报警标志、危险标志、控制标志、安全标志、指示标志。

②施工单位应负责维护自己和建设单位在工程区内放置的所有标志装置。

③若驻地监理工程师认为施工单位提供的标志系统不能有效地保证安全，施工单位必须按驻地监理工程师的要求补充、修改或更换标志系统。

5）安全防护规程。施工单位应根据国家颁布的安全规程，结合自己的实际编印通俗易懂的适合于本工程使用的安全防护规程袖珍手册。手册复制清样递交驻地监理工程师审批，印刷成的手册应分发给施工单位的全体职工以及建设单位和驻地监理单位的有关人员。安全防护规程手册的内容应包括(但不限于)：

①防护衣、安全帽、防护鞋袜及其他防护用品的使用。

②升降机和起重机的使用。

③钻机的使用。

④汽车驾驶和运输机械的使用。

⑤用电安全。

⑥金属结构安装作业的安全。

⑦机修作业的安全。

⑧高空作业的安全。

⑨焊接和涂漆作业的安全和防护。

⑩意外事故和火灾的救护程序。

⑪防洪和防气象灾害措施。

⑫标志和告警知识。

⑬其他有关规定。

6）安全会议和安全防护教育

①施工单位应在工程开工前组织有关人员学习安全防护规程，并进行安全作业的考试（包含笔试），考试合格的职工才准进入工作区工作。

②施工单位应定期举行安全会议，并指定有关管理人员、工长和安全员

参加。

③各作业班组在班前班后对该班的安全作业情况进行检查和总结，并及时处理安全作业中存在的问题。

④对于危险作业，施工单位应加强安全检查，建立专门的监督岗，并在危险作业区附近设置醒目的标志，以引起工作人员的注意。

(2) 环境保护

1) 施工单位必须遵守国家有关环境保护的法令。在合同规定的施工活动界限之外的植物施工单位必须尽力维持其原状。施工单位不得使有害物质(如燃料、酸等，以及超过允许量的有害气体、尘埃和弃渣等)污染土地。倘因破坏环境保护而导致经济损失或赔偿，施工单位应承担全部责任。

2) 施工单位应采取各种有效的保护措施

①施工单位应将工程弃渣料按规定分选，并运至施工单位选定的存弃渣场堆放，由于施工单位违反施工存弃渣规定而导致人身安全事故、环境破坏和经济损失的，应由施工单位承担全部责任。

②为保持施工区和生活区的环境卫生，必须及时清理垃圾，并将其运至施工单位选定的地点进行掩埋或焚烧处理。

③施工单位应在工地现场和生活区设置足够的临时卫生设施，并定期清扫处理。

④施工单位应对施工场地外附近的环境保护负责，施工场地内应设置洗车槽，供进场车辆出场时洗车使用。否则，由于车辆从施工场地带出泥土污染道路而被有关环保环卫部门处罚，其一切损失由施工单位负责。

⑤在工程完成后，除已征得驻地监理工程师同意不予拆除的设施外，施工单位必须按驻地监理工程师要求拆除一切必须拆除的施工临时设施和施工时的生活设施，拆除后的现场应彻底清理。凡建设单位决定不予拆除的设施，应由建设单位与施工单位协商解决。

(3) 文明施工

施工单位应当贯彻文明施工的要求，推行现代管理方法，科学组织施工，做好施工现场的各项管理工作。

1) 施工工地要求

①施工单位应当按照施工总平面布置图设置各项临时设施。堆放大宗材料、成品、半成品和机具设备时，不得侵占场内道路及安全防护等设施。

②施工现场必须设置明显的标牌，标明工程项目名称、建设单位、项目监理单位、施工单位、设计单位、项目经理和施工现场总代表人的姓名、开/竣工日期、施工许可证批准文号等。施工单位负责施工现场标牌的保护工作。

2) 施工用电、用水及防火要求

①施工现场的用电线路、用电设施的安装和使用必须符合安装规范和安全操作规程，并按照施工组织设计进行架设，严禁任意拉线接电。施工现场必须设有保证施工安全要求的夜间照明；危险潮湿场所的照明及手持照明灯具，必须采用符合安全要求的电压。

②施工单位应该保证施工现场道路畅通、排水良好的使用状态，保持场容场貌的整洁，随时清理建筑垃圾；在车辆、行人通行的地方施工时，应当设置沟井坎穴覆盖物和施工标志。

③施工单位应当严格依照《中华人民共和国消防条例》的规定，在施工现场建立和执行防火管理制度，设置符合消防要求的消防设施。使用易燃易爆器材时，施工单位应当采取特殊的消防安全措施。

3) 施工人员管理及防护要求

①施工现场的主要管理人员在施工现场应当佩戴证明其身份的证、卡。

②施工单位应当做好施工现场安全保卫工作，采取必要的防盗措施，在现场周边设立围护设施。施工现场在市区的，周围应当设置遮挡围拦，邻街的脚手架也应当设置相应的围护设施。非施工现场人员严禁进入施工区域。

③施工单位必须执行国家有关安全生产和劳动保护的法规，建立安全宣传制度，严格执行安全技术方案，施工现场的各种安全设施和劳动保护器具必须定期进行检查和维护，及时消除隐患，保证其安全有效。

4) 施工机具要求

①施工机械应当按照施工总平面布置图规定的位置和线路设置，不得任意侵占场内道路。

②施工机械进场必须经过安全检查，经检查合格的方能使用。

③施工机械操作人员必须建立机组责任制，并依照有关规定持证上岗，禁止无证人员操作。

6.4.4 投资控制

(1) 计量支付

施工单位应根据工程实际进展，分专业汇总施工量后提出《计量支付申请》。首先，由驻地监理工程师按照合同相关规定对《计量支付申请》审核、签字；然后，由各专业项目经理对驻地监理工程师审核过的《计量支付申请》进行再次复核、签字；最后，将签字完成的《计量支付申请》提交项目管理人员，项目管理人员负责支付并跟踪后续支付进展情况。

(2) 合同变更管理

1) 工程变更权限。合同履行期间，经建设单位批准，监理工程师可按照合同条款约定的变更程序向施工单位发出变更指令，施工单位应按照合同约定实施变更工作。没有经建设单位批准以及监理工程师发出的工程变更指令，施工单位应按照合同约定施工，无权对合同工程作出任何变更。

2) 工程变更内容。合同履行期间，建设单位可对合同工程或其任何部分的形式、质量或数量作出变更。发生下列情形之一，应按照规定进行变更。

①改变合同工程中任何工程数量。

②删减任何工作，但删减的工作不能转由建设单位或其他人实施。

③改变任何工作内容的性质、质量或其他特征。

④改变工程任何部分的标高、基线、位置和（或）尺寸。

⑤出现为完成永久工程所必需的任何额外工作。

⑥改变合同工程的施工时间和已批准的施工工艺或顺序。

对合同工程工期、质量标准等进行实质性变更的，应在作出变更前，与施工单位签订补充协议书，作为本合同的补充文件。

3) 工程变更程序。如果合同工程发生变更，合同双方当事人以及监理工程师、造价工程师应遵循工程变更的相关程序实施变更,变更的具体流程为:变更事项申请→变更通知单签发→工程签证管理。

部分变更流程如图6—5、图6—6、图6—7所示。

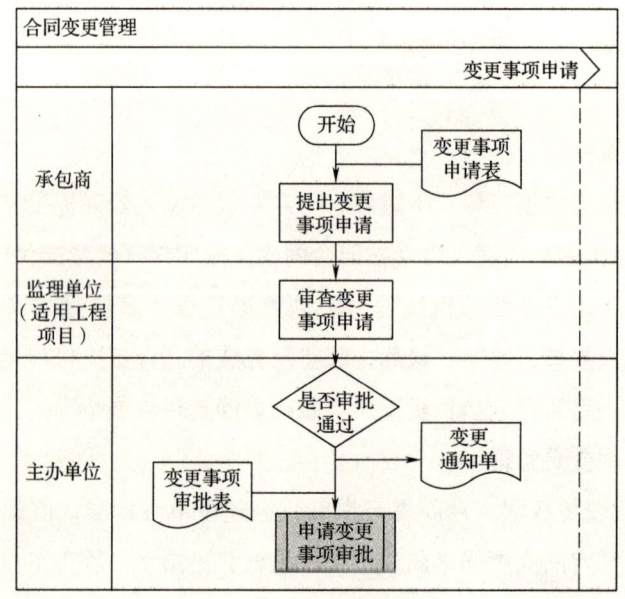

图6—5 变更事项申请

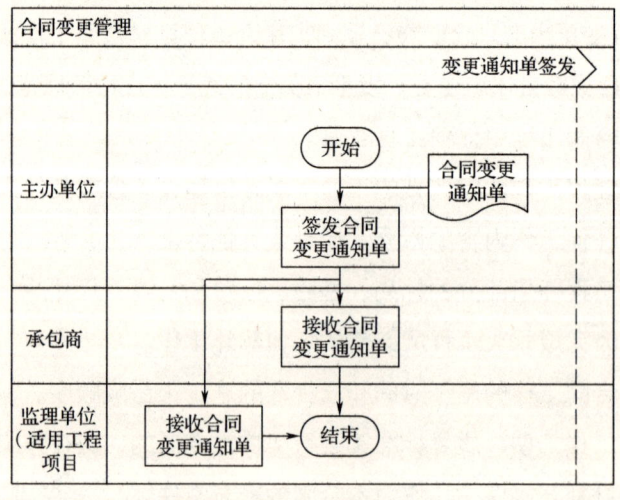

图6—6 变更通知单签发

第六章 施工管理

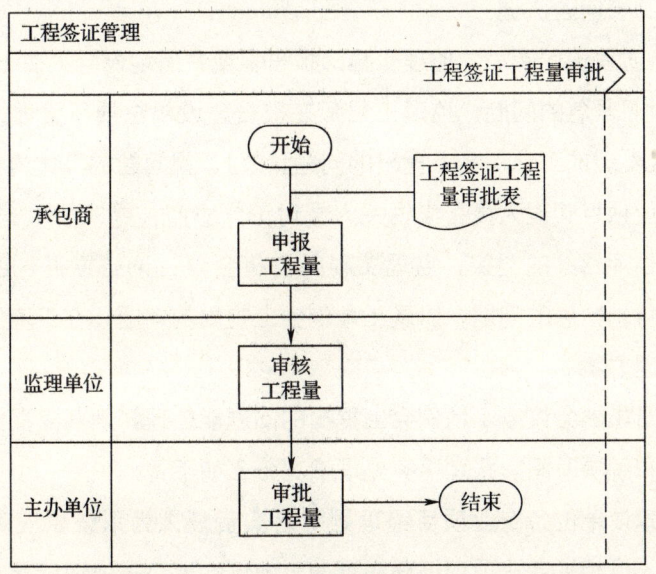

图 6—7 工程签证管理

6.4.5 施工配合

(1) 工地例会

1) 第一次工地例会由建设单位项目管理人员组织和主持。参加会议的单位为建设单位（各专业项目经理、维修部门）、设计单位、监理单位、施工单位和供应商。会议内容为：建设单位介绍参会各方人员、工程概况、安全质量工期要求以及对各单位工作要求等；监理单位介绍监理管理思路、监理大纲主要内容等；施工单位介绍工程初步实施计划、人员安排等。

2) 后续工地例会视工程进展每周或每两周召开一次，由驻地监理工程师组织和主持。参加人员原则上为第一次参加会议的各方。会议主要内容为检查上次例会提出问题的落实情况，汇报上一阶段的工作进展情况，提出并讨论需要协调、解决的问题，下一阶段的工作安排，指出各方工作中存在的问题，布置重要工作任务及相关事项。

(2) 工程问题协调

1) 各方发现问题后向监理工程师报告,或在工地例会上提出。

2) 对于紧急的问题,监理工程师在报告建设单位项目管理人员的同时(建设单位发现或工地例会上提出的问题除外),视问题的具体情况召集或建议建设单位项目管理人员召集相关人员讨论、协商,寻求解决、处理方案,由监理工程师召集的会议,监理工程师需将会议讨论结果报告项目管理人员;不是特别紧急的问题,以及工地例会上提出的问题,在工地例会上讨论解决、处理方案。

如在召集的会议或工地例会上提出的问题能处理,则落实责任人(单位或部门)和解决时间。跟踪落实处理情况分工如下:

①由建设单位各专业项目经理跟踪落实责任人为系统供应商的处理情况,责任人或相关专业项目经理在近期工地例会上汇报处理情况及结果。

②由监理工程师跟踪落实责任人为施工单位或其他系统(专业)施工单位、监理单位的处理情况,并在近期工地例会上汇报处理情况及结果。

③由建设单位项目管理人员负责落实并解决责任人为外专业建设单位或设计方的处理情况,并将处理结果及时通知相关各方。

6.4.6 监理管理

项目监理单位是指建设单位委托的具有相应资质的第三方机构,负责按照其与建设单位签订的监理服务合同及相关的行业规定,对项目实施的相应过程履行其相应的监理职责。原则上,工程建设项目需要考虑委托工程监理。现场监理工程师的主要职责为:

(1) 投资控制

1) 结合工程实际情况,制定投资控制的实施细则。

2) 审查施工单位提出的工程预算。

3) 负责工程预算和工程价款支付方面验工计价的检查、分析和动态管理。

4）及时向建设单位提出投资动态情况的报告，并提出监理意见。

(2) 进度控制

1）结合工程实际情况，制定进度控制的实施细则。

2）审查施工单位提交的施工进度计划。

3）建立工程进度控制监理日志。

4）参与工程进度的检查、分析和动态管理。

5）及时向建设单位提出工程进度动态情况的报告和保证工程进度方面的建议。

(3) 质量控制

1）结合工程实际情况，制定质量控制的实施细则。

2）审查施工单位提交的施工组织和技术措施方案。

3）监督并协助施工单位完善施工质量保证体系。

4）审查工程所用材料、器材、设备的质量检查和测试报告。

5）指导和检查现场质量检查员的工作。

6）参与分部、分项工程或单项工程的质量检查、初验及验收工作。

7）参与工程质量事故的分析和处理。

8）建立质量监理日志。

9）向建设单位提交工程质量动态情况的报告和改进工程质量方面的建议。

10）对完成的工程量进行检查认定，并对工程价款支付签署质量检查方面的意见。

(4) 合同和信息管理

1）加强合同观念，强化合同意识，弄清合同条款中的内容，以便准确合理地处理工程活动中发生的事件。

2）严格合同监督，以合同条款监督、检查工程质量、进度和工程价款的支付。

3）注意索赔管理，如发生违约事件时，应根据具体情况，结合合同条款，实事求是地对违约事件进行评价，从中找出索赔或反索赔的理由和条件。

4) 计算机辅助信息管理。

6.4.7 BIM 技术应用

工程建设引入 BIM（Building Information Modeling，建筑信息模型）技术及信息管理平台，为工程参建各方（监理、建设单位等）开展日常项目管理工作提供有力的辅助工具。在施工准备、施工进场、竣工验交等阶段，利用 BIM 技术进行施工管理。

(1) BIM 应用范围

1) 建立各专业设备、材料的 BIM 模型。

2) 利用项目管理软件，结合 BIM 模型及各专业、各工序的 WBS（工作分解结构）图，实现施工组织设计（含专项施工方案）的可视化，并可按照天、周、月、季度等对可视化施工组织设计进行细分，进一步保证施工组织设计的精细化及可执行性。

3) 利用 BIM 技术，搭建、维护施工人员区域管理系统，实现场内施工人员的作业区域控制、准入人员的授权、场内作业人员的数据统计等功能。

4) 利用 BIM 技术，开展施工阶段的安全管理、质量控制、进度控制（含投资）、验收整改和资料归集等工作。

5) 实现工程的一体化、数字化移交，移交内容包括但不限于设备及材料模型（含关联信息及资料）、信息管理平台、数据资料库、设备及材料模型库等。

(2) BIM 模型

BIM 模型可在项目规划、设计、施工和运营等阶段应用。如图 6—8 所示，通过工程建造阶段的施工模拟，在实际建造过程中实现计算机上的虚拟仿真，以便能及早发现工程中存在或者可能出现的问题。基于可视化、协调性、模拟性、优化性和可出图性五大特点，利用计算机模拟计算整个施工过程，理想状态是工程中的每个节点都能在这个数据模型中得以体现。BIM 系统构成如图 6—9 所示。

第六章 施工管理

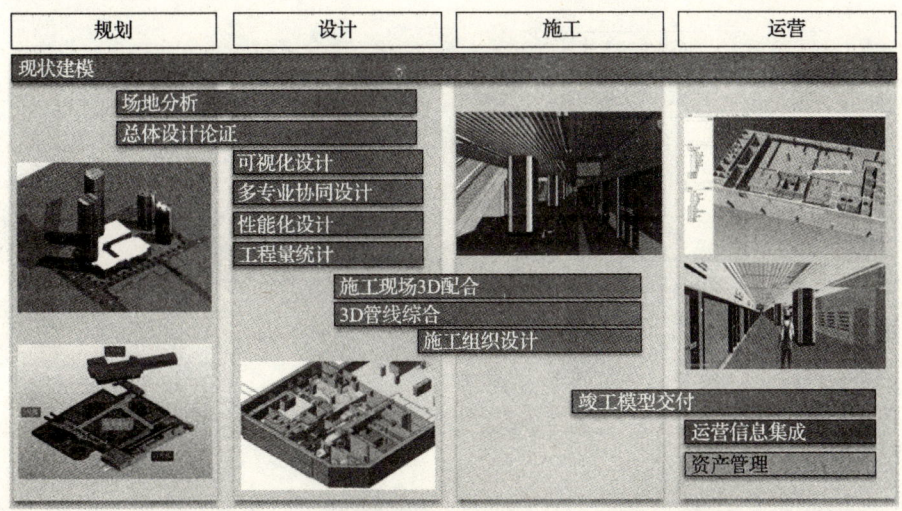

图 6—8　BIM 设计方案拓扑图

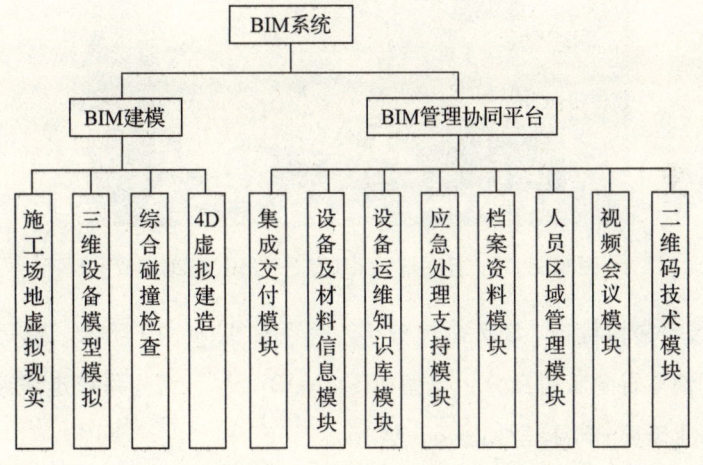

图 6—9　BIM 系统构成图

(3) BIM 建模

BIM 建模的一般步骤是：

1) 施工场地虚拟现实。

2) 三维设备模型模拟。利用 BIM 模型完成三维模型的深化设计，具有很强的可视性和操作性，如图 6—10、图 6—11 所示。

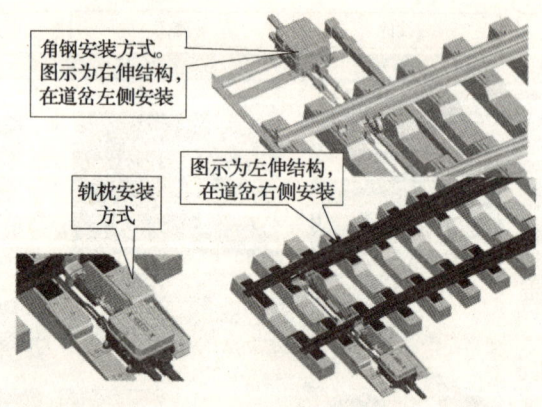

图 6—10 信号系统转辙设备安装方式三维模型

图 6—11 车控室信号系统信号工作站三维模型

3) 综合碰撞检查。BIM 碰撞分析流程图如图 6—12 所示。信号系统走线镀锌钢槽与导向牌碰撞分析模型如图 6—13 所示，信号系统走线镀锌钢槽与其他专业碰撞分析模型如图 6—14 所示。

4) 4D 虚拟建造。基于 BIM 的 4D 虚拟建造技术是将设计阶段所完成的 3D 建筑信息模型附加以时间的维度，架构 4D 模拟动画，在计算机上建立模型并借助于各种可视化设备对项目进行虚拟描述。主要目的是按照工程项目的施工计划模拟现实的建造过程，在虚拟的环境下发现施工过程中可能存在的问题和风险，并针对问题对模型和计划进行调整和修改，进而优化施工计划，如图 6—15 所示。即便发生了设计变更、施工图更改等情况，也能快速地对进度计划进行自动同步修改。

第六章 施工管理

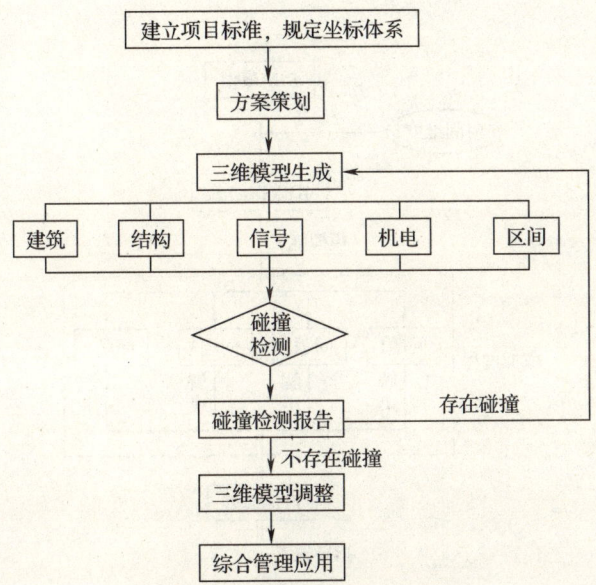

图 6—12 BIM 碰撞分析流程图

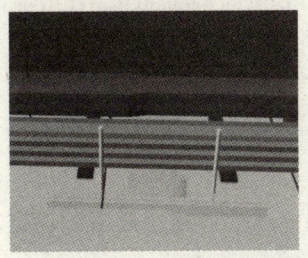

图 6—13 信号系统走线镀锌钢槽与导向牌碰撞分析模型

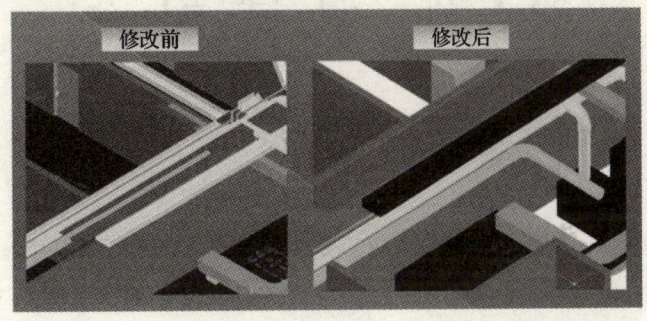

图 6—14 信号系统走线镀锌钢槽与其他专业碰撞分析模型

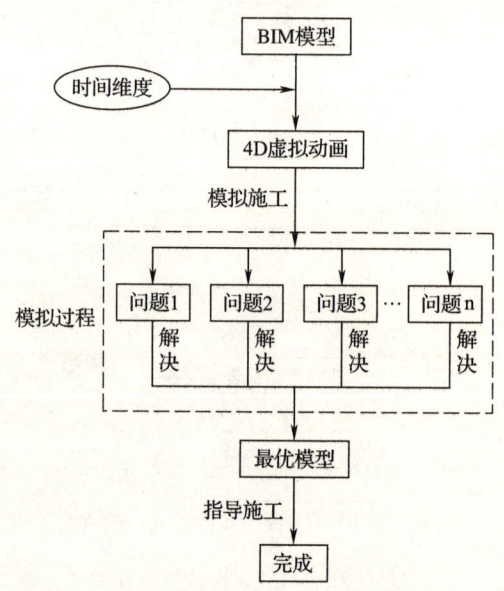

图6—15 基于BIM的4D虚拟建造技术施工计划优化模型

将修改后的三维建筑模型和优化过的四维虚拟建造动画展示给项目的施工人员,可以让施工人员直观了解项目的具体情况和整个施工过程,更深层次地理解设计意图和施工方案要求,减少因信息传达错误而给施工过程带来的问题,加快施工进度和提高项目建造质量,保证项目决策尽快执行。

第五节 调试配合

6.5.1 调试配合准备

依据建设单位制订的工期计划、施工进度及系统供应商调试计划,确定系统调试时间,前期做好调试配合计划,安排调试期间所需要的工程技术人员、施工用工机具及仪器仪表、施工车辆及通信工具。

6.5.2 调试配合人员配备

调试配合期间由施工单位项目部总工程师任组长,负责与监理工程师、调试组和厂家协调,分别抽调数量足够的、掌握各系统设备及联调技术的技术人员和安装技工组成调试配合组进行调试配合,保证各项调试按计划顺利完成。

人员按各子系统分成小组,根据施工计划和实际进度,全面配合系统供应商进行系统联调试验和与其他系统的接口(如车务、屏蔽门、防淹门等系统)功能试验。操作中应遵守各项规章制度。

6.5.3 调试配合机械配备

在调试期间配备足够且性能可靠的仪器仪表和通信工具,对调试过程中发现的设备质量及安装缺陷应及时采取纠正措施,以确保系统调试的顺利进行。

第六节 工 程 验 收

本节将重点阐述安装施工工程的验收。

在合同约定的工程内容已全部完工后,施工单位应及时向监理单位提请工程验收,监理单位应对工程验收的申请进行审核,审核的内容包括工程实体完成情况、工程质量验收情况、工程资料整理情况、性能检验结果、外观质量评价和工程实测实量结果;承包商应提供工程质量自评报告;监理单位应提供工程质量评估报告;设计单位应提供工程设计质量报告。工程验收分为验前检查、分项(分部)工程验收、单位(子单位)工程验收、开通和项目竣工验收,前一层次验收合格方可进行后一层次的验收。

6.6.1　验收分类

(1) 分部（分项）工程验收

按专业性质和工程部位将单位（子单位）工程划分为分部（分项）工程。如 AFC 专业按照安装的站点位置划分为分部（分项）工程，通信专业按照不同子专业划分为分部（分项）工程。

(2) 单位（子单位）工程验收

综合考虑设计、施工的独立性、关系全线的系统性和发包的经济合理性等因素将工程项目划分为单位（子单位）工程。

由建设单位验交委员会委派的专业验收组组长（副组长）主持新建线路单位（子单位）工程验收及实体移交。

6.6.2　施工验收依据

(1)《城市轨道交通信号工程施工质量验收规范》(GB 50578—2010)。
(2)《地下铁道工程施工及验收规范（2003 年版）》(GB 50299—1999)。
(3)《铁路信号工程施工质量验收标准》(TB 10419—2003)。
(4) 工程施工承包合同。
(5) 监理单位总监理工程师对竣工报告的签署意见。
(6) 经批准的项目建议书（如有）、可行性研究报告（如有）、立项报告。
(7) 经批准的设计文件（包括设计变更）、施工图纸及说明书。
(8) 设备技术说明书。
(9) 其他相关文件。

6.6.3　验收工作流程

详见图 6—16。

第六章 施工管理

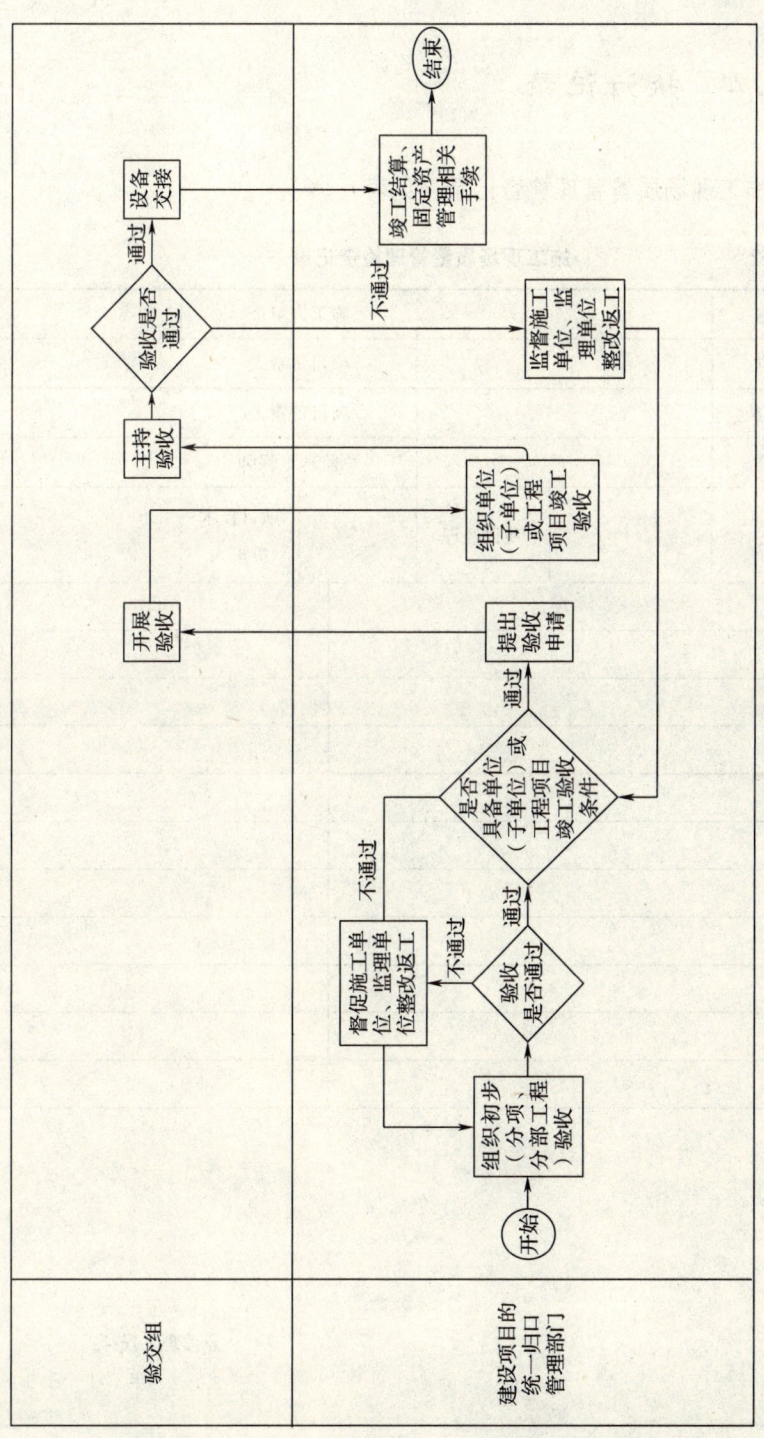

图6-16 工程验收流程图

6.6.4 执行记录

(1) 施工现场质量管理检查记录（见表6—2）。

表6—2　　　　　施工现场质量管理检查记录

工程名称			施工许可证	
建设单位			项目负责人	
设计单位			项目负责人	
监理单位			总监理工程师	
承包商		项目经理		项目技术负责人
序号	项目		内容	
1				
2				
3				
4				
5				
6				
7				
8				
9				
10				

检查结论：

总监理工程师
年　月　日

(2) 分部（分项）工程质量验收记录（见表 6—3）。

表 6—3　　　　　　　分部（分项）工程质量验收记录

分部（分项）工程名称						
承包商						
项目经理			项目技术负责人		项目质量负责人	
分包单位			分包单位负责人		分包技术负责人	
序号	分项工程名称		检验批数	承包商检查评定结果	监理单位验收结论	
1						
2						
3						
4						
5						
6						
7						
8						
质量控制资料						
安全和功能检验（检测）报告						
观感质量验收						
验收单位	分包单位		项目经理		年　月　日	
	承包商		项目经理		年　月　日	
	勘察单位		项目负责人		年　月　日	
	设计单位		项目负责人		年　月　日	
	监理单位		总监理工程师		年　月　日	

(3) 单位（子单位）工程质量验收记录（见表 6—4）。

表 6—4　　　　单位（子单位）工程质量验收记录

单位（子单位）工程名称						
承包商		项目技术负责人		开工日期		
项目经理		项目质量负责人		竣工日期		
序号	项目		验收记录		验收结论	
1	分部工程		共　分部，经查　分部符合标准及设计要求　分部			
2	质量控制资料核查		共　项，经审查符合要求　项经核定符合规范要求　项			
3	安全和主要使用功能核查及抽查结果		共核查　项，符合要求　项共抽查　项，符合要求　项经返工处理符合要求　项			
4	观感质量验收		共核查　项，符合要求　项不符合要求　项			
5	综合验收结论					
参加验收单位	建设单位		监理单位	承包商		设计单位
	（公章）		（公章）	（公章）		（公章）
	单位（项目）负责人		总监理工程师	单位负责人		单位（项目）负责人
	年　月　日		年　月　日	年　月　日		年　月　日

(4) 单位（子单位）工程质量控制资料核查记录（见表6—5）。

表6—5　　单位（子单位）工程质量控制资料核查记录

单位（子单位）工程名称		承包商		
序号	资料名称	份数	核查意见	核查人
1				
2				
3				
4				
5				
6				
7				
8				
9				
10				
11				
12				
13				

结论：

承包商项目经理　　　　　　　　　　　　年　月　日
总监理工程师　　　　　　　　　　　　　年　月　日

(5) 单位（子单位）工程安全和功能检验资料核查及主要功能抽查记录（见表 6—6）。

表 6—6　单位（子单位）工程安全和功能检验资料核查及主要功能抽查记录

单位（子单位）工程名称		承包商			
序号	安全和功能检查项目	份数	核查意见	抽查结果	核查（抽查）人
1					
2					
3					
4					
5					
6					
7					
8					
9					
10					
11					
12					
结论：					
		承包商项目经理　　　　　　　　　　　年　月　日 总监理工程师　　　　　　　　　　　　年　月　日				

(6) 单位（子单位）工程观感质量检查记录（见表6—7）。

表6—7　　　　　单位（子单位）工程观感质量检查记录

单位（子单位）工程名称		承包商			
序号	项目	抽查质量状况	质量评价		
			好	一般	差
1					
2					
3					
4					
5					
6					
7					
8					
9					
10					
11					
12					
13					
观感质量综合评价					

结论：

承包商项目经理　　　　　　　　　　年　月　日
总监理工程师　　　　　　　　　　　年　月　日

第七节 资产及竣工档案移交

6.7.1 资产移交

项目管理人员负责组织、督促施工单位及时进行各系统设备、材料的清点、移交工作,各专业负责人负责督促相关供应商、维修部参加设备材料清点、移交工作。

6.7.2 竣工档案移交

(1) 竣工档案检查、验收及接收

竣工档案检查、验收及接收划分为分部工程验收检查、子单位工程验前检查—单位工程验前检查、子单位工程竣工验收—单位工程竣工验收、竣工档案接收四个阶段。

1) 分部工程验收检查阶段。要对承包商进行项目文件整理检查指导,重点检查项目文件的收集情况,包括施工过程产生的项目施工文件、项目施工图、监理文件等文字材料和图纸资料的分类、排序、整理情况,案卷目录、卷内目录、档案移交目录册等的编制是否符合规范要求。根据现场检查情况填写检查整改意见,并向总公司办公室报备。

2) 子单位工程验前检查—单位工程验前检查阶段。要对竣工档案再次进行检查,重点检查竣工图纸是否符合归档要求,文件资料整理是否符合归档要求,并根据现场检查情况填写检查整改意见。

3) 子单位工程竣工验收—单位工程竣工验收阶段。重点对单位工程验前检查提出的整改意见进行检查,看是否已整改。

4) 竣工档案接收阶段。工程正式验收后三个月内,由承包商将竣工资料送至建设单位档案室,由档案人员对竣工资料进行全面清点、核查,在确认竣工档案完整、准确、系统后,由档案人员正式接收。竣工档案统一由建设单位档案室接收,任何人不得在验收现场接收竣工档案。

(2) 竣工文件的组成

竣工文件要求书面文件一式五套(其中一套交地方城市建设档案馆、四套交建设单位用于竣工归档),并同步提供与书面文件内容一致的电子文件,另需提交三套竣工图用于建设单位现场维护使用。

竣工文件的组成如下:

1) 竣工图。

2) 施工管理验收记录,包括但不限于:

① 开工报告。

② 施工组织设计与审批。

③ 施工许可证。

④ 承包商资质证书。

⑤ 施工图会审记录。

⑥ 设计变更通知。

⑦ 设计技术交底记录。

⑧ 验收评定资料。

⑨ 重要会议纪要。

⑩ 施工日志(只要 1 套)。

⑪ 工程总结。

3) 安装测试记录。

4) 隐蔽工程施工记录。

5) 设备缺陷处理记录。

6) 已完成工程量清单。

7) 故障考核记录。

8) 由承包商负责提供的设备材料合格证、产地证明和检测报告等。

9) 固定资产设备移交清单。

(3) 竣工文件的内容和整理要求

竣工文件的内容和整理应符合《文书档案案卷格式》（GB/T 9705—2008）中科学技术档案案卷构成的一般要求和《技术制图 复制图的折叠方法》（GB/T 10609.3—2009）、《建设项目（工程）档案验收办法》（国档发〔1992〕8号）、《国家重大建设项目文件归档要求与档案整理规范》（DA/T 28—2002）、《建设部关于修改〈城市建设档案管理规定〉的决定》（建设部令第90号）的要求。承包商须整理、移交建设项目中产生的电子文件（最终版本），编制、移交建设项目竣工图电子文件。

(4) 竣工档案内容

1) 现场检查验收内容（由档案资料验收组实施）

①检查移交目录册。重点检查归档内容与建设项目竣工档案归档文件范围及要求的符合性，检查档案的真实性、完整性、竣工图的准确性。

②主要检查内容。包括：各类报批文件，反映项目建设概况的文件材料，原材料和构件质量保证书，试验技术文件，反映工程变更设计的材料，工程测量定位记录，隐蔽工程验收记录，混凝土和砂浆试块报告，设备安装、调试、试运行记录。检查竣工图与变更通知单：检查竣工图纸是否齐全（与原图目录对照）、准确（与实体是否相符）；设计变更是否已在竣工图上反映；各种印章包括设计院的出图章、建设单位审图章、设计咨询章、竣工图章是否齐全；是否有设计院盖章确认的变更通知单汇总表，根据汇总表检查变更通知单是否齐全。

2) 接收阶段检查内容

①检查移交目录册。移交目录册由档案封面、轨道交通工程档案概况表、档案移交书、档案质量审核表、竣工资料审查意见单、案卷目录、全部案卷的卷内目录、案卷备考表组成。

②主要检查内容。包括：检查案卷目录、卷内目录、备考表、案卷封面是否符合档案标准，检查所有案卷是否与案卷目录相符，检查文字案卷是否符合质量要求，检查图纸案卷是否符合质量要求，清点、核查、交接所有竣工档案。

第八节 合同结算

结算全称为建设工程价款结算,是指对建设工程的合同价款进行约定和依据合同约定进行工程预付款、进度款和竣工价款结算的活动。财政性投资合同的结算须通过财政评审以确定合同最终价款,合同完成结算后不得进行任何合同变更。

6.8.1 送审的前提条件

(1) 完成合同项下所有工程的要求并签发竣工验收报告。

(2) 完成合同所有变更及补充协议的签订工作,合同双方对合同价款不存在争议。

(3) 分段结算项目已完成合同拆分及相应的合同变更,且已拆分的送审项目达到上述两点要求。

6.8.2 送审的文件要求

(1) 送审文件

包括结算电子文件一式一份,结算材料一式一份,预受理申请一式两份,送审材料清单一式两份,结算书一式八份(建设单位代理合同一式九份)。除结算材料外,其他文件均为原件。

(2) 结算材料

包括:合同文件、工程竣工图纸及其电子文档、招标文件、投标文件、中标通知书、工程开工报告、竣工验收报告、工程设计变更、工程签证、工程量计算书(含钢筋抽料表)及其电子文档、工程预(概)算批复文件、相关资金安排(批复)文件、招标图、图纸会审记录、工程洽商记录、监理合同、监理工程师通知或发包人施工指令、会议纪要、材料及设备单价呈批审核单、综合单价呈批审核单及其电子文件、甲供材料证明、施工组织设计、工程地质勘察报告及水文资料、城建档案、工期逾期情况说明、合同条款修改说明、隐蔽工程验收记录、工程质量验收评定证书、涉及税金等调整的工程款支付明细、其他结算资料、合同情况说明（如有）以及合同执行过程中与商务相关的会议纪要或文件。

(3) 建设单位的送审文件

包括结算材料、送审材料清单、结算书（中心审定部分）和预受理申请表（项目建设单位部分）等。

(4) 建设单位预结算专用章的送审文件

包括结算书、预受理申请表（项目主管单位部分）和定案表等。

本 章 小 结

施工管理是对施工项目进行全方位、有效的掌握控制。要求项目管理者对项目施工的质量、安全、进度、成本和文明施工等，纳入正规化、标准化管理，这样才能使施工项目各项工作有条不紊、顺利地进行。项目的成功管理不仅对项目、对施工承包企业能产生良好经济效益，也会对国家产生良好的社会效益。成功的管理能促进项目发展，还能推进施工管理不断优化。

第七章 调试和试运行管理

第一节 调试和试运行管理概述

在信号系统室内、外设备安装基本完成后,将进入信号系统现场调试阶段,这是对信号系统性能和功能的一次全面检查。信号系统调试的目的是测试、调整系统设备的相关参数,试验、考核、确认系统/设备的各种状态,使系统的性能和功能满足功能规格书的要求,以确保信号系统在运营期内能正常工作和满足正常运营的需求。

7.1.1 信号系统设备现场调试的主要工作内容和流程

信号系统的现场调试地点通常在列车上、轨旁、车站和控制中心。图7—1所示为信号各子系统设备的安装位置和功能连接关系示意图。

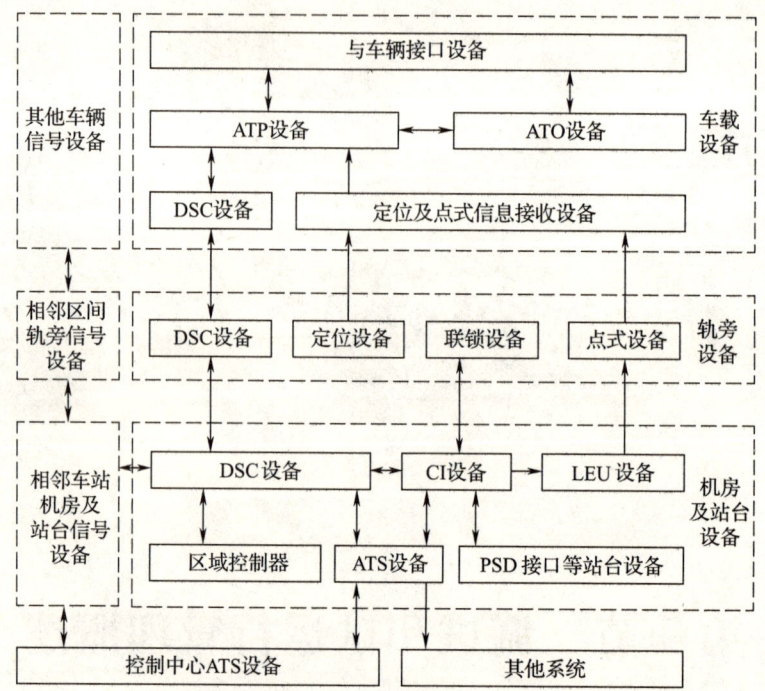

图 7—1 信号各子系统设备的安装位置和功能连接关系示意图

(1) 信号系统设备现场调试内容

1) 信号系统车载设备调试。信号系统车载设备中包含 ATO 计算机、ATP 计算机、DCS 机架、信号与车辆接口模块等设备,其调试过程可分为静态调试和动态调试。静态调试除需完成信号系统车载设备的静态测试外,还要对信号系统与车辆设备接口之间的联动功能进行测试。动态调试需要相关设备模拟调试,在车载设备的静态调试完成后进行。通常先在试车线进行动态调试,之后到正线针对某一种列车控制模式进行单车调试。动车调试的第一步是对现场设备(主要是信标)和车载电子地图进行核对,并同步完成有源信标码位与信号机显示一致性的核对,之后进行点式 ATP 控制模式的调试。在 DCS 子系统设备调试完成后,再进行 CBTC 模式的调试,最后进行 ATO 功能的调试。

2) 信号系统车站和轨旁设备调试。信号系统车站和轨旁设备通常先进行单体设备的调试,即对每一种类的每一件设备进行详细、全面的调试,之后对各子系统的设备进行调试,最后进行系统设备的调试和系统间联合调试。单体设备的调试工作通常随安装进度进行。送电调试前,首先完成机房电源设备的调试,然后对机房内的各子系统设备送电进行模拟调试,同时对轨旁设备进行单送电模拟调试;在机房设备模拟调试完成后,通过机房设备对轨旁设备进行送电调试。站台设备的调试根据安装进度,采取与轨旁设备调试相同的方式进行。

信号系统轨旁设备的调试工作,应首先完成 CI 设备和点式 ATP 设备的调试,以便列车可以根据信号指示进行点式 ATP 功能的相关试验(非信号系统的试验可采取区间封闭、不看信号指示的方式进行),开始进行动车调试。控制中心 ATS 设备的调试分为单体调试、系统调试和系统间联调。系统调试通常随动车调试过程完成。

3)综合联调和试运行。综合联调和试运行是工程建设的重要组成部分,采用实际运营列车或检测列车,对列车运行过程中各个系统的状态、性能、功能和系统间匹配等进行综合测试、验证、调整、优化,使系统整体达到设计要求。在试验过程中,要对轨道交通各设备系统的工作状态、性能、功能以及系统之间的接口功能进行综合性测试。在试验中发现问题应及时调整、优化并再次验证,从而使系统的整体性能和功能都达到设计要求,确保能够正常投入使用。综合联调的内容主要包括对轨道、接触轨/网、电力、通信、信号、环控和屏蔽门等设备系统的调试及联合调试。

(2)信号系统设备现场调试流程

图 7—2 所示为信号系统设备现场调试主要流程。各工程受现场环境限制,调试的先后顺序会有相应调整,部分设备可以通过模拟的方式缓后再进行调试。由于 DCS 子系统的调试完成时间通常较晚,所以通常是首先完成作为后备模式的点式 ATP 功能的调试工作,再进行 CBTC 功能的调试。ATS 的系统调试通常是与正线的动车调试工作同步完成。各车站 ATS 子系统的一部分功能的调试工作与联锁系统的模拟调试同步完成,其余功能的调试工作在 CBTC 系统调试过程中完成。

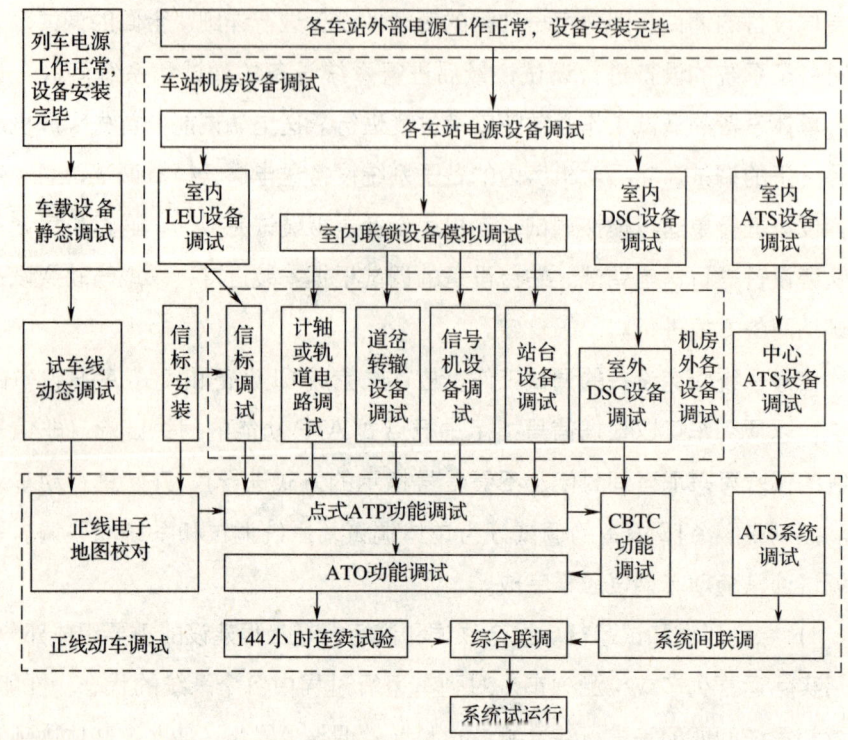

图 7—2　信号系统设备现场调试主要流程

从图 7—2 中可以看到，所有的调试工作都需要在设备安装完毕且外部电源工作正常后开始。现场设备的安装工作是完成现场调试的前提。信标设备在安装完毕后不需要进行单体设备的调试，直接进入动车调试阶段与电子地图进行核对。因此，信号设备供应商和集成商须十分重视安装前的定测、安装过程的督导、安装后的检查与测量等相关工作。这些与安装密切相关的工作已经成为现场调试工作的重要组成部分。

7.1.2　信号系统设备现场调试工作的步骤

根据现场调试人员的实际工作过程，本书提出广义上的现场调试工作概念，将调试人员的现场工作分为现场定测、安装督导、检查与测量、测试与调试、设备试运行五个步骤，如图 7—3 所示。

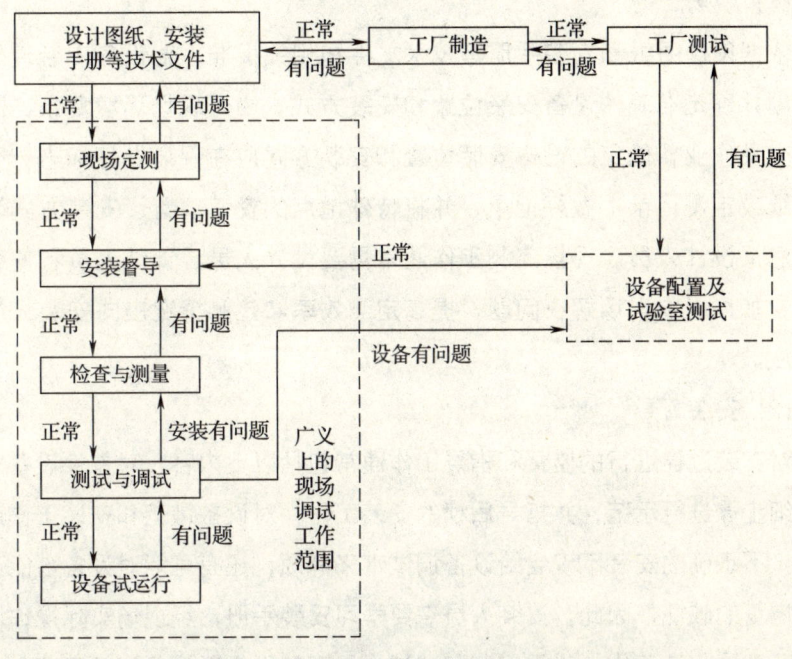

图 7—3　信号系统设备现场调试工作的步骤

这五个步骤对调试人员的知识和技能有不同的要求，故参加调试的人员可能会有所不同。调试组织者应安排好调试人员之间的交接，将前一道工序中发现的问题、处理的过程及可能的影响向下一道工序的调试人员说明。每个子系统都需要进行这五个步骤的现场调试后才能交付使用。对安装要求不是太严格的设备，在实际现场调试过程中可以简化个别步骤，但对于整个信号系统或子系统来说，这五个步骤是必不可少的。现场定测是设备现场安装前的第一步，需要输入设计图纸、安装手册等技术文件。工厂的设备制造和测试也需要有相关的技术文件输入。设备到货检查合格是现场设备安装前的一个必要输入。现场调试人员要了解设备的包装和运输情况，完成设备的到货检查和开箱检验工作，部分设备在到货后还需要由调试人员对其进行数据配置或在试验室进行详细测试。工厂和现场的各项工作，如果在某一步骤发现问题，则需追溯到上一步骤，只有正常完成一个步骤后才能开始下一步骤。

信号系统设备现场调试工作各主要步骤的相关内容如下：

(1) 现场定测

依据设计图纸和安装手册等技术文件和相关标准，对设备安装现场进行踏勘并确定准确的设备安装位置和安装方式。由于现场环境复杂，而且存在交叉作业，确定的设备安装位置和安装方式应在现场做好标志；同时在图纸或定测记录上做好记录，并将特殊地点的安装位置、安装方式等相关信息报设计人员。现场定测工作通常需要设计人员、调试人员和安装人员等参加，以便现场解决问题，提高定测效率。定测情况应向安装人员现场交底。

(2) 安装督导

对安装过程进行的监督和指导工作通常包括以下内容：对首件设备安装的详细步骤进行示范，并指导后续的安装工作；对设备搬运和安装工作进行监督。不正确的安装不仅会给设备调试带来麻烦，还有可能对设备性能造成不可恢复的破坏，因此，安装人员需要学习安装手册，经现场实际操作培训后方可开展安装工作。对于安装和调试人员不熟悉的新设备和新工艺，应由设备供应商到现场进行跟踪培训，并根据现场实际环境确定安装方案。督导工作应确保施工安装符合设备的相关技术要求，严格规范设备的安装工艺；应将设备的布置原理介绍给施工单位人员，使施工单位人员充分了解设备的现场安装技术要求；结合现场环境条件制定具有针对性的施工组织方案，报相关单位审批后再执行，以杜绝返工现象，缩短安装和调试时间。针对现场安装中出现的特殊难点，应协调各方的技术专家共同确定可行的技术方案，并对安装的工序、工艺进行重点监督。

(3) 检查与测量

依据设计图纸、定测纪要，以及相关的技术文件和标准等，对设备安装完毕的状况进行检查和测量，以确保设备能够在送电后正常运行。检查内容通常包括设备外观、安装环境、设备紧固件是否齐全且全部紧固、配线完成情况、安装辅材是否符合技术要求等。发现不符合相关技术文件和规范要求的现象，应立即提出整改，并将出现问题的原因告知所有安装人员，避免再次出现类似问题。测量是指在设备送电前对准确度要求高的设备的相关数据,如螺栓紧固程度(天线馈线等设备的紧固程度有明确的扭力数值上下限要求)、光缆熔接后的详细参数、配线的正确程度、设备间距离等进行复核。

(4) 测试和调试

这是狭义上的现场调试的主要内容。测试是对设计的功能和技术参数在现场安装后的验证与确认;调试则是对存在的问题进行处理的过程,解决现场安装完毕后测试参数与设计要求不一致的各种问题,以使设备正常运行。这个步骤需要对设备安装完成的电气部分技术参数(如设备送电前电源状况、设备绝缘状况、设备运行状况等)进行复核,要按照详细的功能列表进行逐项测试、记录,以确定现场安装过程的正确性和设计参数与现场情况的符合程度;对未达到设计要求的参数,应进行现场调整并再次进行测试。信号系统车载设备的动态测试中,ATP功能测试是基础内容之一,在对现场安装后的各种数据变化详细情况进行记录后报设计人员,由其确认是否符合设计要求和使用要求。在本步骤如果发现设备安装有问题,则返回安装检查与测量步骤处理;如果是设备有问题,则返回设备配置及试验室测试步骤或由工厂处理。

(5) 设备试运行

本步骤通常在各项测试数据正常后进行。测试工作毕竟是在模拟或部分模拟条件下进行的,要准确地验证并确认所有设计功能都能够在现场的真实环境中实现,只有进行试运行工作。调试人员在设备试运行过程中需要详细测试和记录相关数据,并对数据进行分析和比对,对不能满足设计要求的设备进行重新测试和调试。此阶段包括多列车追踪运行、通信列车和非通信列车同时在线运行等行车组织方面的调试内容。

第二节 调试计划编制和调试组织

调试计划是在调试具体工作分解结构的基础上,对各种调试活动按照时间顺序进行的有组织的排列,计划必须明确调试活动的开始日期、结束日期和需要的工期。制订调试计划的目的是控制信号系统调试的实施时间，使调试项目在可控的范围内完成。

调试计划的作用是实现科学管理、量化管理，方便调试管理人员对调试项目的进展进行分析、控制和变更，为监控调试的进展情况提供一个可分析的基础。在开始制订计划前，首先需对信号系统调试的各个阶段的要求和任务做到心中有数，了解各工程信号系统调试的特点。

7.2.1 信号系统调试特点及调试计划编制策略

(1) 信号系统调试的特点

1) 专业重要性。信号系统是城市轨道交通线路的关键系统，与土建、电力、车辆和通信等专业并列，信号系统能否正常使用，直接影响整条线路能否投入运营。

2) 牵涉面广、前提条件多。信号系统的安装受制于土建专业，而动车调试又受制于电力、车辆和通信专业，调试工作必须依赖其他几个专业，因此在时间上成为各大专业中的最后一个专业，可称其为关门专业，更突显其重要性。

3) 调试时间长。为满足运营需求，信号系统功能纷繁复杂，每一条进路、每一个指令都要测试到，且往往需要列车配合，再加上庞大的系统结构，这就需要较长的测试时间。

4) 安全要求高。信号系统的安全可靠性直接影响列车的运行安全，因此信号系统调试工作要求非常严格，必须按照调试大纲要求进行，不得有半点马虎。

若是延伸线工程，更增加了系统调试的难度：由于既有线路为运营线路，牵涉既有线路终端站和控制中心设备的调试必须在非运营时段进行，并且调试完成后必须将既有线路恢复到第二天正常运营状态，调试时间受限。既有线路随着运营年限的增加，车辆性能的一致性一般较差，这为ATO停车精度的调试增加了难度。

(2) 信号系统调试计划编制策略

在编制信号系统调试计划时，应针对以上信号系统调试的特点，采取相应的策略来编制合理可行的信号系统调试计划。

1) 要立足于项目实施中能够持续控制调整，最大限度地调动各方积极性，便于沟通协调，利于工期、资源、费用、质量等目标的实现。

2) 对项目进行详细分解，根据工作任务的特点确定安装调试顺序，突出关键工作和首要任务，满足质量和安全的需要。由于信号系统动车调试工作制约条件多、牵涉面广，在此关键工作上要着重标出，并做出明确提示。

3) 计算工作量，确定工作任务的持续时间，同时根据以前或类似的经验，结合外界条件，加以分析对比和必要修正，最后确认。根据正线调试时的工作经验，与施工单位协商，把握安装工作的结束时间，确定每个车站调试时间的始末，安排人员进场调试时间。

4) 注意各项工作的开始和完成时间，做好相互间的搭接协调关系，要做到保证重点、兼顾一般、连续均衡的工作要求，使资源得到充分利用，并留出一些后备工作任务，以便在施工过程中平衡调剂使用，同时全面考虑各种不利条件的限制和影响，为缓解或消除不利影响做好准备。例如，对于不受土建施工进度影响的作业任务可以提前进行，将正线终端站改造任务放在现场具备安装条件前进行，减少其对后期关键工作的影响。

7.2.2 信号系统调试计划的编制

为适应信号系统的调试，管理调试整体进度，一般采用 Project 或 Excel 编制调试计划表，充分开展计划倒排，主要包含时间、任务节点的安排和衔接等。按照信号系统设备的调试流程，信号系统调试可分为三大部分：第一部分是车载设备调试，验证车载信号系统设备功能、信号和列车接口功能等；第二部分是车站、轨旁设备及子系统集成调试，验证车站和轨旁各子系统功能、进行系统集成测试等；第三部分是系统验收测试，即系统间综合联调联试，用于验证整个系统的功能、性能及运行，包括降级模式。

(1) 信号系统车载设备调试计划

信号车载设备调试一般分为静态调试和动态调试。根据以往项目经验，首两列列车由于车辆供应商的车辆设计、配线等尚未定型，信号系统车载设备静态调试时间会比较长，大概需要 1 个月的时间。随着后续车辆设计、配线的定型，信号系统车载设备静态调试时间会相应缩短，到第 6、7 列列车后车载设备的静态调试大概需要 3 天时间。车载设备静态调试完成后可以开始车载设备动态调试，主要是列车在试车线上动车测试车载设备功能并验证与车辆接口功能，通常首列列车测试内容较多，用时约 10 天，其他列车每列用时约 4 天。所有列车在完成试车线动态调试后，还需在正线系统调试并进行最后验收测试，该测试可结合系统功能综合联调同步进行。

值得注意的是，列车的静态调试计划需要根据车辆供应商完成车辆生产和安装的进度制订和调整，列车在试车线上开展动态调试前，需先完成车辆预验收，以确保车辆性能达到车辆制造的设计标准，因此调试计划要与车辆自身的安装、调试计划进行衔接和匹配。

例如，某地铁工程在 2016 年 12 月 28 日开通运营前需要完成 18 列列车的信号调试，才能具备上线运营条件，因此 8 月份就需要开展正线信号系统动车调试，车载设备调试计划可参考表 7—1。

表 7—1　　　　　　　　车载设备调试计划

序号	任务名称	工期	开始时间	完成时间	前置任务
	车载静态调试		2016.05.01	2016.11.06	
1	第 1 列列车	30 天	2016.05.01	2016.05.30	车载设备安装完成
2	第 2、3 列列车	20 天	2016.06.16	2016.07.05	车载设备安装完成
3	第 4、5 列列车	10 天	2016.07.18	2016.07.27	车载设备安装完成
4	第 6、7 列列车	6 天	2016.08.06	2016.08.11	车载设备安装完成
5	第 8、9 列列车	6 天	2016.08.20	2016.08.25	车载设备安装完成
6	第 10、11 列列车	6 天	2016.09.03	2016.09.08	车载设备安装完成
7	第 12、13 列列车	6 天	2016.09.17	2016.09.22	车载设备安装完成
8	第 14、15 列列车	6 天	2016.10.08	2016.10.13	车载设备安装完成
9	第 16、17 列列车	6 天	2016.10.22	2016.10.27	车载设备安装完成

第七章　调试和试运行管理

续表

序号	任务名称	工期	开始时间	完成时间	前置任务
10	第18列列车	3天	2016.11.04	2016.11.06	车载设备安装完成
	试车线上动态调试		2016.06.01	2016.11.10	
11	第1列列车	15天	2016.06.01	2016.06.15	1，车辆完成预验收
12	第2、3列列车	12天	2016.07.06	2016.07.17	2，11，车辆完成预验收
13	第4、5列列车	8天	2016.07.29	2016.08.05	3，12，车辆完成预验收
14	第6、7列列车	8天	2016.08.12	2016.08.19	4，13，车辆完成预验收
15	第8、9列列车	8天	2016.08.26	2016.09.02	5，14，车辆完成预验收
16	第10、11列列车	8天	2016.09.09	2016.09.16	6，15，车辆完成预验收
17	第12、13列列车	8天	2016.09.23	2016.09.30	7，16，车辆完成预验收
18	第14、15列列车	8天	2016.10.14	2016.10.21	8，17，车辆完成预验收
19	第16、17列列车	8天	2016.10.27	2016.11.03	9，18，车辆完成预验收
20	第18列列车	4天	2016.11.07	2016.11.10	10，19，车辆完成预验收

（2）车站、轨旁设备及系统集成调试计划

该阶段在信号系统设备安装后进行，主要进行室内外设备静态测试、室内外一致性测试和动态集成测试，其中，动态集成测试又属于信号系统关键测试项，耗时较长。根据某信号系统供应商的调试经验，设备安装检查、室内外设备静态测试、室内外一致性测试、内部接口测试及联锁功能测试等需要约30天；动态集成测试包括轨旁数据库校核、无线覆盖测试、系统功能集成测试等动车测试，需要约80天。某信号系统供应商编制的该阶段调试计划如图7—4所示。

（3）系统验收测试计划

该阶段测试用于验证系统的功能、性能，是系统调试的最后一部分，此阶段主要包括ATC子系统验收测试、ATS子系统验收测试、维护支持子系统验收测试、系统运行及性能验收测试、特殊场景的故障处理方式测试等。根据不同项目的测试内容及安排，通常该阶段的测试时间约为20天。某地铁工程信号项目系统验收测试计划见表7—2。

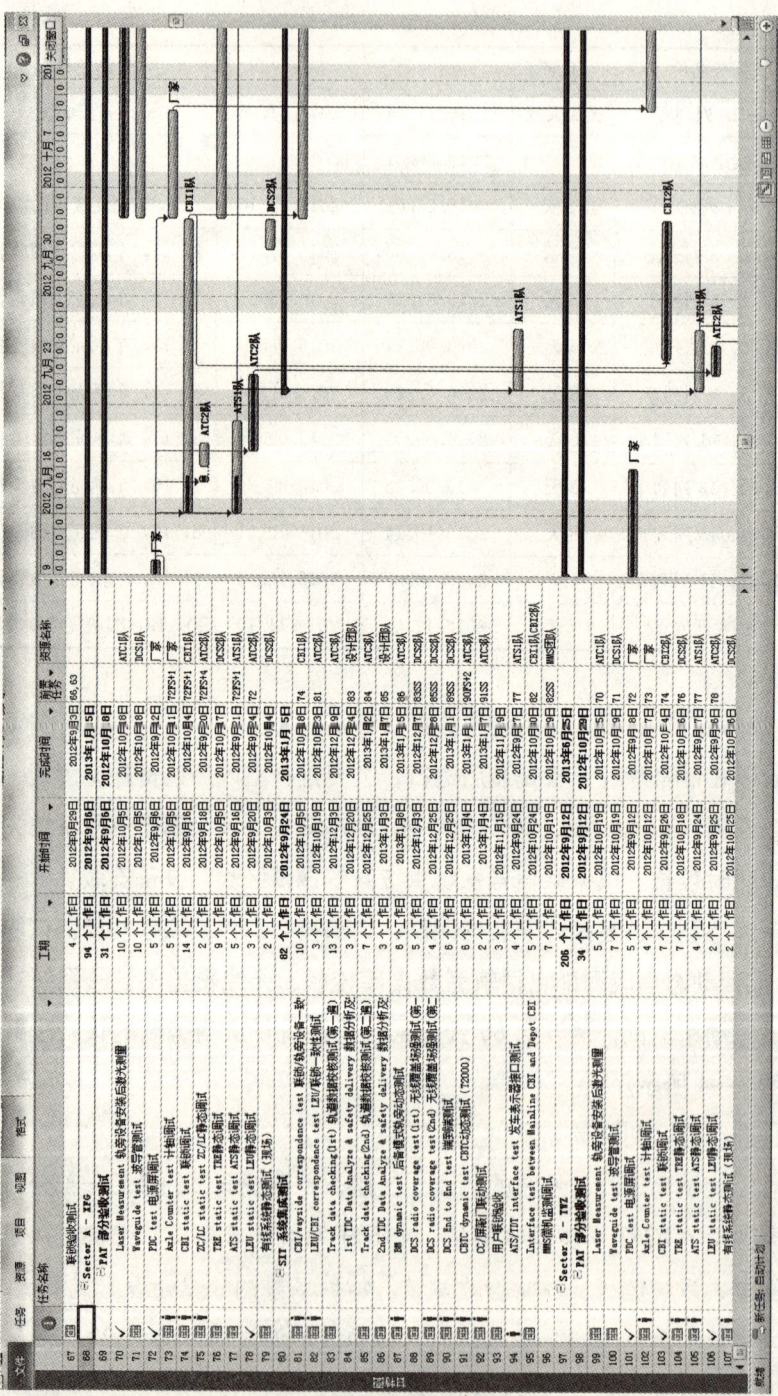

图 7-4 车站、轨旁设备及系统集成调试计划

表 7—2　　　　　　　　系统验收测试计划

任务名称	工期	开始时间	完成时间	资源名称
ATS 功能验收测试	8 个工作日	2013.6.27	2013.7.8	ATS1 队，ATS2 队
ATC 功能验收测试	7 个工作日	2013.6.26	2013.7.4	ATC 团队
系统运行及性能测试	5 个工作日	2013.7.10	2013.7.16	全部团队

7.2.3　信号系统调试组织安排

(1) 调试组织架构及各单位工作职责

1) 调试组织架构。为高质量、高效率地进行信号系统调试工作，完成信号系统建设任务，顺利实现开通目标，信号系统调试工作通常由建设单位建设管理部门牵头组织实施，组织架构由建设单位其他相关部门、信号系统供应商、信号系统设计单位、监理单位和施工单位等多家参建单位、部门共同组成。同时设立信号系统调试领导小组和调试工作小组、现场调试小组和调试配合组，明确责任，分工负责，保障信号系统调试工作的有序开展。组织架构如图 7—5 所示。

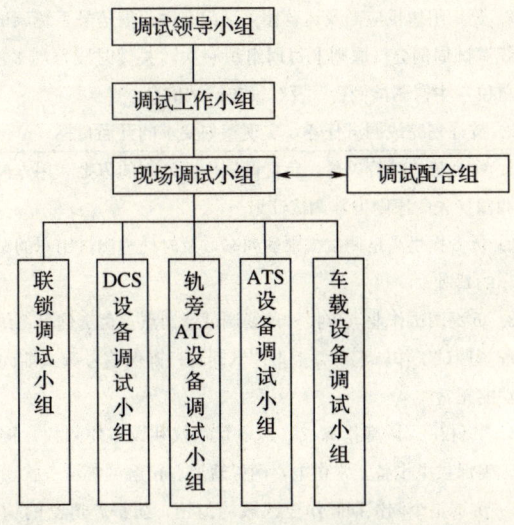

图 7—5　信号系统调试组织架构示意图

2）各小组工作职责

①调试领导小组：总体协调信号系统调试工作，联合发布决策性指令；根据调试工作需要，召开调试工作会议，协调解决调试重大问题。

②调试工作小组：在调试领导小组的领导下开展各项工作；审定信号系统调试总体方案；协调各部门及相关单位的调试配合；监督调试安全措施执行情况，检查现场调试工作质量及调试进度。

③现场调试小组：在现场调试工作小组的领导下开展各项工作；负责编制调试方案，制订调试计划，开展调试工作，实现调试节点目标；申报作业计划，负责调试请销点；组织调试例会，汇总调试任务完成情况，协调解决调试问题，安排调试任务。

④调试配合组：负责信号接口相关调试配合；解决调试相关设计、安装问题；负责调试期间的后勤保障等。

3）调试相关单位具体工作任务，见表7—3。

表7—3　　信号系统调试各单位具体调试工作任务

单位	具体调试工作任务
建设单位建设管理部门	1. 作为调试牵头单位，对信号调试负责，编制并上报调试方案，根据报批后的调试方案组织实施 2. 负责组织供应商及运营相关部门有序开展信号系统调试及接口联调；负责组织调试周例会（原则上每周组织一次，关键时段每周多次），协调各相关配合单位，主持调试例会，及时发布调试信息 3. 按计划完成调试任务，实现策划要求的开通目标
运营单位	1. 作为最终接管单位，负责调试作业计划的审批和用点冲突协调，按照"信号调试优先"原则批准调试计划 2. 负责提供满足调试需求的列车，及时处理调试用车的车辆故障，负责调试列车的驾驶 3. 负责调试作业点申报，现场调试请销点；负责信号系统设备检修工作，配合现场调试工作，汇总并上报调试问题；确保信号调试期间无线通信手持台通话功能正常 4. "三权"（调度指挥权、属地管辖权和设备使用权）接管后，负责供电管理，确保供电设备正常供电，确保轨道、接触网等设备状态良好 5. 负责整个调试期间作业区域的封锁、防护、道岔的钩锁、解钩（如有需要），确保非调试人员不能从站台区域进入轨行区；配合相关接口的调试

第七章　调试和试运行管理

续表

单位	具体调试工作任务
建设单位相关部门	1. 在调试期间保证所管辖单位的施工人员未经许可不得进入轨行区，确保施工物料、工具不得侵限 2. 配合相关接口调试（屏蔽门、主控和防淹门等） 3. 确保移交后各站信号系统设备房具备正式电源，启用通风空调设备，以满足信号系统24小时运行的条件 4. 组织各单位进行调试方案审查，进行相关接口专业技术方案审查，协调解决相关接口问题 5. 负责安全工作监督、指导，组织安全措施审查及安全检查 6. 负责调试期间的后勤保障工作
信号系统供应商	1. 负责制订详细调试计划和调试内容，按照调试方案执行具体调试任务 2. 负责调试问题整改工作 3. 评估调试过程中信号系统及与信号系统相关的安全风险并承担调试安全责任，制定相应的防范措施，并要求相关单位按照风险防范措施严格执行
监理单位	1. 协助组织调试方案的实施，协调各相关配合单位工作 2. 组织调试期间施工问题的整改，组织调试例会，编写调试会议纪要和调试周报
施工单位	安排人员配合现场调试，协助故障处理；负责调试过程中出现的与安装相关的问题的整改工作
设计单位	负责协调解决调试期间发现的系统及设计相关问题

(2) 动车调试组织安排及安全注意事项

1) 行车组织

①运营单位负责作业区封闭。信号调试施工负责人请点及准备工作完毕后，发出调试开始指令；调试完毕后负责销点、销令。

②调试期间，司机按照信号调试施工负责人的指令动车。

③行车指挥程序：信号调试施工负责人向现场车站请点→车站向行调请点→行调发布调试调度令→信号调试施工负责人指挥整个信号调试→信号调试施工负责人向车站销点→车站向行调销点。

2) 安全注意事项。为了保证整个信号调试过程中的人身、设备、行车安全，确保信号系统动车调试安全、有序进行，调试期间应严格遵守地铁公司《行车施工管理规定》和《调试、试验安全规程》的相关内容，严格遵循关于接触网/第三轨区域相关作业安全管理规章要求，还可根据需要专门制定安全注意事项或《信号系统动车调试安全管理细则》。

①动车调试开始前

◇ 信号系统供应商须根据作业令规定的调试区域及当天调试作业内容和注意事项，向所有调试配合人员再次明确本次调试内容及走行线路，说明调试相关要求。

◇ 所有信号调试人员都需要保持良好的精神状态，精神状态不佳的人员严禁参与调试。

◇ 调试开始前需准备好通信工具并确保手持台电力充足可用，确保调试过程中通信正常。

◇ 信号动车调试作业请点完成后，信号调试施工负责人组织电客车进行压道，及时处理压道过程中遇到的影响调试的问题。

②动车调试过程中

◇ 调试时，原则上必须按信号行车。根据调试任务，若需越过封锁区域内的红灯或越过停车标、退行、无进路保护的反向行车、超速等，由信号系统供应商现场负责人报信号调试施工负责人，确认道岔状态正常并单锁在正确位置后，按信号调试施工负责人、司机、信号系统供应商车载负责人三方签字确认的作业任务书动车。

◇ 调试过程中如需下线路检查信号系统设备或调试线路设备，必须经中央调试负责人同意后才能进入线路作业，且须设置防护措施（如在作业地点两头50 m处放置红闪灯、人员必须穿戴荧光衣、确保作业地点有1个区间以上的保护间隔等），在作业人员出清线路后，轨旁调试信号负责人须报告中央调试负责人，说明人员、工器具出清情况及其他注意事项。

◇ 调试行车原则上根据车辆、线路状况进行速度限制，严禁超速驾驶。在信号基础功能动车调试阶段，要严格控制列车速度在30 km/h以下。如果条件允许，非ATO调试期间列车速度控制在80 km/h以下，ATO调试期间车速以 ATO 推荐速度为准。列车 ATC 切除模式运行速度控制在 60 km/h 以下。如果特殊情况需要提高列车速度、更改调试内容，必须提前在作业任务书上明确并通知 OCC。

◇ 如有两列列车同时上线进行单独测试（非追踪测试），必须严格控制两列列车的调试区域，通常情况下安排上、下行各 1 列列车，若有特殊调试任务需求，需两列列车进入同一条线时，必须确保两列列车之间留出 1 个区间及以上的间距。多列列车调试未授权时，严禁进行多列列车的追踪测试。

◇ 调试期间司机注意加强瞭望，按信号调试施工负责人的指令动车，严格按照信号调试方案及作业任务书行车。

◇ 参与调试的人员均有义务进行安全互控，如发现有危及行车安全的情况，任何人有权中断调试。整个调试过程的对讲联系需采用标准用语。

◇ 在调试期间，信号调试人员和电客车司机不得离开调试列车，缺少任何一人，调试必须暂停。

◇ 调试期间如果需要重启信号系统，受影响区域的调试列车必须停车原地待命，待信号系统恢复正常，收到中央调试负责人的命令后方可再次动车。

◇ 调试人员因调试需要进出屏蔽门端门时，必须关好端门以免因活塞风影响而导致端门受损。

◇ 在调试期间若无线通信手持台发生故障，静止的列车需原地待命，行进中的列车在跑完进路后原地待命。无线通信恢复后，中央调试负责人确认列车位置及状态正常后，方可继续动车调试。

◇ 动车调试结束之前，必须确认所有调试人员及工/器具出清现场，确认各信号系统设备功能恢复正常。

③动车调试结束后

◇ 动车调试结束后，信号调试负责人必须确认现场所有列车都停在指定地点或已经回厂，确认所有车站的信号系统设备运行正常或断电。

第三节 信号系统调试

7.3.1 系统调试一般程序

信号系统调试按照单体、子系统接口/子系统、系统接口/系统的顺序进行调试试验工作。首先,对单体进行测试和试验,尽量减少接口对单体调试的影响,测试好单体的各项参数,调整好单体的各种状态,试验好单体的各种功能;其次,反复核对确认单体的物理接口和电气接口,检查物理接口的每一根配线是否正确,测试电气接口的电平数值和状态是否符合额定要求;再次,将单体连接成子系统,进行子系统的测试和调整,在对子系统间的接口进行模拟的情况下,确认单体连接成子系统后的综合动作和状态;最后,将子系统连接成系统,将系统连接成大系统,进一步测试系统的参数,验证系统的功能,核对系统的状态,并给其他系统提供接口条件。

单体是指能够进行单独试验其功能的设备。单体调试包括单体的安装复原试验和单体调整试验。安装复原试验检查设备是否因运输和安装而受到损坏,是否符合安装要求;单体调整试验进行单体设备的指标测试和功能、状态的调整试验确认。

单体调试完成后,将单体连接成子系统,进行子系统调试,以证明各个子系统的技术指标和功能状态满足功能规格书的要求。信号系统的子系统调试包括联锁(CI)子系统调试、地面 ATP/ATO 子系统调试、ATS 子系统调试、车载 ATP/ATO 子系统调试和信号维护监测子系统调试。

在信号各子系统调试完成后,分别将联锁(CI)子系统、地面 ATP/ATO 子系统、ATS 子系统连接起来,组成一个完整的信号系统,对整个系统进行联调。信号系统联调的目的主要是测试系统对列车的控制能力,使其达到功能规格书的要求。

7.3.2 系统调试具体内容

下面以某信号系统供应商调试内容为例,具体介绍信号系统调试的内容。

信号系统调试分为三级,第一级是部分验收测试(PAT)或称静态测试,第二级是系统集成测试(SIT)或称动态测试,第三级是系统验收测试(SAT)或称信号系统联调。系统调试流程如图7—6所示。

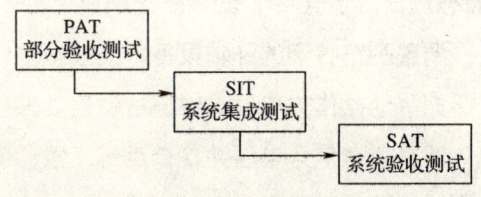

图 7—6 系统调试流程

(1)部分验收测试

部分验收测试是现场调试活动的第一步,在子系统级进行。在信号系统设备安装后,对系统设备的装配和内部接口进行确认,验证每个组成部分的基本功能和完整性。测试按设备逐一进行,排序如图7—7所示。

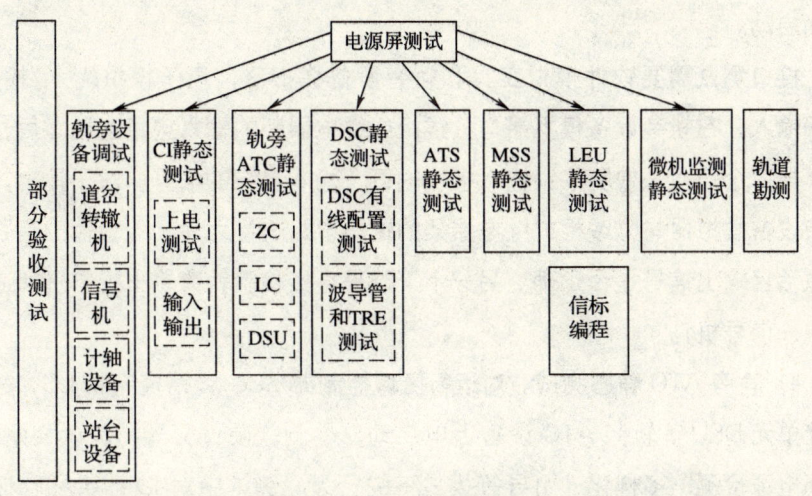

图 7—7 部分验收测试排序

该部分只是静态测试,测试中不需要进行动车。部分验收测试可分为以下类别:

1) 电源屏/不间断电源测试。电源屏测试、不间断电源测试,用以验证电源屏工作正常,电源屏的规格、型号、安装满足设计要求。如果在现场调试之前,由于正式电无法提供而使用临时电接入电源屏系统时,不需要提供正式电源屏测试报告,但电源屏系统需确保输出电源可用且稳定。正式电源屏测试报告需在正式电接入后,调试完成时提供。

2) 轨旁设备静态测试。检验每个轨旁设备都能单独工作,验证轨旁设备至分线盘的连接;调整列车检测的计轴设备,配置室内外计轴设备并进行调整测试;通过手摇把手动操作或电动操作道岔调整转辙机,确保转辙机动作和位置监控正常;调整所有信号电压并检查点灯装置;确保所有站台设备(如紧急停车按钮、自动折返按钮等)能正常工作。

3) 联锁静态测试。在信号机房,给联锁机柜上电,检查其内部电压和内部配线。检查继电器类型是否满足设计需求并验证其配置,进行电源测试并启动设备。根据《采集码位核对表》和《驱动码位核对表》检查输入和输出码位,确认联锁机柜和继电器架/电缆架(另一头与轨旁设备连接)间的输入/输出接口,本测试不是验证联锁功能和联锁规则,只是测试设备能否正确启动。

接口测试需要软件模拟工具和轨旁设备模拟器,用于模拟输入/输出。对于输入,在轨旁设备模拟器与分线柜或继电器架的输入电路连接之后,通过模拟每个输入来检验联锁输入模块的每个输入电缆的信号。对于输出,在轨旁设备模拟器与分线柜或继电器架的输出电路连接之后,检验输出是否正确激活且输出信号是否正确。另一个策略是直接检验轨旁输出状态(如道岔状态、信号机)。

4) 轨旁ATC静态测试。对运行区域控制器ZC、线路控制器LC、数据存储单元DSU等轨旁ATC设备上电启动,检测软硬件配置,确认初始化、内部电源检测、多样化、引导等模式下的行为。测试中对ID插头和存储软件/数据的USB棒进行编程,记录软、硬件配置。给DSU计算机上电并安装 DSU 应用软件。

5) DCS 静态测试。初步配置每个骨干网设备，如以太网交换机、SDH（同步数字系统）节点、IP 路由、NMS－SDH、NMS－IP。使用 NMS（网络管理系统）准备网络，做冗余验证、故障模拟、连接中断模拟等设备交叉检查，配置、验证保护机制和 SDH 时钟保持同步；配置通信通道。验证 NTP 同步，配置以太网部分和测试端到端通信。

无线 DCS 采用自由无线方式建立轨旁设备和车载设备之间的通信连接，确认无线系统接入点设备配置，检查 TRE 及天线（或波导管）的安装和配置，测试 TRE 的 RF 电缆及天线（或波导管）。

6) ATS 静态测试。测试、确认服务器、工作站、通信前置机等不同 ATS 设备间的上电和连接，安装不同的软件和参数组件，验证人—机接口，验证两个服务器间的冗余，验证与其他子系统的连接，测试中也可同时验证 ATS 子系统的某些基本功能。

7) MSS 静态测试。测试、验证 MSS 设备的上电及不同 MSS 设备的连接（服务器和工作站），安装软件和参数组件。MSS 静态测试目的不是验证所连接的不同设备发出的所有报警，其余设备不需调试完成。

8) 轨道勘测测试。由两组不同的测试人员分两次测量轨道上不同设备的位置，建立安装在轨道上的信号系统设备（信号机、计轴边界、道岔、信标和车站等）准确千米标位置数据库。在比较测量结果后，可能需要重新安装一些设备。

9) 信标编程及 LEU 静态测试。把信标数据烧录到安装在轨道上的信标（无源信标、有源信标）内，为了节省时间，建议在信标安装前进行编程。对 LEU 数据进行烧录并检查数据烧录完成后 LEU 能够正常工作。

10) 微机监测静态测试。验证微机监测设备的上电及微机监测设备的通信连接，安装软件和参数组件。

(2) 系统集成测试

系统集成测试是现场测试的第二步。在信号系统的每个子系统部分验收测试后，通过逐一验证信号系统内部子系统间接口功能、与其他专业系统接口功能、信号系统数据参数与其各子系统的匹配情况等，来测试系统的基本功能是否能够完全实现，测试顺序如图7—8所示。

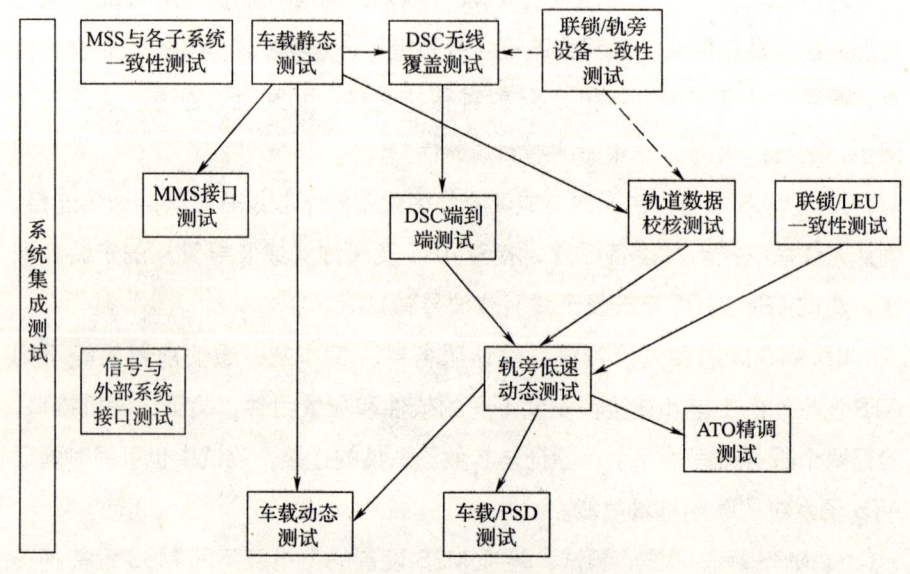

图7—8 系统集成测试顺序图

1) 联锁/轨旁设备一致性测试。验证道岔、信号机能被联锁控制，且人—机界面（HMI）和联锁输入板上的状态与轨旁设备状态一致。验证HMI和联锁输入板上的状态与计轴系统的计轴区段状态一致，同时验证计轴复位功能。测试IBP盘上、站台上的紧急停车按钮、站台屏蔽门和自动折返按钮等与联锁接口的设备。

2) 联锁/LEU一致性测试。验证继电器架到LEU的一致性，同时验证LEU至室外有源信标配线的正确性。

3) 车载静、动态测试。此测试在车辆段每列列车上重复进行，测试包括验证车载机柜和输入/输出模块的机械、电气集成。检查车载设备的配置（包括车载内核、输入/输出模块、编码里程计、信标天线和数据记录仪等），检查这些设备的内部接口，测试与列车线的接口，点对点检查车载内核与外设间的内部配线。使用调试工具强制车载设备的每个输出并检查信号等级，同时测试车载DCS设备，确保其能正常工作。

在已完成并通过轨旁动态测试的试车线或设有信号系统设备的轨道上进行车载设备动态测试。激活动态模式下的每个车载设备,并监督 ATC 的所有动作来验证每列车的车载设备在真实运行环境下能正确运行。

4) 轨道数据校核测试。以 RM 模式或者车辆模式驾驶列车在全线低速(速度低于 25 km/h)运行,使用装载线路数据检查软件的列车读取线路上的信标数据,把测试记录的数据与线路数据库数据进行比较,验证线路数据库文件的设备里程位置是否与轨道上所有信号系统设备的真实位置一致。当检测到异常情况时,产生线路数据库文件的新版本,并定义重新测试的范围。

5) DCS 无线覆盖和端到端测试。DCS 无线覆盖测试是检查全线的无线覆盖,主要包括无线场强测试、无线覆盖调整和最终无线覆盖确认。DCS 端到端测试检查无线网络的吞吐量、延迟率、丢包率和交接时间等性能。使用正常频率的无线接入点和无线覆盖记录进行测试。

6) 轨旁低速动态测试。在检查轨道数据后,进行 LEU 轨旁低速动态(降级模式)和 ZC 轨旁低速动态(CBTC 模式)测试,以验证在降级模式下通过有源信标传输的变量状态和在 CBTC 模式下通过天线(或波导管)传输的变量状态,如信号状态、PSD 区域状态、CBTC 模式进路测试等。

7) ATO 精调测试。该测试是根据车辆(主要是牵引和制动子系统)的动态行为来调整 ATO 参数,为了精确列车特性,需对一两辆列车进行完整的测试。在自动模式下通过工具给 ATO 软件发送预定义的数据,通过采样测试获得车辆特性,ATO 测试人员可根据输出结果调整 ATO 参数。本测试还可验证自动模式下的车站精确停车。

8) 车载/PSD 测试。测试每个车站的 PSD 是否能正确开关门,同时验证车门与 PSD 的同步。

9) MSS 与各子系统一致性测试。该测试用于验证 MSS 子系统可以从信号其他子系统获得管理信息库的信息。方法是如果信号系统的某个子系统关闭,MSS 能产生报警。应优先测试不能在工厂产生的报警。

10) 信号与外部系统接口测试。外部接口包括：联锁与车辆段/停车场或其他线联锁的接口，ATS 与其他外部系统（时钟、无线、综合监控、大屏系统和应急指挥中心）以及延伸线的接口。

11) MMS 接口测试。验证 MMS 子系统和其他外部系统/设备的接口，比如与电源系统的接口。

(3) 系统验收测试

系统验收测试是现场调试过程的第三阶段，用于验证系统的功能、性能及运行情况，包括降级模式。它是试运行前的最后一个环节，验收顺序如图 7—9 所示。

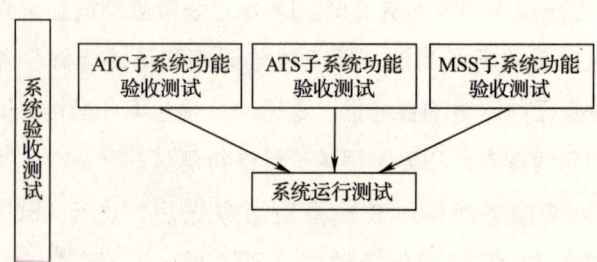

图 7—9 系统验收测试顺序图

1) ATC 子系统功能验收测试。用于在真实环境中验证 ATC 的主要功能，包括：定位功能和速度控制功能，不同的驾驶模式及模式间的转换，记录在自动模式下无调整（最大速度）的站间旅行时间，测试自动模式运行（确认 ATO/列车接口），检查临时限速的正确应用，检查自动折返模式，追踪测试，测试系统的降级模式等。

2) ATS 子系统功能验收测试。用于验证在真实环境中 ATS 的主要功能，包括：本地 ATS 和中央 ATS 的切换、中央 ATS 进路取消等基本功能，列车追踪功能，自动进路触发功能，车次号折返功能，时刻表编辑，时刻表在线修改，按时刻表自动指挥列车运行等。

3) MSS 子系统功能验收测试。用于验证 MSS 检测和产生系统各部件的高等级警告的能力，如检查、检测设备关闭的能力，验证 MSS 建立的统计报告与操作员需求之间的一致性等。

4）系统运行及性能测试。用于验证系统的性能、可靠性及可用性，如在不同特殊调整模式下的运行、运行间隔、ATO 模式下车站精确停车、折返间隔等。

第四节　接口调试

信号系统结构复杂，各个系统之间、系统与子系统之间以及子系统与子系统之间的接口较多，多数接口之间传输着关系行车安全的数字信息，接口之间的安全管理在列车控制系统中占据着重要的地位，因此，在城市轨道交通信号系统建设和运行中，与其他设备系统的接口调试亦显得非常重要。

7.4.1　接口调试前置条件

（1）工厂测试前置条件

信号系统与其他专业及系统供应商完成接口规格书签订，完成接口软件配置、设计及开发，并经过软件发布测试。

（2）现场测试前置条件

信号系统与其他专业及系统供应商完成接口设备软件安装、调试，接口设备已开启并工作正常。

7.4.2　接口调试组织

一般由信号系统建设单位牵头，信号系统供应商负责具体组织，由信号及相关专业、信号系统设计单位、监理单位、施工单位和供应商等单位派员参与完成接口调试工作。各地对接口调试另有规定的按其规定执行。

7.4.3 接口调试的工作范围

(1) 信号系统供应商的工作范围

与其他专业及系统供应商交换资料及信息等，与其他专业的接口进行配合与协调，负责起草、完成、签署接口技术规格书，负责与其他系统接口的设计、安装、调试、测试与验收。

(2) 其他专业及系统供应商的工作范围

与信号系统供应商交换资料及信息等，与信号系统的接口进行配合与协调，配合信号系统供应商完成接口技术规格书的起草、完成、签署工作，完成与信号系统接口的设计、安装、调试、测试与验收工作。

7.4.4 接口调试的责任

(1) 信号系统供应商的调试责任

对整个信号系统的接口功能、安全、接口的管理和实施负完全责任，并负有与其他相关系统供应商协调和合作的责任，提供接口分界点以内的所有设备，负责并保证属于自身接口范围内的所有要求能够得到完善的解决和执行。负有信号系统与其他系统接口的设计、安装实施、协调、测试、试验、管理及完善的责任，须负责接口过程中出现的问题的处理，负责保证所有相关接口功能的实现，体现信号系统的完整性。

(2) 其他专业及系统供应商的调试责任

对本系统的接口功能、安全、接口的管理和实施负完全责任，并负有与信号系统供应商协调和合作的责任，提供接口分界点以内的所有设备，负责并保证属于自身接口范围内的所有要求能够得到完善的解决和执行。负有本系统与信号系统接口的设计、安装实施、协调、测试、试验、管理及完善的责任，须负责接口过程中出现的本系统问题的处理，负责保证所有相关接口功能的实现，体现本系统的完整性。

7.4.5 与信号系统主要接口的调试内容

(1) 信号系统与车辆

主要接口调试内容分为静态调试和动态调试。静态调试的主要目的为检查配线正确,确保相互间信号的正确传递;动态调试的主要目的为检查接口功能的实现,确保相互间信号的正确传递、控制的正确性及信号车载 ATP/ATO 设备的完整功能,正确实现车辆牵引、制动、车门控制系统等与 ATP/ATO 的接口功能,以及车辆自动广播功能。

(2) 信号系统与主控系统

信号系统把列车实时运行信息传送给主控系统,在主控背投上实时显示,同时主控系统把供电状况及客流信息发送给信号系统;当列车发生故障区间阻塞时,可以启动主控系统进行隧道通风。

接口测试工作需要信号系统供应商与综合监控系统供应商相互配合完成并共同确认,信号系统供应商应提交测试计划和测试报告。信号系统与主控系统接口测试的主要内容见表 7—4。

表 7—4　　信号系统与主控系统接口测试的主要内容

测试类别		目的
连接测试	目视测试	检查各接口是否恰当、正确地接连到双方指定的端点上
	点对点测试	检查各接口是否恰当、正确地连接
	端对端测试	检查各接口端对端是否恰当、正确地连接
	通信测试	测试各接口双方的通电连续性及数据连接状态
联调	软件协议测试	确保各系统间能可靠地运行
	特性测试	验证信号与综合监控系统接口特性合乎要求
	功能测试	验证信号与综合监控系统接口功能合乎要求

(3) 信号系统与屏蔽门系统

信号系统将允许开/关门信号发给屏蔽门,屏蔽门系统实施开/关门动作,同时屏蔽门系统把门状态信号发给信号系统,信号系统在收到门状态信息后动车。正常情况下,站台屏蔽门的"开启"和"关闭"均受信号系统 ATP/ATO 设备控制,只有列车停在站台区并满足站台屏蔽门对停车精度要求的情况下(停车误差不超过±0.5 m),信号系统才允许向列车和站台屏蔽门发送开门命令;车门和屏蔽门均已关闭后,才允许启动列车。开左门或右门应符合站台的位置和运行方向。信号系统应安全、可靠、不间断地从屏蔽门系统接收屏蔽门的状态信息(开/闭)以及由 PSL(屏蔽门站台控制盘)对门控单元发出的开门信息,以满足 ATP 对屏蔽门状态连续安全监督的要求。在屏蔽门状态信息不能有效传输到信号系统 ATP 设备时,站台有关工作人员将在站台端部的控制盘上给信号系统 ATP 设备发出"允许发车"的信息。信号系统应安全、可靠地接收此信息。

接口测试工作需要信号系统供应商与屏蔽门系统供应商相互配合完成并共同确认,信号系统供应商提交测试计划和测试报告。信号系统与屏蔽门系统接口测试的主要内容见表 7—5。

表 7—5　　　　信号系统与屏蔽门系统接口测试的主要内容

测试类别		目的
连接测试	目视测试	检查各接口是否恰当、正确地接连到双方指定的端点上
	点对点测试	检查各接口是否恰当、正确地连接
	端对端测试	检查各接口端对端是否恰当、正确地连接
	通信测试	测试各接口双方的通电连续性及数据连接状态
联调	软件协议测试	确保各系统间能可靠地运行
	特性测试	验证接口特性合乎要求
	功能测试	验证接口功能合乎要求

(4) 信号系统与通信系统

包括控制中心 ATS 至正线设备集中站的主、备传输通道(点对点)测试。通信系统为设备集中站、控制中心和车辆段提供一条共线数据通道,为中央 ATS 系统提供标准时钟信号。信号系统向控制中心调度指挥无线通信系统传送实时变化的列车识别号、车载无线号和乘务号等信息;向列车的无线装置传送列车占用车辆段转换区段的信息以及出、入段线的入段信号机的列车信号开放情况等信息。

接口测试工作需要信号系统供应商与通信无线系统供应商相互配合完成并共同确认，信号系统供应商提交测试计划和测试报告。信号系统与通信系统接口测试的主要内容见表7—6。

表7—6　　　　信号系统与通信系统接口测试的主要内容

测试类别		目的
连接测试	目视测试	检查各接口是否恰当、正确地接连到双方指定的端点上
	点对点测试	检查各接口是否恰当、正确地连接
	端对端测试	检查各接口端对端是否恰当、正确地连接
	通信测试	测试各接口双方的通电连续性及数据连接状态
联调	软件协议测试	确保各系统间能可靠地运行
	特性测试	验证接口特性合乎要求
	功能测试	验证接口功能合乎要求

(5) 信号系统与防淹门系统

信号系统实时采集防淹门的状态，作为信号系统联锁逻辑的一个重要条件，在防淹门没有关闭的情况下，列车才能运行通过防淹门区域，同时防淹门关闭必须得到信号系统的同意。如果某一防淹门失去完全开启状态表示，两端车站均不能再向相应线路"过江隧道"内设置进路，如已设置进路，则防淹门防护信号机立即关闭。当防淹门操作员需要关闭防淹门时，如两端车站尚未向相应线路的"过江隧道"内设置进路，防淹门防护信号机实行封锁，禁止向"过江隧道"内设置进路；如已设置进路，则防淹门防护信号机立即关闭并实行封锁，如果列车尚未进入其"接近区段"，并且隧道内无车（通过轨道电路检查），进路将立即被解锁，并向防淹门控制设备发回同意关闭防淹门信息；如列车已越过防淹门防护信号机，则信号系统不能发出同意关闭防淹门的信息。信号联锁操作员不能取消"防淹门关闭请求"，在信号联锁接收到"防淹门关闭请求"以及信号系统向防淹门控制设备发送"允许防淹门关闭"信息期间，"防淹门关闭请求"条件必须被信号联锁计算机连续检查。对于由于防淹门请求关闭而引起的防淹门防护信号机的"封锁"，必须经过安全操作命令才能解除"封锁"。

接口测试工作需要信号系统供应商与防淹门供应商相互配合完成并共同确认。信号系统供应商提交测试计划和测试报告。信号系统与防淹门系统接口测试的主要内容见表 7—7。

表 7—7　　　信号系统与防淹门系统接口测试的主要内容

测试类别		目的
连接测试	目视测试	检查各接口是否恰当、正确地连接到双方指定的端点上
	点对点测试	检查各接口是否恰当、正确地连接
	端对端测试	检查各接口端对端是否恰当、正确地连接
	通信测试	测试各接口双方的通电连续性及数据连接状态
联调	软件协议测试	确保系统间能可靠地运行
	特性测试	验证接口特性符合要求
	功能测试	验证接口功能符合要求

第五节　144 小时连续运行试验

在信号系统联调验收测试完成以后,为进一步考核信号系统的综合工作能力和测试相关指标,应对系统进行 144 小时连续运行试验。

信号系统 144 小时连续运行试验是指信号系统自身及与各相关系统协同工作,在 144 小时内不间断地运转,以检验本系统的各项技术指标。试验时,对信号系统的性能和功能按照工程开通初期列车运行最小间隔进行连续检验、考核,验证信号系统能够达到所规定的各种性能指标。

7.5.1　试验项目及指标

(1) 安全性指标

在联锁、ATP 安全功能正常的基础上,系统必须 100% 安全运行。

(2) 可用性指标

各子系统可用性指标应达到功能规格书要求,且在此期间不允许出现 CTC(调度集中)中断以及造成中断行车的联锁故障、ATP 系统地面/车载设备故障等系统故障。

1) 列车因信号原因产生的非期望(正常)紧急制动发生率情况。

2) 列车停车精度。

3) 时刻表兑现情况及晚点率情况。

4) 折返站折返时间达到设计要求。

5) 正线列车运行间隔达到设计间隔。

7.5.2 试验方法

(1) 一般测试原则

根据试验时实有列车数量进行 144 小时系统连续试验,参加试验的列车不能少于两列。试验在上、下行线进行。

首先发出一列列车,经设计间隔后续发另一列列车,列车在预定的时间停在每一个车站,在终点站停留了预定的时间后,列车进行折返。如果参加试验的所有列车到达终点且折返到始发站时没有发生不必要的限速,那么表明系统通过了一次试验。如此循环,进行 144 小时连续系统试验。

(2) 具体测试方法

根据项目实际情况,144 小时试验将分成两部分。第一部分为折返间隔、追踪间隔测试,折返间隔在线路运行交路的折返站进行,追踪间隔在线路上、下行区间进行。第二部分为列车停车精确度及系统可靠性测试,将通过一周的正常运营进行统计分析。只是当有问题或故障发生时,收集、记录相关数据。

1) 折返间隔测试

①测试前所有测试者必须到位。正线测试时所有列车采用 ATO 模式,列车停稳开门后立即人工关门。

②测试列车到位：第一列列车介于 AAA 站下行站台与 BBB 站下行站台之间，第二列列车位于 BBB 站下行站台，第三列列车介于 BBB 站下行站台与 CCC 站下行站台之间。

③在 AAA 站下行站台设置车站扣车。

④为列车分配运行线，司机必须听从发车命令，按时启动列车。当第一列列车处于 AAA 站下行站台时，其余列车将以安全间隔处于后方。

⑤在 AAA 站上行站台设置车站扣车，释放 AAA 站下行站台的车站扣车。

⑥司机先人工关门，在收到目标点后立刻按 ATO 启动按钮发车。

⑦指示所有列车司机在 DDD 站（折返站）下行站台采用无人自动折返功能，当列车到达 DDD 站上行站台停稳开关门后，待收到发车命令应将列车驶离 DDD 站上行站台。

⑧记录员需记录以下时间：DDD 站（折返站）上行站台到站及离站时间，下行站台到站及离站时间，并采用 HH：MM：SS 格式记录，折返时间记录表见表 7—8。

表 7—8　　　　　　　折返时间记录表

日期：		地点：				记录者：		
编码	列车 ID	到站时间		离站时间		到站时间		离站时间	
		计划	实际	计划	实际	计划	实际	计划	实际
1									
2									
3									

第七章　调试和试运行管理

⑨上述全部测试步骤应至少进行一次，折返时间间隔可以通过计算 DDD 站（折返站）上行站台到站时间间隔得出。

2）正线列车运行间隔测试（测试在正线至少 4 个连续的站台进行）

①测试期间，所有列车以 ATO 模式行驶。保证列车准时离开每个车站，不用开关车门。

②在 AAA 站设置车站扣车。

③指派 4 列列车于线上（即平常运营路线）参与测试，当第一列列车处于 AAA 站时，其余列车以安全间隔处于后方。

④车站停站时间按照合同规定时间设置。

⑤司机先人工关门，在收到目标点后立刻按 ATO 启动按钮发车。

⑥释放 AAA 站车站扣车后，司机应将列车驶离 AAA 站。

⑦记录员需记录以下时间：各车站下行/上行站台离站时间、到站时间，并采用 HH：MM：SS 格式记录，运行间隔测试记录表见表 7—9。

表 7—9　　　　　　　　运行间隔测试记录表

日期：							记录者：	
车站＼列车	列车 ID		列车 ID		列车 ID		列车 ID	
	实际到站	实际离站	实际到站	实际离站	实际到站	实际离站	实际到站	实际离站
AAA								
BBB								
CCC								
DDD								
……								

⑧时间间隔可以通过计算各站到站时间间隔得出。

3）列车停车精确度测试。列车司机在正常营运时观察每个站台的实际停车位置，并记录停车位置冲标 30～50 cm、冲标大于 50 cm 及欠标 30～50 cm、欠标大于 50 cm 的故障情况，停车精确度登记表见表 7—10。司机记录的数据将与车载数据进行对比，以此核实车站停车精确度。

表 7—10　　　　　　　　　　停车精确度登记表

停车精确度登记表							No.：	
日期	列车 ID	车底号	车站	方向	运行模式	偏离	车门控制	司机
				☐上行 ☐下行	☐ATO ☐PM	☐30～50 cm ☐>50 cm	☐手动 ☐半自动	
				☐上行 ☐下行	☐ATO ☐PM	☐30～50 cm ☐>50 cm	☐手动 ☐半自动	
				☐上行 ☐下行	☐ATO ☐PM	☐30～50 cm ☐>50 cm	☐手动 ☐半自动	

4）时刻表及紧急制动等故障数据测试。信号测试人员与系统供应商共同记录时刻表及紧急制动等故障数据，并参考系统报文、日志记录、回放等记录文件。

7.5.3 试验结果及评估

在 144 小时试验期间内，如因信号系统原因导致没能达到安全性、可用性指标，则可认定试验失败。在这种情况下，信号系统供应商应进行系统修正并重新进行 144 小时连续试验，直到实现规定指标。

由非信号系统原因导致的意外故障或中断不视为试验失败。试验可在意外原因排除后继续进行，并从试验中断处累计计时。

在试验期间内，连续 4 次折返运行满足折返站折返时间、运行间隔指标，即认为系统达到折返站折返时间、运行间隔指标。

在 144 小时试验期间，如果折返站折返时间、运行间隔指标没有达到：若是信号系统原因造成的，信号系统供应商将对系统进行必要修正并重新进行试验，直到规定指标实现，无须再进行 144 小时试验；若是司机或道岔系统等其他原因造成的，将由相关方面进行修正后再进行试验，直至规定指标实现。

完成 144 小时试验后，信号系统供应商需要分析试验数据，并形成测试报告提交给建设单位。在 144 小时连续运行试验中安全性和可用性指标达到要求，说明信号系统在功能和性能上没有问题，整个信号系统在实现系统功能且综合联调成功结束后，信号系统即具备试运行条件。

第六节 综合联调

系统综合联调即指各设备及系统间的联合调试，它是在调试好所有子系统的基础上，启动各子系统，使它们在类似运营的条件下带负荷运行，以检验各子系统间的接口关系是否正确、性能是否达到设计要求、运作是否协调，以及能力是否满足各种可能出现的设计预定情况和运营要求，并从整体上检验城市轨道交通大系统运作的可用性、稳定性和安全性。

系统综合联调是连接城市轨道交通工程建设阶段和运营阶段的关键环节，其成功与否直接决定了工程能否实现顺利按时按质完成和开通运营的总目标，是城市轨道交通工程建设的一个重要环节。

7.6.1 综合联调的目的

综合联调是城市轨道交通工程建设向运营过渡的关键环节，具有承前启后的重要作用，开展城市轨道交通各项综合联调，以期达到以下目的：

(1) 验证各系统设备之间协同运作的功能是否满足设计的要求，检验各系统设备和相关运营人员在正常运营和事故应急情况下能否协调、有序地工作。

(2) 暴露存在的问题，及时对各系统的技术参数进行调整与修改，使其满足运营的实际需要。

(3) 对运营人员进行现场实地培训，检验人员培训效果和实际操作能力，以直接、有效的方式检验运营人员对设备设施的熟悉度与适应性，确保新线的顺利开通试运营。

(4) 检验运营规章制度体系的完整性及人员与规章制度的匹配性，并据此对已制定的规章制度进行持续深化和完善。

(5) 全面验证各系统是否完全达到设计功能、开通试运营标准并满足运营需求。

7.6.2 实施综合联调的基础

要保证综合联调的质量，必须满足以下前提条件：

(1) 总体标准

1) 原则上各站（区间）及各设备系统须完成单位（子单位）工程验收及功能验收，涉及轨行区的施工项目原则上必须全部完成。

2) 轨行区、车站等严格按工期策划完成"三权"移交，移交时设备状态必须符合地铁公司"三权"接管标准。

3) 各系统单体调试及接口功能测试均已完成，测试结果经运营单位确认，各系统设备均可以正常投入使用。

4) 各车站的广播、闭路电视、时钟、专用电话、公务电话和无线调度等通信系统接入控制中心并完成测试，大屏幕系统可正常显示轨道行车图。

5) 设备供应商、设计单位和施工单位向运营单位提交正式的各系统设备的安装施工图纸、设备系统连接图、技术规格书、设计联络文件、设备操作手册和设备维修手册等相关技术资料。

(2) 分项标准

1) 车站主体。车站土建及装修工程应确认不存在对运营安全构成威胁的工程缺陷。在移交前车站完成（单位）子单位验收的，须确保站内装修工程完成，且最少有一个出入口达到移交条件。

2) 土建与轨道工程。区间全线贯通，土建与轨道工程完成单位（子单位）验收，影响行车安全的隧道结构、轨道等问题应整改完成。轨行区接管前施工作业基本完毕，轨面无障碍，区间无垃圾及其他遗留物，满足行车要求;轨行区范围内的设备设施应经限界检查合格。区间隧道人防门(防淹门)安装完毕,区间联络通道等各专业施工完毕,轨行区广告灯箱完成安装调试。区间隧道已经完成冲洗。轨行区线路、安全标志需在热滑之前全部完成安装;轨行区安装的线缆、吊装设备设施必须安装牢固无松脱。

3) 供电系统。环网电缆敷设完成,变电所设备完成安装和调试,电力监控系统设备完成安装和调试,杂散电流系统设备完成安装和调试,完成单位(子单位)工程验收和缺陷处理;各牵引降压混合所、跟随所、降压所设备安装调试完毕并已投入运行,所有功能均已完全具备,且工作状况良好;接触网通过热滑试验,完成单位(子单位)工程验收和缺陷处理。

4) 通信系统。专用电话系统实现包括控制中心级调度员与调度分机和车站值班员的通话功能,开通隧道电话通话功能;传输系统可为各系统传输信息;广播、闭路电视系统完成车站级和中央级的安装和调试;乘客信息导向系统完成车站级和中央级的安装和调试;时钟系统可为关联系统提供时间校对;电源系统完成安装及调试,具备不间断供电功能;无线系统实现移动台与调度台的集群通信;公务电话系统实现网内、外通信;与其他相关子系统接口测试功能正常。

5) 风、水、电等设备。给排水系统与市政给排水管网联通,具备正常的使用功能;车站及区间的水消防系统已经完善,具备正常的使用功能。设备房的气体灭火具备正常的使用功能。低压配电及照明系统完成系统设备安装及调试工作,具备正常的使用功能。通风空调系统完成系统设备安装及调试工作,接管前具备正常的车站级控制功能。关键设备用房备用冷源可正式投入使用。以上各系统设备均已完成单位(子单位)工程验收和缺陷处理。

6) 自动扶梯、电梯。完成安装调试,设备周边防护设施完成,完成单位(子单位)工程验收和缺陷处理。通过市质量技术监督局的验收并取得市质量技术监督局颁发的检验合格证。无机房电梯要满足消防迫降功能。

7) 屏蔽门。所有屏蔽门、端门安装完成,实现了就地操作(PSL)开、关控制的功能,完成了站级功能的调试,完成单位(子单位)工程验收和缺陷处理。

8) FAS 系统。完成系统内控制盘、车站级计算机及程序联动控制功能的调试，实现自动报警功能，完成单位（子单位）工程验收和缺陷处理。

9) BAS 系统。完成各监控子系统车站级点动调试、（模式）程序控制调试，实现车站级监控功能，同时实现消防联动功能。

10) AFC 系统。完成设备安装及系统内部调试，具备正常使用功能且工作状况良好，完成单位（子单位）工程验收和缺陷处理。

11) 综合监控系统。完成车站级设备安装、单体调试及关联系统接口测试、骨干网测试，并实现中央级电力远程监控功能、中央级消防报警及相关防灾模式联动监控功能，车站级具备所有接口系统的监控功能。IBP 盘安装完毕并完成功能调试，具备所有后备控制操作功能。

12) 信号系统。实现车站级与中央级控制权的交接，车站级控制具备相关操作功能。与其他相关子系统接口测试功能正常。

13) 车辆。按照各联调方案要求提供车辆。

14) 车辆段设备。车辆段洗车机、驾车机、不落轮旋床应完成安装、调试，具备正常使用功能。

7.6.3 信号系统相关综合联调项目

根据各专业的分工，信号专业牵头的联调项目一般包括三项：信号系统与屏蔽门系统联合调试、信号系统与防淹门系统联合调试、全线列车高密度运行信号系统能力测试。信号专业配合的联调项目包括综合监控系统与信号系统联合调试、通信系统与信号系统联合调试。

(1) 信号系统与屏蔽门系统联合调试

通过场景模拟的方法，进行屏蔽门系统与信号系统的接口联调，验证信号系统与屏蔽门系统的接口功能是否与设计一致，满足运营生产需求。

列车按正常线路运行，对各站屏蔽门系统分别进行下列项目测试。

1) 设备正常时设备接口检查（第一列列车第一圈测试）。测试区域内的站台屏蔽门都关闭，列车以 ATO 模式驾驶进站停车，当列车正常停站时，车门自动打开,屏蔽门应联动打开;屏蔽门打开时,列车不能以 ATO/PM 模式启动;按压关门按钮后,屏蔽门应自动关闭。

2) 列车停车不准测试(第一列列车第二圈测试)。屏蔽门关闭,列车以 PM 模式驾驶停站超出停车窗时(离停车点±0.5 m),按压开门按钮,屏蔽门不能打开;按压强行开门按钮,再按压相应开门按钮,对应的车门及屏蔽门打开。

3) 进站前屏蔽门故障测试(第一列列车第二圈测试)。模拟所有站均有(任意)一组屏蔽门故障(该故障请车站人员通过屏蔽门夹物检测功能模拟,即取一大于 4 mm×40 mm×200 mm 的硬物,打开屏蔽门,将硬物垂直置于屏蔽门门槛面中间;关门;门自动开关 3 次后仍处于打开位置,门体控制系统即可产生故障信号。以下测试均可通过此方法模拟故障,测试完成后应将硬物取出),列车以 ATO/PM 模式驾驶,列车应在进站前区段安全停下。人为旁路屏蔽门后,列车应重新以 ATO/PM 模式进入车站。

4) 列车在车站内运行时,屏蔽门故障测试(第一列列车第二圈测试)。列车以 ATO/PM 模式驾驶,当列车车头进入车站时,模拟屏蔽门故障,这时列车应通过紧急制动停下。

5) 列车出站时,屏蔽门故障测试(第一列列车第二圈测试)。列车以 ATO/PM 模式驾驶,当列车第二节车厢驶出车站时,模拟屏蔽门故障,这时列车应通过紧急制动停下。

6) 所有站的屏蔽门故障,司机旁路门故障运行(第二列列车第一圈测试)。列车以 ATO 模式驾驶,当屏蔽门信息不能有效传送给信号 ATP 系统时,可在站台头部的屏蔽门控制盘上给信号 ATP 系统送出"允许发车"的信息,使列车离开车站。

7) 屏蔽门关闭,列车以 RM 模式进站,屏蔽门故障测试(第二列列车第二圈测试)。按压开门按钮,车门、屏蔽门不能打开;按压强行开门按钮,再按压相应开门按钮,对应的车门及屏蔽门打开。

8) 列车 ATO 模式进站停稳,列车车门、屏蔽门联动打开,记录车门、屏蔽门打开时的先后顺序,并用秒表测试时间差;按压关门按钮,记录车门、屏蔽门关闭时的先后顺序,并用秒表测试时间差。

以上测试相关的联调记录见表 7—11、表 7—12。

表 7—11　　　　　　　　信号与屏蔽门联调记录表

序号	联调内容	联调结果	备注
1	当列车进入车站并且停在停车窗范围内时,屏蔽门才能打开		
	当屏蔽门打开时,按压 ATO 按钮,列车不能启动		
	按压车门关闭按钮,车门和屏蔽门关闭,只有当屏蔽门和车门关闭时列车才允许离开车站		
2	列车进入车站前模拟屏蔽门故障,列车在进站前安全停下,旁路屏蔽门后,列车通过 ATO/PM 模式驶入车站		
3	列车进入车站时模拟屏蔽门故障,列车通过紧急制动停下		
4	屏蔽门关闭,列车以 PM 模式驾驶停站超出停车窗时(离停车点 ±0.5 m),按压开门按钮,屏蔽门不能打开		
5	列车以 ATO/PM 模式驾驶,当列车第二节车厢驶出车站时,模拟屏蔽门故障,这时列车应通过紧急制动停下		
6	RM 模式下屏蔽门关闭,按压开门按钮,屏蔽门不能打开		
7	测试车门、屏蔽门开关门顺序及时间差	开门: 关门:	

记录人:车站_____　　　　　　　　年　月　日

表 7—12　　　　　　　　车门屏蔽门一致性测试表

站台	车门和屏蔽门开、关是否一致		停车精度	备注
	开	关		
AAA 站(上行)				
AAA 站(下行)				
BBB 站(上行)				
BBB 站(下行)				
CCC 站(上行)				
CCC 站(下行)				
……				

注:停车精度须填写与停车标实际差距,越过停车标方向为正。(单位:cm)

记录人:　　　　　　　　　　　　年　月　日

第七章　调试和试运行管理

(2) 信号系统与防淹门系统联合调试

通过场景模拟的方法，进行防淹门系统与信号系统的接口联调，验证信号系统与防淹门系统的接口功能是否与设计一致，满足运营生产需求。

1) 模拟过江隧道水淹

①区间泵房水位检测器发出一级水位报警信号，检查并确认站控室与防淹门电控室控制柜上的"一级报警"灯亮，IBP盘"一级水位指示"灯亮。

②区间泵房水位检测器发出四级水位报警信号，检查并确认站控室与防淹门电控室控制柜上的"四级报警"灯亮，并发出危险水位报警信息，IBP盘"四级水位指示"灯亮。

③站控室人员到现场确认后，在站控室按请求关门按钮，确认向信号系统发出防淹门关门请求信息。

④在AAA站信号系统设备集中站设备房内，检查确认接口继电器柜的请求关门继电器落下。

2) 模拟不同场景下信号的控制逻辑情况

①在没有排列进路、没有列车占用进路及接近区段的情况下，上行请求关门或下行请求关门时，信号机应立即关闭并封锁，同时向防淹门发出允许关门的信号。检查确认站控室防淹门显示收到信号允许关门的信息。

②模拟列车还未占用进路接近区段，上行请求关门或下行请求关门时，信号机应立即关闭并封锁，同时向防淹门发出允许关门的信号。检查确认站控室防淹门显示收到信号允许关门的信息。

③模拟列车RM模式下占用进路接近区段，上行请求关门或下行请求关门时，信号机应立即关闭并封锁，进路延时解锁，进路解锁后向防淹门发出允许关门的信号。检查确认站控室防淹门显示收到信号允许关门的信息。

④模拟在CBTC模式下列车以ATO模式驾驶占用进路接近区段，上行请求关门或下行请求关门时，列车应在安全停车点自动停车，进路延时解锁，进路解锁后向防淹门发出允许关门的信号。检查确认站控室防淹门显示收到信号允许关门的信息。

⑤列车（CBTB模式与非CBTC模式列车为同样情况）在进路上运行，

进路始端信号机应立即封锁,该进路不能再次排列,信号机不发出允许关门信号给防淹门,待进路(在防淹门区域内)解锁后,信号机发出允许关门信号。检查确认站控室防淹门显示收到信号允许关门的信息。

3)模拟防淹门非全开(开门并锁闭)状态

①站控室:注意,测试前防淹门承包商需要事前解除防淹门启闭机和锁闭机电源。

②防淹门电控室:模拟给出非全开(开门并锁闭)状态信息。

③信号联锁站信号系统设备房:确认对应的防淹门开门并锁闭,表示继电器未被吸起。

④信号联锁站:检查确认禁止向防淹门方向排列进路。

信号系统与防淹门系统联锁逻辑关系试验表见表7—13。

表7—13　　　信号系统与防淹门系统联锁逻辑关系试验表

检查项目	操作	正常结果	状态确认	备注
模拟过江隧道水淹	模拟1	站控室与防淹门电控室控制柜上的"一级报警"灯亮,IBP盘"一级水位指示"灯亮	正常□ 异常□	
	模拟2	站控室与防淹门电控室控制柜上的"四级报警"灯亮,IBP盘"四级水位指示"灯亮	正常□ 异常□	
	按请求关门按钮	站控室"请求关门"指示灯亮,向信号系统发出防淹门关门请求信息	正常□ 异常□	
没有进路,没有列车占用进路及接近区段	防淹门请求关门	始端信号机关闭并封锁	正常□ 异常□	
		进路不能排列	正常□ 异常□	
列车还未占用进路,接近区段空闲	防淹门请求关门	始端信号机关闭并封锁	正常□ 异常□	
		信号系统向防淹门发出允许关门的信号,检查确认站控室防淹门显示收到允许关门的信息	正常□ 异常□	

第七章　调试和试运行管理

续表

检查项目	操作	正常结果	状态确认	备注
列车占用接近区段，进路空闲	防淹门请求关门	始端信号机关闭并封锁	正常□ 异常□	
		引导信号不能开放	正常□ 异常□	
		延时90 s释放进路，进路释放后向防淹门发出允许关门信号，检查确认站控室防淹门显示收到允许关门的信息	正常□ 异常□	
列车占用进路	防淹门请求关门	始端信号机封锁	正常□ 异常□	
		列车仍在进路中运行时，信号机不发出允许关门信号	正常□ 异常□	
		待列车通过该进路，且进路区段已解锁，信号机发出允许关闭信号，检查确认站控室防淹门显示收到允许关门的信息	正常□ 异常□	
		该进路不能再次排列	正常□ 异常□	
模拟防淹门非全开（开门并锁闭）状态	模拟防淹门非全开（开门并锁闭）状态	站控室显示非全开（开门并锁闭）状态	正常□ 异常□	（注意：测试前防淹门承包商需要事前解除防淹门启闭机和锁闭机电源）
		防淹门开门并锁闭，表示继电器未被吸起	正常□ 异常□	
		检查确认不能向防淹门方向排列进路	正常□ 异常□	
记录人员：				
测试存在问题：				
参与人员签字：				

(3) 全线列车高密度运行信号系统能力测试

通过测试，验证系统在高密度行车下信号系统的稳定性，以及系统在处理较大数据量时的故障率情况，检验信号系统高密度行车的能力是否与设计一致。一般按照系统最大能力编制时刻表，列车按照时刻表长时间运行，以验证信号系统的主要行车指标（如折返间隔、运行间隔等）和系统容量是否达到设计要求。

第七节　运营演练与三个月试运行

7.7.1　运营演练

运营演练是验证、整合、构建整个轨道交通工程设计功能与使用功能的各项目标是否相互对应的关键环节，是对系统总联调的功能验证，是进一步建立安全、可行、有序、高效的运营规章、行车规章和安全规章制度的前提，是实现整个轨道交通工程人与机可靠互控、人与人协调配合的最重要阶段和关键环节，是关系到工程能否顺利开通运营的第一步，在运营环节中占据着重要的地位。

（1）运营演练的目的

1）通过开展各项演练，可以带动运营各行车岗位/工种联动，检验相互间的磨合，便于行车部门、设备部门正确掌握新线的特点。

2）检验正常运营及应急组织情况下，调度、司机、车站及设备检修人员的组织、协作和应急处理能力，确保新线顺利运营。

3）检验试运营时刻表各技术参数的准确性、稳定性，对列车区间运行时间、停站时分和折返时间进行准确测定；及时修正正式试运营时刻表，确保试运营时刻表运营参数的相对合理。

4）检验各应急方案的可行性、可操作性。

（2）运营演练的内容

运营演练项目根据《城市轨道交通试运营基本条件》（GB/T 30013—2013）、《城市轨道交通技术规范》（GB 50490—2009）、《城市轨道交通运营管理规范》（GB/T 30012—2013)、地铁公司相关管理办法和工程建设进度、

工期策划和筹备计划等设定,演练项目和主要内容包括:

1)运营时刻表演练方案。测试运营时刻表的准确性、稳定性,列车区间运行时间准确性,控制中心行车调度员操作能力,车厂调度操作能力。

2)车上无线电在正线及车辆段通信测试。测试车上无线电在正线、侧线及车辆段各个地区的收发能力。

3)降级模式下的运营演练方案。测试在降级模式下控制中心的行车调度及处理能力,站务室员工在各个降级模式行车的组织及执行能力,故障维修的协调及处理能力,在降级模式下的可营运水平。

4)系统/设备故障演练方案。检验客车救援程序的效率,行调、司机、站务人员在故障状态下的组织、协调、应急应变能力,紧急救援组的效能。

5)紧急模式下的运营演练方案。检验调度、司机、车站人员在紧急状态下的应急应变能力,行规等规章在紧急情况下的处理效率,OCC 调度组织指挥能力和司机对事故的处理能力,消防系统和操作人员的应急能力,与各部门及与消防、警察的协同配合能力。

7.7.2 三个月试运行

试运行是指系统联调结束后,通过不载客列车运行,对运营组织管理和设施设备系统的可用性、安全性和可靠性进行检验。试运行旨在把所有合同设备、系统及材料放在实际负荷环境中作为一个不可分割的系统进行检测,以查明是否达到合同中规定的要求,通过大量的列车运行和有效的工作,满足大密度列车运行的要求,保证轨道交通的正常运营。

(1)三个月试运行指标

自项目工程验收合格之日起投入不载客试运行,试运行时间不少于三个月。试运行最后 20 日将按照试运营开通时的列车运行图行车,且运营指标需达到《城市轨道交通试运营基本条件》(GB/T 30013—2013)要求:

1)列车运行图兑现率:不应低于 98.5%。

2)列车正点率:不应低于 98%。

3) 列车服务可靠度：全部列车总行车里程与发送 5 min 以上延误次数之比不应低于 2.5 万列千米/次。

4) 列车退出正线运营故障率：不应高于 0.5 次/万列千米。

5) 信号系统故障率：不应高于 1 次/万列千米（注：信号系统故障是指列车无法以自动防护模式运行、部分区段无速度码或发生道岔失去表示的情况）。

6) 供电系统故障率：不应高于 0.2 次/万列千米（注：供电系统故障是指造成部分区段失电或单边供电的供电故障）。

7) 屏蔽门故障率：不应高于 1 次/万次。

(2) 试运行前应具备的基本条件

1) 完成热滑试验存在的问题整改并验收合格，完成信号系统的初验报告。

2) 完成 ATS、CI 功能调试，提供调试、联调测试报告。

3) 完成载客运营期间最低配车数的 ATP 功能和性能测试，提供调试、联调测试报告。

4) 完成载客运营期间最低配车数的 ATO 功能调试，提供调试、联调测试报告。

5) 完成与站台门的接口功能调试，提供调试、联调测试报告。

6) 完成与 PIS 系统的接口功能调试，提供调试、联调测试报告。

7) 取得信号系统"空载安全认证证书"。

8) 信号系统 144 小时测试合格，满足空载试运行要求，提供测试报告。

第八节　调试与试运行管理案例

信号系统作为城市轨道交通工程建设的关门专业，其调试工作往往受工程建设进度和工作环境等的限制，工作效率相对较低，因此尽早开始各个步骤的调试工作，提前发现设计与现场实施中可能存在的问题就相当重要。

7.8.1 案例一：在车辆厂试车线上提前进行车载设备调试，创造条件验证系统功能

(1) 背景

在某地铁工程建设过程中，受制于前期土建工程建设进度，车辆段和试车线建设进度相对滞后，无法按照原定工期计划完工并交付使用，导致信号车载设备功能调试作业没有场地开展。为了满足在正线"三权"移交后能有完成信号车载设备调试的列车进行正线地面 ATP/ATO 子系统调试和系统联调，同时，按照信号车载设备的调试内容和时间需求，又必须尽早开展信号车载 ATP/ATO 子系统设备的调试，因此，车载信号系统设备调试场地问题亟待解决。

(2) 解决方案

通常情况下，车辆生产基地设置有车辆试车线，但是缺少信号系统地面设备，在车辆厂试车线上安装部分简易地面信号系统设备（如应答器、轨旁天线等）后，可以形成一条简易的信号车载设备试车线，轨旁信号系统设备布置如图 7—10 所示。通过车载设备和简易的轨旁设备，在车辆供应商交付每列车后即可进行相应的车载传感器工作状态、列车接口和无线功能的验证，一般可完成信号车载设备动态测试项目的一半（根据信号系统供应商的不同，测试内容会有所差别）。此外，提前开展部分车载功能和与车辆接口的相关调试，能及早发现车载功能和接口的相关问题，为解决调试问题赢得时间，同时也为后续车辆的信号车载设备调试积累经验。

在项目管理上，需要根据信号车载设备的调试内容和车辆厂试车线的实际情况（包括线路长度、曲线半径、最高运行速度和供电等）制定在试车线上进行简易信号系统设备安装和车载信号系统设备调试的方案，包括需安装的信号系统设备、调试内容、人员配合、作业时间安排和安全防护等主要内容，组织车辆供应商和信号系统供应商确认方案可行后，进一步安排具体的安装和调试计划，并组织开展安装和调试作业。

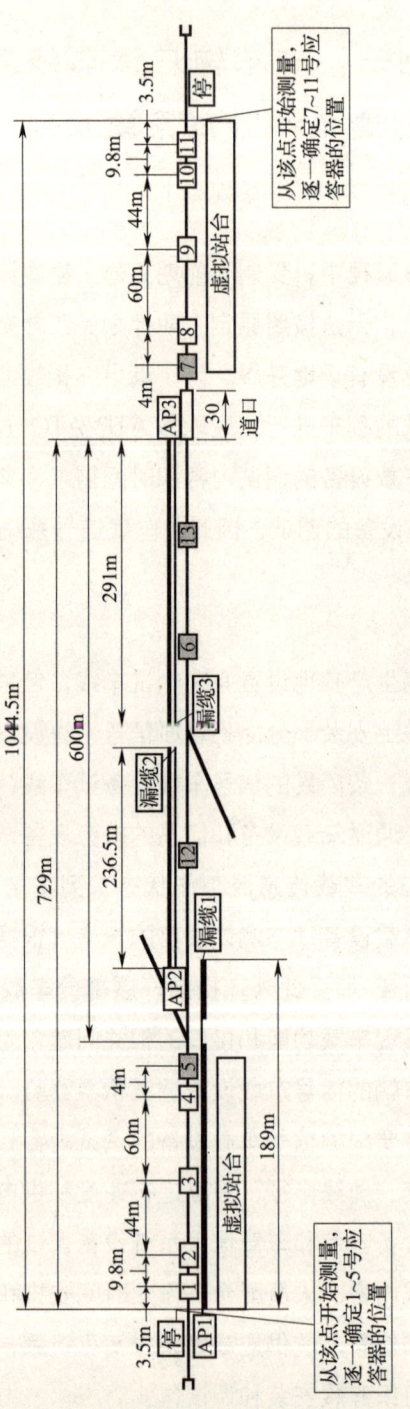

图 7—10 试车线机旁信号系统设备布置图

此外,由于车辆段试车线是按照正线信号系统的一个典型设备集中站设备进行配置,其功能更加完备,对于信号车载 ATP/ATO 子系统设备的调试更有意义,因此在车辆段工程整体无法满足列车调试工期进度的情况下,依然可以协调建设单位集中力量将试车线的工程优先建设完毕,为车载 ATP/ATO 子系统设备的调试创造有利条件。

7.8.2 案例二:提前开展延伸线接入首期的升级改造

(1) 背景

某地铁工程首期与二期信号系统分界设置在 A 站至 B 站区间,该区间内有较多设备需接入首期信号系统中进行控制,为此需对首期信号系统进行改造和升级;同时,二期与首期贯通运营,接入二期时需将首期的信号系统软件进行升级;××线首期为运营线路,所有改造和升级工作需在夜间停运期间进行。××线线路配置如图 7—11 所示,虚线框部分为首期,其余部分为二期。为减少二期接入对首期运营的影响,应提前进行首期 A 站的改造、倒接调试。

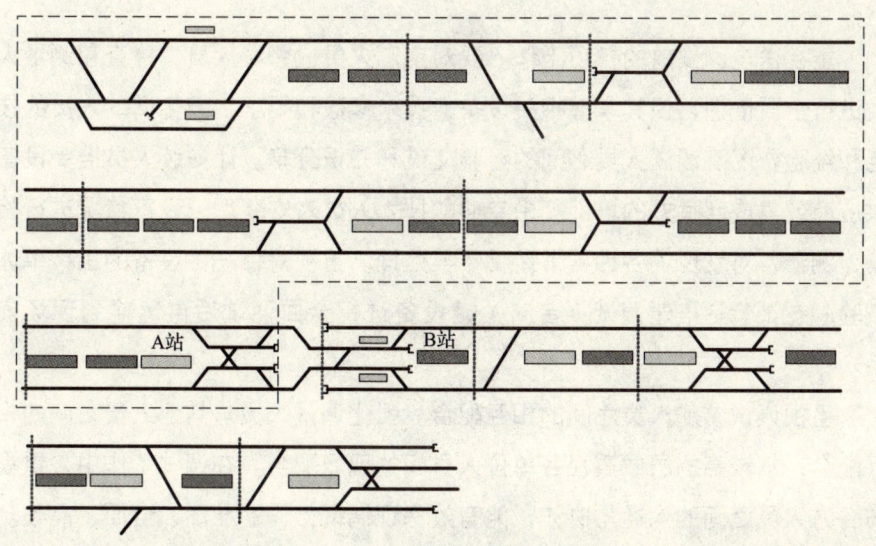

图 7—11 ××线线路配置示意图

(2) 解决方案

首先要组织系统供应商提供改造、倒接具体实施方案，各方（设计、施工、运营部门等）充分论证并确定改造、倒接调试方案。整改改造、倒接方案包括设备安装、配线修改、一致性测试、A 站联锁测试、ATS/ATC 软件数据修改回归测试、首期/二期边界测试、首期软件升级测试和倒接测试等内容。

由于涉及既有线路运营，安装调试时间有限且有效调试时间少，为了争取更多的改造、倒接调试时间，还需协调建设部门提前移交 A 站至 B 站区域用于首期 A 站的改造、倒接调试，确保顺利完成首期信号系统改造升级和二期信号系统调试工作。

本 章 小 结

信号系统调试工作往往受工作环境限制，工作效率相对较低，遵循以下原则将有利于提高现场调试的整体效率，确保调试工作的全面、准确和高效。

重视送电测试前的各项工作。要对定测人员、督导人员、检查和测量人员进行全面培训，使其掌握相关设备的技术参数和要求；强化调试人员的技能和经验，以及调试人员之间的经验交流和知识分享。让安装人员接受设备供应商或集成商举办的培训。由专业的技术人员对安装后的设备状况进行检查、测量，对发现的各种异常情况尽早处理。重视对每一件设备的工厂单体试验。在试验室搭建调试平台对关键设备进行全面调试后再运输到现场安装。

重视调试参加人员之间的相互配合。强化调试人员与其他人员之间的相互配合，从较高的层面重视各单位人员间的现场配合。在调试工作中，重视与各方人员之间的沟通与协作，能有效保证调试工作的准确、全面、高效。

重视调试流程和调试记录。调试工作是一个重复性很强的、相对比较枯燥的工作，需要调试人员具有很强的责任心，对每一件设备进行所有设计功能的完整验证和确认，并对测试过程进行详细记录，避免任何遗漏。调试流程设计中，还要针对分段测试的功能进行整体测试，逐步扩大设备测试的范围，以避免分段调试或模拟调试中可能存在的盲点影响系统或子系统的整体调试工作。调试流程应根据现场环境适时调整、优化，以尽早完成 CBTC 系统各功能的完整测试。

尽早开始各个步骤的调试工作。自动控制系统轨旁设备的调试工作应随轨道交通建设中确定的样板车站进行，以尽早发现设计与现场实施中可能存在的问题。同样，车辆供应商通常也会较早交付前几列列车，供现场各专业调试或测试使用。CBTC 系统设备的各步骤调试工作也应随之完成，为后续列车的信号车载设备调试积累经验，尽早发现可能存在的问题。

对于直接影响列车运行安全的信号系统，现场调试工作是确保系统设计功能在设备启用前经验证与确认后达到设计要求和使用要求的过程，应采用广义上的调试概念做好调试工作，将有利于提高整体调试工作效率，并降低调试成本。在轨道交通工程建设中，信号系统设备现场调试工作所需时间在一定范围内是有弹性的，供应商或集成商应遵循调试工作的重要原则，提早做好调试人员的培训、机具设备的准备、调试计划和调试流程的编制等工作，以在缩短调试时间的同时，全面、准确地完成列车控制系统的现场调试工作，保证列车可靠、安全运行。

第八章 安全认证

第一节 安全认证概述

信号系统是城市轨道交通系统的安全系统之一,对其产品、系统设计、设备安装和系统调试行为等方面的安全性评估,在信号系统建设项目管理过程中必须重点把控,取得由具有相关资质的第三方安全认证机构颁发的信号系统载客安全认证证书是城市轨道交通线路开通的必要条件之一,这关系着线路开通后的行车安全。在国内轨道交通建设项目中,取得第三方信号系统载客安全认证证书主要有两种方式:第一种方式是在信号系统招标或合同签署时明确由信号供应商在系统交付时同步提供第三方安全评估报告和证书,第二种方式是由建设单位自行引入第三方安全评估机构对信号系统项目进行安全评估和认证。作为信号系统项目管理者,不管采取哪种方式,都有必要掌握信号系统安全评估和认证的相关知识,对安全评估中涉及的干系人和评估流程要有一定的了解,将安全管理理念贯穿信号系统建设项目全过程。

8.1.1 安全认证的作用及市场情况

(1) 安全认证的作用

信号系统的功能在于保障轨道交通的行车安全,提高运营效率,特别是在信号系统发生故障的情况下依然能保证故障结果导向安全,因此,国际上对于轨道交通信号系统建立了相应的安全评估和认证体系。对于信号系统供应商来说,安全认证是其信号产品投入市场使用的准入条件;对于城市轨道交通运营单位来说,信号系统安全认证是线路开通运营的必要条件,是行车安全的技术保障。

(2) 安全认证市场情况

在国际上,欧洲发达国家已建立有相当完善的轨道交通信号系统安全评估和认证体系。国际电工委员会(IEC)在20世纪90年代初制定了安全相关系统的设计和评估标准IEC 61508,在该标准中首次提出了安全相关系统的"安全完整性等级(SIL, Safety Integrity Level)"这一概念来代表产品在应用中所能达到的安全等级,并以此作为安全相关系统的综合评估指标。SIL分SIL1~SIL4多个级别,其功能安全认证主要涉及针对安全设备开发流程的文档管理(FSM)评估、硬件可靠性计算和评估、软件评估、环境试验和EMC(电磁兼容性)测试等内容。

欧洲电工标准化委员会(CENELEC)在IEC 61508基础上制定了相关的铁路信号系统评估标准以及安全认证体系,这些标准包括EN 50126(可靠性、可用性、可维护性及安全性规范和说明)、EN 50128(铁路控制和防护系统的软件)、EN 50129(信号领域的安全相关电子系统),对信号系统的生产组织架构做了规定,为产品的全寿命周期做了相应的规范,并对寿命周期各个阶段的安全保障工作和需求做了具体要求。

信号系统由不同的子系统组成,不同子系统的安全完整性等级(SIL)不同,涉及安全相关的子系统,如联锁、ATP、计轴子系统的安全完整性等级为SIL4级,ATS、ATO子系统的安全完整性等级一般为SIL2级。信号系统的整体安全完整性等级应达到 SIL4 级。

欧洲的铁路和城市轨道交通信号系统供应商在产品投入市场前都会经过上述标准的独立安全评估并获得相应证书，国内信号系统供应商的产品也同样以上述标准完成安全评估并获得相应证书。在国内，通常由主流的信号系统独立第三方安全评估和认证机构，如英国劳氏、德国 TüV（TüV 莱茵及 TüV 南德）、必维等，在铁路和城市轨道交通项目中为信号系统开展安全评估和认证。

8.1.2 安全认证的类型

(1) EN 50129 安全认证类别

根据 EN 50129（信号领域的安全相关电子系统）标准的定义，独立的第三方安全认证包括三类：

1) 通用产品 GP 安全认证。指的是针对单个产品的安全认证，如各家信号系统供应商的联锁设备、轨旁 ATP 设备、计轴设备、信标等具体产品的安全认证。

2) 通用应用 GA 安全认证。指的是针对通用的系统平台应用的安全认证。

3) 特定应用 SA 安全认证。指的是针对某一个工程项目的安全认证，适用于工程应用阶段。

(2) 信号系统安全认证类别

对于城市轨道交通信号系统建设项目，GP、GA 安全认证一般在招标阶段要求信号系统供应商在投标文件中给出，建设单位不直接参与相关认证活动。有建设单位参与的是特定应用 SA 安全认证，是信号系统项目全周期中的一个环节。

下面以广州地铁××线信号系统的安全认证为例介绍安全认证的分类。

(3) 信号系统特定工程应用的安全认证名称

如图 8—1 所示，信号系统在招投标阶段基本已锁定通用产品 GP 及通用应用 GA 安全认证的产品型号。与信号系统建设项目紧密相关的，是特定应用 SA 安全认证，该认证具体到特定线路的实施应用过程，建设单位也常将 SA 安全认证节点作为关键工期节点。

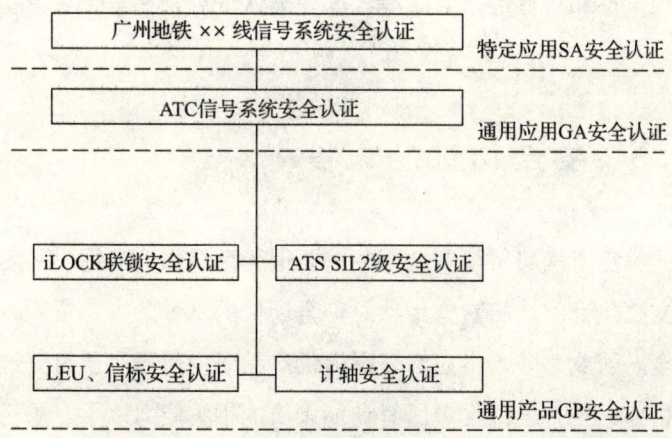

图 8—1　广州地铁××线信号系统安全认证组成

根据具体线路建设项目的进度，一般在调试阶段由第三方安全认证机构分阶段提供联锁安全认证、多列车调试安全认证和载客安全认证。其中，对于列车的安全认证一般有两种方式：一种是在每列车完成车辆和信号功能调试后单独为每列列车出具安全认证，另一种是在系统的安全认证中将已具备上线运营的列车纳入认证范围。

详细说明如下：

1) 联锁安全认证。在完成信号系统联锁功能调试，系统已具备联锁功能后提供。在调试阶段取得第三方联锁安全认证意味着可以使用联锁功能排路进行单列车动车调试。有些信号供应商也称这一认证为解钩锁安全认证，即转辙机不再需要人工钩锁确认，可以由联锁系统进行确认。

2) 多列车调试安全认证。在完成基本的 ATP 功能调试后，取得第三方多列车调试安全认证意味着可以上线多列列车进行追踪测试，可进行大规模的系统联调测试。

3) 空载试运行安全认证。在信号系统联调结束后，开展三个月试运行的最后 20 天，信号系统必须进行空载试运行跑图工作。信号系统供应商需取得第三方空载试运行安全认证后，方能启动信号系统空载试运行。

4）载客安全认证。在通过系统联调和空载试运行，验证了信号系统的安全性、稳定性和可靠性，并取得载客安全认证后，信号系统具备开通运营条件。

8.1.3 安全认证的流程

独立的第三方信号系统安全评估需要信号系统供应商提供开发过程中所有相关的文档化证据，将其作为独立安全评估的基本条件，证明基本的技术和功能安全。除此之外，供应商还需提供产品研发过程中质量管理、安全管理的证据，如系统开发过程中所有参加人员的相关能力水平、采用的开发工具、安全寿命周期的各活动（安全分析、评审、审核、验证、确认）的证据。安全评估是伴随系统开发过程而进行的评估活动，它从项目的计划阶段开始，一直到系统被确认和验收为止，第三方安全评估流程如图 8—2 所示。

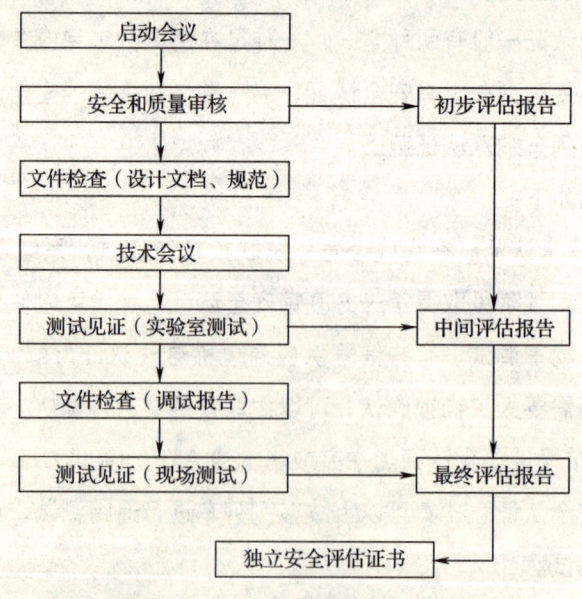

图 8—2　第三方安全评估流程

安全评估过程的主要检查对象包括人员、过程、文档和测试。评估方式包括现场审核、文档评估、会议讨论和测试见证。只有顺利完成整个评估过程，才可取得第三方评估认证机构颁发的安全证书。

第二节 安全认证的测试项

信号系统安全评估的一项重要工作就是进行现场测试，通过现场测试，评估设计意图是否实现，测试系统软件和设备安装质量是否符合要求，测试系统的稳定性和故障情况下的安全性，特别是作为第三方来检验信号供应商的现场测试工作是否到位，是安全评估的最后一道关口。第三方现场测试的参与人员一般包括评估机构的认证人员、信号系统供应商和建设单位，由认证人员提出测试需求，信号系统供应商负责测试操作，建设单位做必要的测试配合工作，共同见证测试全过程。

下面以广州地铁××线信号系统第三方现场测试为例，介绍安全认证常见的现场测试项。

8.2.1 列车运行安全防护功能测试项

(1) 测试目的

检验列车在ATP防护下的列车超速、临时限速、列车退行、屏蔽门防护区域、IBP/站台紧急停车防护区域、进路尽头停车等列车运行的ATP安全防护功能有效性。

(2) 测试方法

1) 列车ATP超速防护测试

①以PM模式人工驾驶列车。

②对列车施加牵引加速，列车实际速度超过推荐速度，发出告警。

③继续施加牵引，列车施加紧急制动。

2）临时限速测试

①在 ATS 工作站 MMI 上设置部分区段临时限速。

②列车以 PM 模式通过该区段，加速到临时限速值。

③记录司机显示单元的紧急制动速度。

3）列车退行测试。以 RMR 模式驾驶列车退行，记录退行最大速度、最大退行距离。

4）屏蔽门防护区域测试

①以 ATP 防护模式行车。

②列车进站前，打开站台屏蔽门，记录列车运行情况。

③列车进站对标停车，保持站台屏蔽门打开，记录列车启动情况。

④列车离站过程中，打开站台屏蔽门，记录列车运行情况。

5）IBP/站台紧急停车防护区域测试

①以 ATP 防护模式行车。

②列车进站前，按压 IBP 或站台紧急停车按钮，记录列车运行情况。

③列车进站对标停车，按压 IBP 或站台紧急停车按钮，记录列车启动情况。

④列车离站过程中，按压 IBP 或站台紧急停车按钮，记录列车运行情况。

6）进路尽头停车测试。排列进路，以 ATP 防护模式行车，记录列车运行至进路终端信号机前推荐速度。

8.2.2 列车追踪运行防护功能测试项

（1）测试目的

检验列车追踪运行情况下的 ATP 安全防护功能的有效性。

（2）测试方法

1）前车以 PM 模式人工驾驶列车，以不同速度或停车方式在前方运行。

2) 后车以 ATO 模式追踪前车运行。

3) 记录后车的运行情况。

第三节　安全认证证书及安全评估报告

根据目前通用的做法，信号系统第三方安全评估工作最终输出文件为安全证书和对应的安全评估报告，安全证书中列明安全认证机构的评估结论和信号系统授权使用的范围，安全评估报告中则详细介绍安全评估的目标、评估的基础、评估的项目、评估的过程以及限制条件。

8.3.1　安全认证证书

下面对广州地铁某线路信号系统的安全认证证书进行解读。

图 8—3 所示的证书包含以下信息：

(1) 安全认证机构：列明安全评估的机构为×××公司。

(2) 评估对象：列明证书的评估对象为广州市轨道交通×号线信号系统载客运营。

(3) 评估依据：列明评估的参考标准是 EN 50126：1999，EN 50128：2001，EN 50129：2003。

(4) 评估结论：明确提出评估结论——信号系统可以进行广州市轨道交通×号线载客运营。该结论中列明评估的信号系统的软件版本，并对安全应用条件、系统交付范围及使用限制进行详细的说明。

```
┌─────────────────────────────────────────────────────┐
│                    证  书                            │
│                                                      │
│  编号：×××                                           │
│  CENELEC 铁路标准                                    │
│  检查机构            ×××公司                        │
│  证书持有人          ×××信号公司                    │
│  型号名称/受检产品   广州市轨道交通×号线信号系统载客运营 │
│  制造商              ×××信号公司                    │
│  评估依据            EN 50126：1999，EN 50128：2001，EN 50129：2003 │
│                      SIL4 according to EN 50129：2003 │
│  评估报告/日期       ×××，2016 年×月×日             │
│  评估结论            评估方对信号系统特定应用安全论据（版本：×××）│
│                      中定义的广州市轨道交通×号线信号系统（系统软│
│                      件版本：×××）进行了独立安全评估。该信号系│
│                      统 SIL4 的安全目标要求已满足，可用于广州市轨│
│                      道交通×号线信号系统载客运营。                │
│                          安全应用条件有安全须知文件（版本：×××）│
│                      输出，并在安全论据的×××章节引用。系统交付│
│                      范围及使用限制在系统发布单（版本：×××）中│
│                      详述，并在上述安全论据中引用。               │
│                          上述安全应用条件，交付范围及其使用限制必│
│                      须在广州市轨道交通×号线信号系统载客运营期间│
│                      得到遵守。                                   │
│                          有效性本证书的有效性仅适用于评估报告中描│
│                      述的配置。                                   │
│                                              2016 年×月×日       │
└─────────────────────────────────────────────────────┘

图 8—3  典型安全认证证书

## 8.3.2 安全评估报告

下面对前述安全认证证书配套的安全评估报告进行解读，示例如图 8—4、图 8—5 所示。

安全评估报告分为七个章节，通过前言、任务、定义、项目描述、评估的基础、评估项目、评估的执行和结果、总结七部分详细介绍安全评估整体情况，提出评估结论。
```

第八章 安全认证

> **广州市轨道交通×号线信号系统载客运营安全评估报告**
>
> 报告摘要
>
> 报告编号：×××
> 日期：2016年×月×日
> 页数：40页
> 评估项：广州市轨道交通×号线信号系统
> 评估项进一步分级信息：特定应用广州市轨道交通×号线信号系统载客运营
> 审查人员：×××
> 评估结论：评估方对信号系统特定应用安全论据（版本：×××）中定义的广州市轨道交通×号线信号系统（系统软件版本：×××）进行了独立安全评估。该信号系统SIL4的安全目标要求已满足，可用于广州市轨道交通×号线信号系统载客运营。
>
> 安全应用条件有安全须知文件（版本：×××）输出，并在安全论据的×××章节引用。系统交付范围及使用限制在系统发布单（版本：×××）中详述，并在上述安全论据中引用。
>
> 上述安全应用条件，交付范围及其使用限制必须在广州市轨道交通×号线信号系统载客运营期间得到遵守。

图8—4 第三方安全评估报告摘要

下面对报告的重点内容进行介绍：

(1) 任务

评估的任务是要求信号系统供应商提供独立的安全评估证据，以证明其信号系统符合CENELEC标准要求，示例如图8—6所示。评估方检查、验证系统设计、数据准备过程是否满足本信号系统用于全线CBTC/BM载客运行条件。

(2) 评估的基础和项目

主要描述安全评估基础，执行的EN 50126/50128/50129标准和项目安全评估计划、质量安全审核报告、测试见证报告文件等内容。

(3) 限制条件

信号项目管理者最应关注的是安全认证中所提出来的限制条件，需对相关限制条件充分理解，用户应该严格遵守限制条件。信号系统常见限制条件有如下几个方面：

目 录

0　前言
1　任务
　　1.1　介绍
　　1.2　评估目标和要求
　　1.3　范围
　　1.4　安全评估组织架构
2　术语、定义和缩写
　　2.1　术语和定义
　　2.2　缩写
3　项目描述
　　3.1　项目概述
　　3.2　系统概述
4　评估的基础
　　4.1　规则和标准
　　4.2　基本文件
　　4.3　其他文件
5　评估项目
　　5.1　识别
　　5.2　系统文件
　　5.3　参考的评估报告
6　评估的执行和结果
　　6.1　概要
　　6.2　文件检查
　　6.5　测试见证和验证&确认跟踪审核
　　6.6　安全相关应用条件
　　6.7　交付范围及使用限制
7　总结

图 8—5　第三方安全评估报告目录

1) 与其他系统的相关接口功能未完善，相关接口功能不能使用。如信号系统与防淹门接口、与其他线路的联络线接口、与屏蔽门接口、与IBP接口等未调试完成，相关接口功能禁止使用。

2) 工程车运营期间上线的限制条件。

3) 运营期间故障列车连挂救援的限制条件。

针对安全评估提出的限制调试，轨道交通运营单位需要制定相关规章制度和操作流程，采取措施来应对。

1.2 Assessment Target and Requirements / 评估目标和要求

The project encompasses the independent safety assessment of the Signalling System. The basis of assessment is the requirements of the CENELEC standards /EN 50126/, /EN 50128/ and /EN 50129/.

项目包含信号系统独立安全评估。评估基于 CENELEC 标准 /EN 50126/、/EN 50128/和/EN 50129/的要求。

This Independent Safety Assessment is limited to the Signalling System.

独立安全评估仅限于信号系统。

The specific application Signalling System shall fulfill the requirements for:

特定应用信号系统满足:

1. The safety target of the Signalling System shall achieve SIL4. ATP, CBI and train detection equipment (Axle Counter) shall be certified with a safety integrity level SIL4.

   整个信号系统的安全目标应满足 SIL4。ATP、CBI 和列车检测设备（计轴）应已进行 SIL4 等级安全认证。

2. The supplier shall apply the CENELEC /EN 50126/, /EN50128/ and /EN50129/ standards.

   供应商应该应用 CENELEC /EN 50126/、/EN 5012/8 和/EN 50129/标准。

3. The supplier shall provide the safety certification which shall be issued by an independent safety organization.

   供应商应该提供独立安全机构出具的安全证书。

图 8—6　第三方安全评估任务

本 章 小 结

本章针对信号系统第三方独立安全评估工作，从评估工作的必要性、评估工作的流程、评估重点、现场评估测试、评估报告和安全认证方面进行了介绍，并结合广州地铁信号系统项目管理过程中的第三方安全评估经验进行讲述。本章节梳理的信号系统安全评估工作内容具有一定的指导意义，信号建设项目管理安全认证可按本章内容进行操作和改进。

第九章 验收和全寿命周期服务管理

第一节 验收管理和全寿命周期服务概述

9.1.1 验收管理的内容

建设工程竣工验收，是全面考核建设工作，检查其是否符合设计和工程质量要求的重要环节，对促进建设项目（工程）及时投产，发挥投资效果，总结建设经验有重要作用。建设工程依照国家有关法律、法规及工程建设规范、标准的规定完成工程设计文件要求和合同约定的各项内容，由建设单位组织工程竣工验收并编制完成《建设工程竣工验收报告》。

信号系统验收是指信号系统竣工后，建设单位会同设计单位、施工单位、设备供应商及工程质量监督部门，对该项目是否符合设计要求、设备安装质量要求及系统功能要求进行全面检验，取得竣工合格资料、数据和载客凭证。

信号系统验收主要包括信号系统安装工程的单位工程验收和信号系统（含车载）功能验收。其中，信号系统安装工程的单位工程验收包括检验批验收、分项验收、分部验收、单位工程预验收和单位工程验收，而信号系统

（含车载）功能验收一般包括信号系统功能预验收和最终验收。

9.1.2 信号系统验收规范性文件

(1)《城市轨道交通信号工程施工质量验收规范》(GB 50578—2010)。

(2) 信号系统采购合同。

(3) 信号系统安装工程承包合同。

(4) 信号系统施工蓝图。

(5) 地铁公司发布的《建设工程验收及移交管理办法》《轨道交通工程档案管理规定》《信号系统工程验收标准》等。

9.1.3 验收干系人网络图

(1) 安装工程项目验收干系人网络图（见图 9—1）

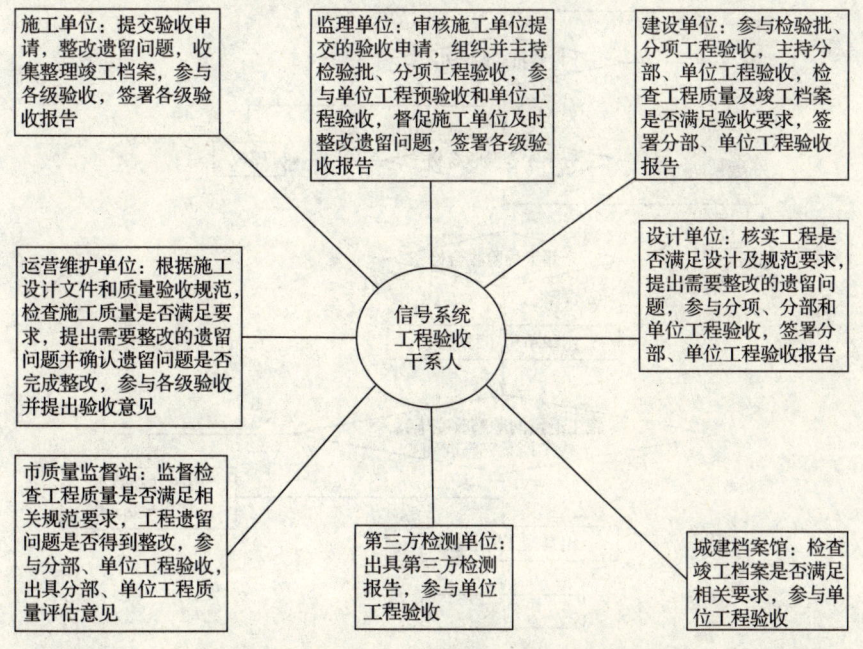

图 9—1 安装工程项目验收干系人网络图

(2) 系统采购项目验收干系人网络图（见图9—2）

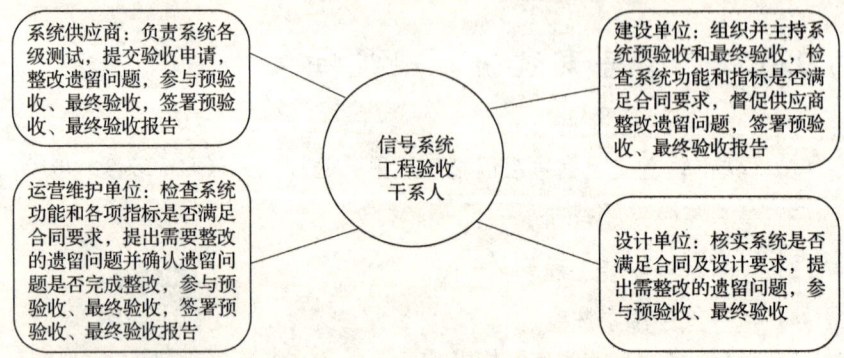

图9—2　系统采购项目验收干系人网络图

9.1.4　竣工验收管理流程图

(1) 安装工程项目验收管理流程图（见图9—3）

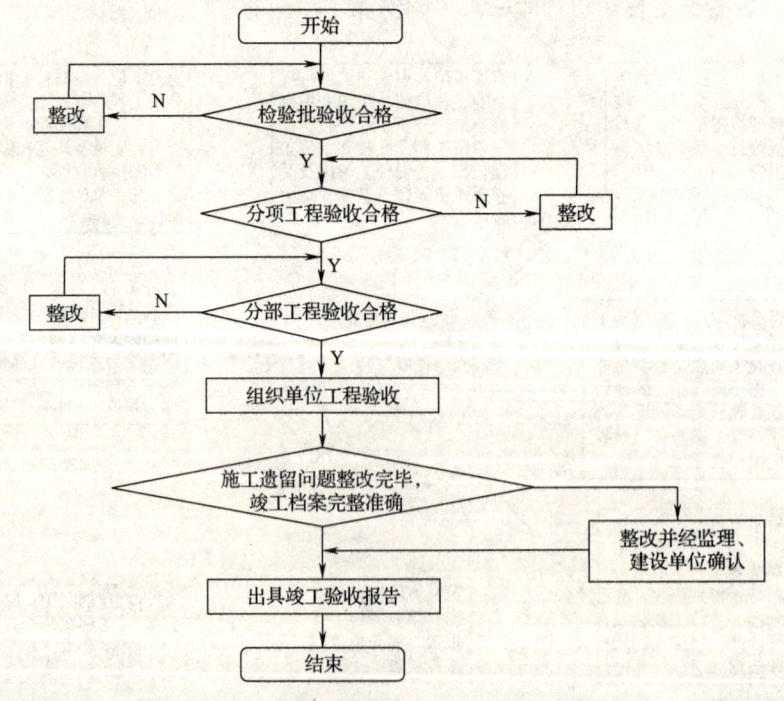

图9—3　安装工程项目验收管理流程图

(2) 系统采购项目验收流程图（见图9—4）

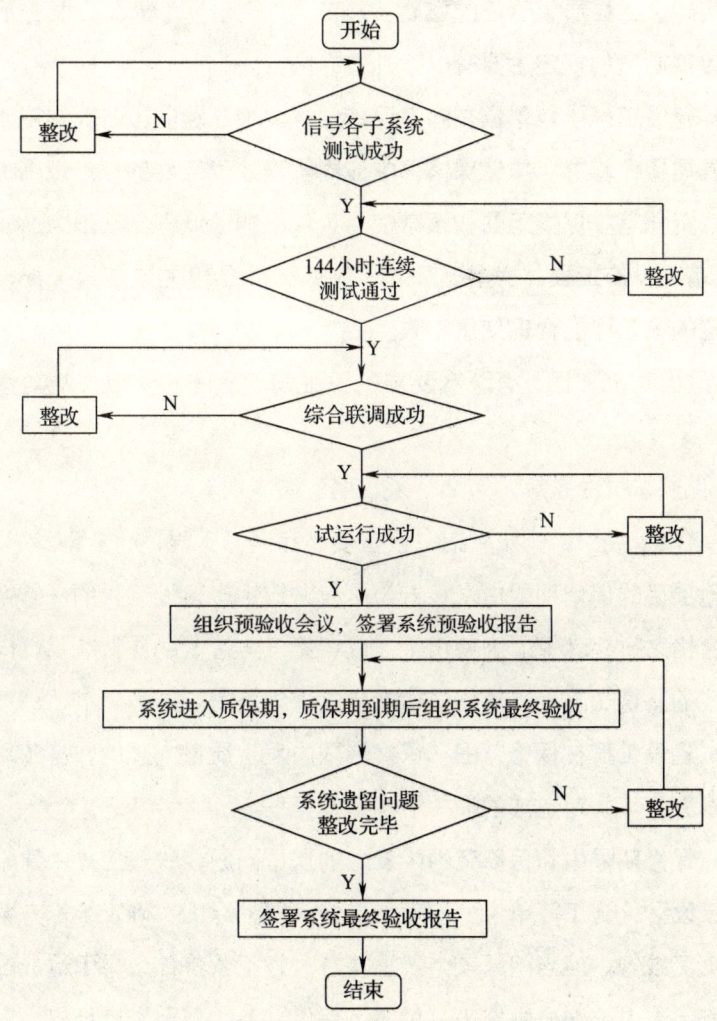

图9—4 系统采购项目验收流程图

9.1.5 建设工程质量保修制度

建设工程质量保修制度是指建设工程在办理竣工验收手续后，在规定的保修期限内，因勘察、设计、施工、材料等原因造成的质量缺陷，应当由施工承包单位负责维修、返工或更换，由责任单位负责赔偿损失。质量保修制度是落实建设工程质量责任的重要措施。《建筑法》《建设工程质量管理条例》对该项制度的规定主要有以下几方面内容。

(1) 建设工程承包单位在向建设单位提交竣工验收报告时，应当向建设单位出具质量保修书。质量保修书中应当明确建设工程的保修范围、保修期限和保修责任等。保修范围和正常使用条件下的最低保修期限为：

1) 基础设施工程、房屋建筑的地基基础工程和主体结构工程，为设计文件规定的该工程的合理使用年限。

2) 屋面防水工程、有防水要求的卫生间、房间和外墙面的防渗漏，为5年。

3) 供热与供冷系统，为2个采暖期、供冷期。

4) 电气管线、给排水管道、设备安装和装修工程，为2年。

其他项目的保修期限由发包方与承包方约定。建设工程的保修期，自竣工验收合格之日起计算。因使用不当或者第三方造成的质量缺陷，以及不可抗力造成的质量缺陷，不属于法律规定的保修范围。

(2) 建设工程在保修范围和保修期限内发生质量问题的，施工单位应当履行保修义务，并对造成的损失承担赔偿责任。

对在保修期限内和保修范围内发生的质量问题，一般应先由建设单位组织勘察、设计、施工等单位分析发生质量问题的原因，确定维修方案，由施工单位负责维修。但当问题较为严重复杂时，不管是什么原因造成的，只要是在保修范围内，均先由施工单位履行保修义务，不得推诿扯皮。对于保修费用，则由质量缺陷的责任方承担。

(3) 城市轨道交通信号系统质保期根据项目不同分为两类：工程承包项目和系统采购项目质保期。其中工程承包项目质保期时效通常为从项目竣工验收起24个日历月，而系统采购项目质保期时效通常为签发系统预验收证书后24个日历月。在质保期内，信号系统供应商和安装工程承包商履行保修义务，承担质量缺陷责任。

9.1.6 全寿命周期服务

简单而言,项目全寿命周期是指一个建设项目从立项开始,到建成投产、生产运行,再到报废淘汰即项目完全失去效益的整个过程时间。

建设工程项目的全寿命周期包括项目的决策阶段、实施阶段和使用阶段。决策阶段管理工作的主要任务是确定项目的定义,项目实施阶段包括设计前准备阶段、设计阶段、施工阶段、动用前准备阶段和保修阶段。

城市轨道交通信号系统全寿命周期是包含信号项目的初步设计阶段、设计阶段、施工阶段、系统调试开通阶段、保修阶段和使用阶段的全过程。城市轨道交通信号系统全寿命周期通常为开通试运营后 20 年。

信号系统与行车安全息息相关,在信号系统全寿命周期内,系统供应商应对系统功能和安全负责。合同对质保期期间的责任有明确的划分,通常情况下,系统供应商应根据合同要求,及时跟进并解决质保期期间发生的问题。而质保期后,随着项目的解体和现场人员的撤离,系统缺陷往往得不到及时整改,因此需要重点关注质保期后系统全寿命周期的服务。

第二节　安装工程竣工验收

安装工程竣工验收是指建设工程项目竣工后,建设单位会同设计、施工、设备供应单位及工程质量监督部门,对该项目是否符合规划设计要求、建筑施工要求和设备安装质量要求进行全面检验,取得竣工合格资料、数据和凭证。

9.2.1 信号系统安装工程验收划分

信号系统安装工程验收划分为单位工程、分部工程、分项工程和检验批四个层次进行。结合信号系统工程特点,单位工程、分部工程、分项工程和检验批具体划分见表9—1。

表9—1　　信号系统单位工程、分部工程、分项工程和检验批划分

单位工程	分部工程	分项工程	检验批
信号系统	控制中心设备	设备机柜安装	1个设备室
		电源设备机柜安装	1个设备室
		各种工作站安装（含车辆段信号楼工作站）	1个操控室
		缆线敷设、配线	1个设备室
		线槽及防护管安装布放	1个设备室
	车站设备安装（每车站一个分部）	设备机柜安装	1个设备室
		电源设备机柜安装	1个设备室
		各种工作站安装	1个操控室
		发车表示器	1个车站
		紧急停车按钮箱	1个车站
		缆线敷设、配线	1个设备室
		线槽及防护管安装布放	1个设备室
	试车线室内设备	设备机柜安装	1个设备室
		电源设备机柜安装	1个设备室
		各种工作站安装	1个操控室
		缆线敷设、配线	1个设备室
		线槽及防护管安装布放	1个设备室
	轨旁设备及缆线（含试车线轨旁）	转辙设备安装	1个车站
		信号机安装	1个车站或每10架信号机
		计轴传感器、计轴电子盒等	1个车站+所辖区间
		车—地通信轨旁设备安装	1个车站+所辖区间
		箱、盒安装	1个车站每10个
		接地连接	1个车站+所辖区间
		电缆敷设	1个车站+所辖区间
		光缆敷设	1个车站+一个区间

9.2.2 信号系统工程验收程序及组织

(1) 分项工程验收的程序与组织

1) 分项工程的验收由监理单位组织,在监理单位的主持下进行。

2) 分项工程质量应在施工单位班组自检的基础上,由施工单位技术负责人组织有关人员进行评定,专职质量检查员核定。监理单位对施工方核定的分项工程质量等级进行审查认可。

3) 分项工程经验收合格后方可移交下一工序施工。

(2) 分部工程验收的程序与组织

1) 准备工作

①分部工程完工后,施工单位提交《分部(分项)工程质量验收申请表》,连同工程技术资料提交监理单位审核。

②监理单位对工程实体进行检查。检查合格后,总监理工程师签署意见,向建设单位递交《分部(分项)工程质量验收申请表》申请验收。

③安全质量技术监督站(监督机构)对工程技术资料进行抽查,在《分部(分项)工程质量核查记录表》上填写资料抽查意见,并将抽查意见书面通知监理单位。

④监理单位通知设计单位、施工单位和建设单位进行验收,质量监督机构(监督员)到场实施验收监督。

⑤施工单位、监理单位在工程验收前还必须准备好分部工程质量自评报告、分部工程质量评估报告。

2) 验收组织。分部工程验收由监理单位组织,建设单位主持,质量安全监督机构、建设单位(建设、维护使用及档案管理部门)、监理单位、设计单位和施工单位等参加。

3) 验收程序

①施工单位做分部工程质量自评报告,简单介绍工程概况、工程实体及资料整理的完成情况、质量控制、分部工程及各分项工程的自检和自评情

况、目前遗留的问题等。

②监理单位做分部工程质量评估报告，介绍工程监理情况、质量控制及分部工程质量验收核定情况、目前遗留的问题等。

③与会人员分组检查（各检查组由主持人指定专人负责）：

工程实体组：现场检查，主要是对实体进行观感质量检查，必要时进行现场实测实量。

文件资料组：对施工单位提交的工程档案进行检查。

④设计单位介绍设计和施工配合情况，指出施工单位的施工是否满足设计要求以及仍存在的问题，并对该分部工程的质量是否通过验收提出意见。

⑤各检查组负责人汇报小组检查情况，指出必须整改的问题，并安排专人做记录，填写《工程验收记录表》。

⑥主持人综合各检查组意见，对工程质量和管理环节等方面作出全面评价。如能达成统一意见，验收人员共同签署《分部（分项）工程质量验收记录》《分部（分项）工程质量验收纪要》。

⑦参与验收的各方不能形成一致意见时，应协商提出解决方法，待意见一致后，重新组织验收。

⑧质量监督机构对工程质量验收的组织形式、验收程序、执行验收标准等情况实施监督。

⑨监理单位负责编写验收会议纪要，将要求整改的问题记录在案，同时负责整改问题的跟踪检查。

(3) 单位（子单位）工程验交前检查（验前检查）

单位工程验前检查的目的是检查各分部工程整改完成情况、工程实体现状质量和资料整理情况，为工程质量竣工验收做好充分准备。

1) 准备工作

①单位工程完工后，施工单位应按照国家有关验收标准及规范全面检查工程质量，整理工程技术资料及施工安全管理资料，向监理单位申请验前检查。

②监理单位对工程技术资料、施工安全管理资料完成情况进行审核，并对工程实体进行检查。检查合格后，总监理工程师签署同意验前检查意见。

2）验前检查的组织。验前检查由监理单位组织，建设单位主持，市质量监督机构、施工单位、监理单位、设计单位、建设单位（建设、安全质量、维护使用、档案管理部门）和市城市建设档案馆等参加。

3）验前检查的程序

①施工单位介绍工程概况、单位（子单位）工程实体及资料整理的完成情况、分部工程验收后遗留问题的整改情况、目前遗留的工程问题、竣工资料整理存在的问题等。

②监理单位介绍工程监理情况、工程实体及资料的整改完成情况、工程验收执行政府备案制度的准备情况、目前遗留的问题等。

③与会人员分组检查（各检查组由主持人指定专人负责）：

工程实体组：现场检查工程实体完成情况和整改情况。

文件资料组：对施工单位提交的竣工资料进行检查。

各检查组须安排专人记录，将意见整理填写在《工程验收检查记录表》上。

④设计单位应明确指出施工单位的施工是否满足设计要求和仍存在的问题，对设计变更手续是否完善、完成，有无遗留工程等作出说明。

⑤各检查组负责人汇报小组检查情况，指出该单位工程须整改的问题。

⑥主持人综合检查组的意见，落实竣工验收前工程实体、资料整改的范围和完成时间，提请各单位按备案制度做好备案前的准备工作，对工程是否可以申报竣工验收提出意见。

⑦监理单位负责编写会议纪要，将要求整改的问题记录在案，同时负责整改问题的跟踪检查。

(4) 单位工程质量验收的程序与组织

1）准备工作

①施工单位应对工程验收前建设单位和质量安全监督部门在验收前检查中提出的问题整改完毕，并由监理单位检查是否合格。施工单位将《工程质量验收申请表》《单位工程质量自评报告》连同整改好的技术和安全管理资料提交监理单位审核。

②监理单位对工程技术资料和安全管理资料的整改进行审核，并对工程

实体进行检查。检查合格后，将资料提交质量监督机构抽查。

③施工单位收集设计单位出具的《工程设计文件质量检查报告》、监理单位出具的《工程质量评估报告》、安全监督站出具的《安全评价书》和质量保修书，连同工程质量验收申请表报送建设单位。

④质量监督机构对工程技术资料进行抽查，结合质量验收前工程现场核查情况，将意见书面通知监理和施工单位。如验前对资料及实体的检查结果满足可验收的条件，质量监督机构将发出工程验收条件检查情况通知书，批准工程组织验收。

⑤施工单位应完成移交工程范围内的设备清点工作，准备好供设备维修用的专用工器具、随箱的备品备件和移交的房间钥匙等。

⑥施工单位应准备好完整的竣工档案供验收检查，同时按照验收备案制度准备并填写好有关验收备案表格。

2) 验收组织。单位工程验收由建设单位组织，由新线验交委员会委派的验收专业组组长（副组长）主持，政府质量安全监督部门、市城市建设档案馆、验交委员会办公室、施工单位、监理单位、设计单位、设计总体单位、设计咨询单位以及建设单位相关部门参加。

3) 验收程序

①施工单位做单位工程质量自评报告，介绍工程概况、工程验收前检查问题的整改情况、自检自评质量情况、目前遗留工程情况，本次验交工作要移交的工程实体范围、设备清单，施工合同履行情况。

②设计单位做设计工作质量报告，明确施工单位的施工是否满足设计要求、设计变更手续是否完善，说明存在的问题和设计合同履行情况，对照初步设计明确未完工程等。

③监理单位做单位工程质量评估报告，介绍工程监理情况、整改问题复查情况、质量等级核定情况、目前遗留问题和监理合同履行情况。

④建设单位做工程合同完成情况报告。

⑤与会人员分组检查（各检查组由主持人指定专人负责）：

工程实体组：现场检查，主要检查初验时提出问题的整改完成情况，并对工程实体进行观感质量检查，必要时进行现场实测实量。

文件资料组：由建设单位档案资料部门牵头，市城市建设档案馆、建设单位、监理单位、施工单位参加，对施工单位提交的竣工资料进行检查验收。

⑥各检查组负责人汇报检查情况，指出存在问题，明确是否具备交接条件。对各小组提出的问题逐一讨论，需要进行整改的应确定整改期限，填写《工程验收记录表》。与会人员如能达成统一意见，施工单位、监理单位、设计单位和新线验交委员会代表共同签署《单位（子单位）工程质量验收记录》及验收备案文件附表。

⑦市质量监督部门负责对工程质量验收的组织形式、验收程序和执行验收标准等情况进行现场监督。

⑧监理单位负责起草会议纪要，送建设单位审查修改后，报地铁公司新线验交办公室签发。建设单位、监理单位负责整改问题的跟踪检查。整改完成后须经运营维护部门确认。

第三节 信号系统功能验收

信号系统建设项目验收的重点是设备安装质量，而信号系统功能验收的重点则是系统功能和性能指标。

按照验收时间阶段，信号系统功能验收可分为系统预验收和系统最终验收两部分，系统预验收通常在系统调试成功后的开通试运营阶段进行，系统最终验收则在保质期后进行。

9.3.1 信号系统预验收条件

信号系统安装工程的单位工程验收合格后，信号系统进入调试阶段，在各子系统试验成功后，建设单位将组织供应商和运营部门进行144小时连续试验，验证系统的安全指标、可用性指标和系统性能指标。当144小时连续试验结果满足合同各项试验指标要求后,信号系统将展开综合联调,验证所有接口功能,证明各系统可以有机结合,能够满足合同对列车运行的要求。综合联调成功意味着信号系统具备了试运行条件。通常需要经过3个月的试运行,检查在实际负荷环境中系统能否达到合同要求,在试运行成功并出具试运行报告后,信号系统方可进行预验收。由此可见,系统试验、144小时连续试验、综合联调和试运行是信号系统预验收的组成部分,系统试验、144小时连续试验、综合联调和试运行均成功是开具预验收证书的必要条件。

9.3.2 预验收测试组织

信号系统预验收前需要经过系统(含各子系统)试验、144小时连续试验、综合联调和试运行四个阶段。其中系统试验、144小时连续试验仅为信号系统自身试验,以系统供应商为主开展测试;综合联调和试运行则是牵涉轨道交通所有系统的综合测试,由轨道交通运营单位牵头组织。

下面重点以信号系统各子系统功能验收、144小时连续试验和试运行为例,具体说明预验收测试组织和程序。

(1) 信号系统试验

1) 试验目的。验证ATO、ATP、ATS、联锁、DCS各子系统功能是否满足合同要求。

2) 试验内容

①联锁及ITC功能测试。包括RM跑车进路排列、占用、出清,联锁边界升级跑车,里程表质量检查,应答器读取及数据库信息的收集,无WCU_ATP下的显示,在仅有一条进路被排出后列车在正线ITC等级SM模式下的运行,列车在正线ITC等级SM模式下的运行,ITC等级SM模式下驾驶室自动换端,无线覆盖及场强等测试。

②CTC功能测试(测试轨旁ATP、ATO软件)及信号车载设备的调试。包括列车停在EMP-RAUZ前,列车停在PSD-RAUZ前,在仅有一条进路

被排出后列车在正线 CTC 等级 SM 模式下的运行，列车在正线 CTC 等级 SM 模式下的运行，列车在联锁边界 CTC 等级 SM 模式下的运行，ATO 车门功能，ATO 停车精度，信号车载设备的调试，AT 车追踪 AT 车，AT 车追踪 NRT 车等测试。

③ATS 功能测试（连接轨旁所有设备，测试 ATS）。包括停留时间的规定［监视 DTI（发车计时器）］，巡航惰性功能，列车运行调整，TSR：SM 模式下的速度监督；TSR：列车运行于 ITC 和 CTC 下，跳站功能，扣车功能，系统图显示及报警信息监控，在时刻表下自动排路/车次号变更/折返功能，与其他专业接口，多列车模拟运营等测试。

3）测试项目。通常情况下，具体测试项目见表 9—2 至表 9—18。

①信号系统单体设备功能验证表，分别见表 9—2 至表 9—10。

表 9—2　　　　　　　　电源系统功能验证表

序号	项目	标准	检验方法	功能等级	判定	备注
1	电源屏、UPS 空载/带载输出电压值、电流值	各路输出电源满足负载用电要求，波动不超过预设范围	仪表实测	A	□通过 □不通过	
2	市电中断自动切换到电池供电	能自动切换	模拟市电中断	A	□通过 □不通过	
3	静态旁路自动切换是否正常	输出由逆变器转到静态旁路，输出由静态旁路转到逆变器	仪表实测、软件监控	A	□通过 □不通过	
4	电池后备时间测试	测试电池后备时间，满足合同要求	模拟市电中断	A	□通过 □不通过	
5	手动旁路	输出由逆变器转到维修旁路	仪表实测、软件监控	C	□通过 □不通过	
6	电池充电、放电	充电、放电电压、电流在电池设置范围内满足要求	电池充、放电	C	□通过 □不通过	

续表

序号	项目	标准	检验方法	功能等级	判定	备注
7	电源屏、UPS发生故障时，设备发出报警	输入/输出电压、电流、过/欠压、断相/错相监测报警，电源模块故障报警，故障信息记录等，报警信息与实际一致	现场模拟、软件监控	C	□通过 □不通过	
8	UPS并机功能测试	UPS并机工作模式和单机工作模式可正常切换，且切换过程满足系统性能要求	现场模拟、软件监控	A	□通过 □不通过	
9	两路输入市电切换功能测试	一路输入市电中断能够切换到另一路输入市电供电	模拟市电中断	C	□通过 □不通过	如有该功能则进行验证
10	电源屏各电源模块冗余功能测试	能够自动切换，满足合同要求	现场模拟	C	□通过 □不通过	如有该功能则进行验证

表9—3　　　　　　　　　　联锁设备功能验证表

序号	项目	标准	检验方法	功能等级	判定	备注
1	室内外设备（联锁显示界面、信号机、道岔、计轴设备等）的状态一致性试验	调试案例	检查调试报告	A	□通过 □不通过	
2	进路控制功能（联锁表）	按照联锁表进行进路建立的条件及敌对进路检查、正常解锁和延时解锁、开放引导信号、接近区段锁闭和保护区段的建立等功能测试（抽查）	现场操作	A	□通过 □不通过	

第九章 验收和全寿命周期服务管理

续表

序号	项目	标准	检验方法	功能等级	判定	备注
3	进路的自动功能	实现进路自动解锁、自动折返进路、自动触发进路	现场操作	B	□通过 □不通过	
4	信号机的显示及设置	CBTC模式下列车依据移动授权的信息行车，授权内的室外信号机保持灭灯状态；非CBTC模式下列车依靠室外轨旁设备（点式ATP和信号机）的信息行车，室外信号机保持点灯状态	现场操作	A	□通过 □不通过	
5	轨道区段检测功能	占用、出清计轴区段预复位功能	现场操作	A	□通过 □不通过	
6	轨道区段报警	具备报警和故障显示功能	现场查看	C	□通过 □不通过	
7	信号机控制功能	信号机开放的条件检查、红灯灯丝检查、断丝检查	现场操作	A	□通过 □不通过	
8	道岔控制功能	道岔人工单独操纵，进路带动，道岔预留操作	现场操作	A	□通过 □不通过	
9	道岔单边干扰恢复功能	CBTC模式下道岔受扰后，可取消道岔锁闭（一次，安全操作），人工操作道岔到表示正常方向	现场操作	C	□通过 □不通过	如有该功能则进行验证
10	本地监控功能	为车站操作员提供完整的本地联锁监控功能	现场操作	B	□通过 □不通过	
11	控制权切换功能	车站值班员和中心调度员可以通过HMI操作完成控制权的转换	现场操作	B	□通过 □不通过	

续表

序号	项目	标准	检验方法	功能等级	判定	备注
12	紧急停车按钮监督功能	实时监督设在站台或IBP盘上的紧急停车按钮状态，通过设在站台或IBP盘上的紧急停车按钮来紧急关闭站台区域，通过设在IBP盘上的取消紧停按钮来恢复	现场操作	A	☐通过 ☐不通过	
13	扣车	实现办理或取消扣车功能	现场操作	B	☐通过 ☐不通过	
14	维护终端维修功能	为本联锁区的计算机联锁完成系统维护及接口设备监测的功能，维护终端实时在线监视/记录联锁设备和其他相关接口设备的运行状态	现场操作	C	☐通过 ☐不通过	
15	联络线接口（如有）	排列至联络线的进路，满足相互敌对照查条件，确保列车在联络线上的运行安全	检查调试报告	A	☐通过 ☐不通过	
16	正线与车辆段/停车场计算机联锁设备接口	排列出、入车辆段/停车场的进路，满足相互敌对照查条件	检查调试报告	A	☐通过 ☐不通过	
17	试车线与车辆段/停车场计算机联锁设备接口	实现对试车线线路及相关进路（道岔、信号机）的安全控制权的转换和敌对进路的安全控制，列车进入试车线相关进路上的道岔、信号机由车辆段/停车场联锁集中控制	检查调试报告	A	☐通过 ☐不通过	

第九章 验收和全寿命周期服务管理

表 9—4　　ATP/ATO 设备（包括车载设备）功能验证表

序号	项目	标准	检验方法	功能等级	判定	备注
1	车载设备静态和动态调试试验	满足信号与车辆接口文件要求	检查调试报告	A	□通过 □不通过	
2	轨旁 ATP 静态调试试验	满足测试文件要求	检查调试报告	A	□通过 □不通过	
3	移动授权功能	根据区段占用信息和列车位置信息来确定进路授权。主要为每列列车计算保护区域，即自动防护安全包络，并通过无线传输向每列列车发送其移动授权终点	检查调试报告	A	□通过 □不通过	
4	列车追踪	对于可以提供有效位置报告的列车，系统通过从车载系统实时获得的列车位置报告来追踪列车位置；对于非通信列车，系统通过计轴区段占用信息来实时追踪。对受控和非受控列车实时追踪，支持混合运行	检查调试报告	A	□通过 □不通过	
5	筛选、清扫功能	实现对位置报告列车的前端和后端是否存在隐藏列车进行自动检测	检查调试报告	A	□通过 □不通过	
6	有源应答器功能	据进路及信号机显示状态触发相应的有源应答器	检查调试报告	A	□通过 □不通过	
7	紧急制动激活	轨旁或车载设备发生不安全事件时，车载 ATP 设备立即实施紧急制动	现场操作	A	□通过 □不通过	
8	列车定位	列车通过两个连续的应答器完成列车初始化定位	现场操作	A	□通过 □不通过	

续表

序号	项目	标准	检验方法	功能等级	判定	备注
9	列车位移和速度测量	通过速度传感器和加速度计进行列车位移和速度测量	检查调试报告	A	□通过 □不通过	
10	列车超速防护	当列车速度接近紧急制动触发速度时,会有警报提醒司机对列车实施制动。如果没有反应,当列车速度达到紧急制动触发速度时,车载ATP设备将触发紧急制动。由超速而发生的紧急制动,当列车完全停稳后,经ATP授权列车可重返正常运营	现场操作	A	□通过 □不通过	
11	临时限速管理	临时限速设置及取消	现场操作	A	□通过 □不通过	
12	运行方向和倒溜的监督	车载ATP设备监测列车运行方向及列车是否发生倒溜,一旦发生倒溜,则实施紧急制动	检查调试报告	A	□通过 □不通过	
13	退行监督	RM模式下,列车退行超过预定值时会触发紧急制动	现场操作	A	□通过 □不通过	
14	列车停稳	有效列车停稳信息被检测到后,可自动实现进路的解锁	现场操作	A	□通过 □不通过	
15	车门监督及释放	列车在运行时,若未监测到车门关闭且锁闭状态,则实施紧急制动。当列车正确停靠站台且在停车窗内,已获得列车停稳信息且实施制动,车载设备发出开门使能信号后,允许列车打开正确侧车门	现场操作	A	□通过 □不通过	

续表

序号	项目	标准	检验方法	功能等级	判定	备注
16	屏蔽门联动信息	确定列车停在规定的停车窗内,车载ATP才允许ATO开车门和屏蔽门。只有列车不间断地接收到屏蔽门关闭且锁闭信息的情况下,列车才能进入站台区域或从站台区域发车	检查调试报告	A	□通过 □不通过	
17	列车完整性监督	无论在何种驾驶模式和运行等级下,如果列车完整性丢失,则车载ATP触发紧急制动	检查调试报告	A	□通过 □不通过	
18	司机操作功能	操作屏显示、操作按钮、声光报警等	现场操作	A	□通过 □不通过	
19	折返功能	列车可以通过自动折返功能进行自动折返或人工折返	现场操作	A	□通过 □不通过	
20	车载ATP系统维护功能	车载ATP子系统故障信息显示及日志记录	现场模拟	C	□通过 □不通过	
21	ATO自动驾驶功能	ATO自动驾驶	现场操作	B	□通过 □不通过	
22	ATO运营调整功能	ATO接收到ATS发送的运营等级,通过不同运营等级曲线的选择,实现运营调整功能	检查调试报告	B	□通过 □不通过	
23	ATO精确停车功能	站台精确停车,停车精度符合合同要求	检查调试报告	B	□通过 □不通过	

续表

序号	项目	标准	检验方法	功能等级	判定	备注
24	进出段作业	当列车以 ATO、ATP 驾驶模式从正线驶入转换轨时,ATP/ATO 可确保列车安全地停在转换轨上。列车停稳后,可通过驾驶模式选择开关选择 RM 模式,将驾驶模式转换为 RM 模式。之后,即可以 RM 模式进行相应的车辆段作业。当列车以 RM 模式从车辆段运行至转换轨时,可通过转换轨上的一组列车初始化应答器,对列车定位进行初始化。在与轨旁 ATP 建立通信后,列车即可得到其移动授权,司机将驾驶模式由 RM 模式转换为 ATP 或 ATO 模式(可不停车)。之后,即可进行相应的正线作业	现场操作	A	□通过 □不通过	

表9—5　　ATS设备功能验证表

序号	项目	标准	检验方法	功能等级	判定	备注
1	显示	监督信号设备当前状态及列车运营状态(线路布置,站控/中央控制状态,信号机、道岔和轨道区段状态,进路状态,临时限速表示,紧急停车按钮状态,扣车表示,列车位置、列车识别号和列车状态,受扰状态显示)	现场操作	B	□通过 □不通过	

第九章 验收和全寿命周期服务管理

续表

序号	项目	标准	检验方法	功能等级	判定	备注
2	进路操作	人工进路、自动进路	现场操作	B	□通过 □不通过	
3	列车监控	车组号管理、列车扣车、跳停控制操作、列车识别号跟踪	现场操作	B	□通过 □不通过	
4	时刻表/运行图编辑和管理功能	时刻表编辑器功能正常,时刻表上传和下载功能正常	现场操作	B	□通过 □不通过	
5	临时限速设置	中央调度员可以轨道区域为单位设置、取消临时限速	现场操作	A	□通过 □不通过	
6	自动调整	在中央控制时,ATS子系统可对在线所有列车进行自动调整和人工调整	检查调试报告	B	□通过 □不通过	
7	维护和报警	系统自动地将有关信息在中央工作站上报警框中给出的报警提示、报警信息齐全、分级显示,可供保存、打印及文本输出	现场操作	C	□通过 □不通过	
8	运输报表及指标统计	提供各种报表及运行指标统计,并能打印输出	现场操作	C	□通过 □不通过	
9	系统管理	用户可正常管理并配置ATS系统的各种系统参数	现场操作	C	□通过 □不通过	
10	历史记录和回放功能	对运行过程中的重要信息内容进行历史记录,保留时间按照合同规定设定,并可根据需要进行查询、打印和回放	现场操作	C	□通过 □不通过	

续表

序号	项目	标准	检验方法	功能等级	判定	备注
11	与正线联锁设备接口	联锁系统将站场表示信息传送至 ATS 子系统，表示信息包括：道岔表示、信号显示、进路状态、扣车状态等；ATS子系统将信号设备的控制命令传送到联锁子系统执行，如进路控制命令等	检查调试报告	B	□通过 □不通过	
12	ATP/ATO 系统的接口	向 ATP/ATO 系统传送列车识别号设定、列车运行调整信息、扣车与跳停等信息，从 ATP/ATO 系统接收列车位置信息、列车状态报告等信息	检查调试报告	C	□通过 □不通过	
13	与 MDS 系统的接口	ATS 系统向 MDS 系统报告设备状态	检查调试报告	C	□通过 □不通过	
14	车辆段监视	在车辆段 ATS 工作站及派班工作站上提供车辆段的站场表示信息显示	现场操作	B	□通过 □不通过	
15	控制模式和授权管理	中央与车站控制，人工与自动控制	现场操作	B	□通过 □不通过	
16	控制权切换功能	车站值班员和中心调度员可以通过 HMI 操作完成车站和中央之间控制权的转换	现场操作	B	□通过 □不通过	
17	扣车	在中央和本地实现办理或取消扣车功能	现场操作	B	□通过 □不通过	
18	ATS 切换	中央 ATS 设备发生故障时，系统可以切换到本地控制，并满足正常运营需求	现场操作	B	□通过 □不通过	
19	操作权限管理	对各登录用户设置对应的操作权限	现场操作	C	□通过 □不通过	

第九章 验收和全寿命周期服务管理

表 9—6　　　　　　　　　数据通信设备功能验证表

序号	项目	标准	检验方法	功能等级	判定	备注
1	轨旁及车载无线单元静态试验	调试案例	检查调试报告	B	□通过 □不通过	
2	无线网络场强覆盖测试	无线系统的各个无线网络在轨道沿线构成一个重叠的无线覆盖区域，具体无线网络指标满足合同要求	检查调试报告	A	□通过 □不通过	
3	骨干网交换机测试	有线骨干网系统采用冗余的千兆级工业级交换机。ATP、ATS、AP骨干网划分清晰，数据流满足合同要求	检查调试报告	A	□通过 □不通过	
4	双网配置	ATS、ATP骨干网为双节点冗余配置，可实现双网冗余服务	现场操作	B	□通过 □不通过	
5	AP设备冗余测试	轨旁单个 AP（N）出现故障，相邻两个 AP（$N-1$）、AP（$N+1$）的信号依然能覆盖到 AP（N）的空缺范围，该区域无线信号连续不中断	检查调试报告	A	□通过 □不通过	
6	防火墙冗余功能	防火墙能够冗余切换	现场检查	C	□通过 □不通过	如有该功能则进行验证

表 9—7　　　　　　　　　试车线功能验证表

序号	项目	标准	检验方法	功能等级	判定	备注
1	试车线室内、外设备静态调试与一致性测试	调试案例	检查调试报告	A	□通过 □不通过	

续表

序号	项目	标准	检验方法	功能等级	判定	备注
2	列车速度测量与位移计算	通过车载专用软件对列车速度测量和位移计算的关键信息进行测量与验证,包括列车轮径值和加速度值	检查调试报告	A	□通过 □不通过	
3	列车位置管理	实现列车位置管理功能的验证。可验证的功能包括列车定位初始化、经过应答器后的位置校正	检查调试报告	A	□通过 □不通过	
4	线路状态监督	通过试车线的PSD(操作台上模拟)、紧急停车按钮输入以及线路地图设计,实现线路状态监督功能。包括土建限速防护、临时限速防护、安全停车点防护、非安全停车点防护、站台屏蔽门等	检查调试报告	A	□通过 □不通过	
5	列车超速防护	验证列车联锁级、点式级和连续级的运行条件,不同控制等级的列车超速防护功能	检查调试报告	A	□通过 □不通过	
6	列车状态监督	进行列车状态监督功能的验证,包括车门状态、开门使能状态、列车完整性和列车退行监督等	检查调试报告	A	□通过 □不通过	
7	控制等级与驾驶模式转换	联锁级、点式级和连续级之间的相互切换,各驾驶模式之间的相互切换	检查调试报告	A	□通过 □不通过	

第九章　验收和全寿命周期服务管理

续表

序号	项目	标准	检验方法	功能等级	判定	备注
8	车站定点停车及车门控制测试	ATO 停车精度和 M—M/A—M/A—A 模式下的车门控制	检查调试报告	A	□通过 □不通过	
9	列车自动折返	站前折返、站后自动折返和站后人工折返	检查调试报告	A	□通过 □不通过	
10	扣车与跳停	试车线操作界面上设计了扣车和跳停输入条件，可实现扣车和跳停的功能测试	检查调试报告	A	□通过 □不通过	
11	车—地双向通信测试	AP 无线覆盖测试	检查调试报告	B	□通过 □不通过	
12	屏蔽门接口功能	实现与屏蔽门的模拟接口功能	检查调试报告	C	□通过 □不通过	如有该功能则进行验证
13	紧急停车功能	紧急停车功能触发时，列车能够紧急制动	检查调试报告	C	□通过 □不通过	如有该功能则进行验证
14	列车雷达校正	能够在试车线上进行列车雷达校正	现场检查	C	□通过 □不通过	如有该功能则进行验证
15	试车线临时限速	能够在试车线上设置、取消临时限速	现场检查	C	□通过 □不通过	如有该功能则进行验证

表 9—8　　培训中心培训设施功能验证表（如有）

序号	项目	标准	检验方法	功能等级	判定	备注
1	联锁子系统培训	联锁子系统的操作，维护信息的读取与分析，最小可维护单元的更换	现场操作	B	□通过 □不通过	

续表

序号	项目	标准	检验方法	功能等级	判定	备注
2	ATP/ATO 子系统培训	地面 ATP 设备维护信息的读取与分析，地面 ATP 设备最小可维护单元的更换，地面 ATP 设备的故障操作，车载 ATP/ATO 日志信息的读取与分析，车载 ATP/ATO 设备最小可维护单元的更换，专用工具的使用，司机人机接口培训	现场操作	B	□通过 □不通过	
3	数据通信子系统培训	地面 AP 的配置和状态查看，AP 箱的检查与维修，AP 的检查与更换，专用工具和测试设备的使用，室内设备的检查与更换	现场操作	B	□通过 □不通过	
4	列车自动监督子系统培训	控制中心调度员操作培训，车站值班员操作培训，设备状态信息的读取与分析，设备的检查与更换	现场操作	B	□通过 □不通过	
5	本地通信子系统培训	维护终端信息的读取与分析，室内主机最小可替换单元的状态检查与更换，室外设备的检查与更换，专用工具和测试设备的使用	现场操作	B	□通过 □不通过	
6	车载人—机接口培训	车载显示屏显示信息培训，车载显示屏信息输入培训，列车按钮和开关使用培训	现场操作	C	□通过 □不通过	
7	轨旁信标、计轴培训	信标、计轴控制器的信息读取与分析培训，应答器、计轴磁头的检查与更换培训	现场操作	B	□通过 □不通过	

第九章　验收和全寿命周期服务管理

表 9—9　　　　　　　信号微机监测系统功能验证表

序号	项目	标准	检验方法	功能等级	判定	备注
1	信息采集功能	对外电网综合质量、交流转辙机、道岔表示电压、电缆绝缘、电源对地漏泄电流、信号机点灯回路电流和开关量等进行在线监测，采集的信息与各子系统发出的信息保持一致	检查调试报告	B	□通过 □不通过	
2	对各子系统监测功能	对 ATS、智能电源屏（包括 UPS）、灯丝断丝报警、计轴设备等具有自诊断功能的信号设备的状态信息和报警信息进行监测	检查调试报告	C	□通过 □不通过	
3	监测站机功能	监测数据采集、报警、数据统计、汇总、存储、回放等功能	检查调试报告	C	□通过 □不通过	
4	监测终端功能	调阅网内各设备集中站和车辆段的监测信息	现场操作	C	□通过 □不通过	
5	报警功能	根据设备故障性质产生三类预警和报警，并提供智能分析功能。报警信息与各子系统发出的报警信息保持一致，报警精确度满足合同要求	现场操作	C	□通过 □不通过	
6	维护终端功能	设备工作状态、网络通信状态和故障报警管理	现场操作	C	□通过 □不通过	

表 9—10　　车辆段/停车场微机联锁系统功能验证表

序号	项目	标准	检验方法	功能等级	判定	备注
1	实现联锁基本功能	实现进路上道岔、信号机和轨道电路的正确联锁，确保进路正确和列车运行安全	检查调试报告	A	☐通过 ☐不通过	
2	实时反映现场设备状态	实时反映车辆段/停车场信号、道岔、轨道等设备的现场状态，为各级运营管理维护部门提供设备和列车运行等信息	现场操作	B	☐通过 ☐不通过	
3	自诊断功能	系统通过安全智能I/O模块实现计算机板块级别的自诊断故障功能，用户可通过网络在控制中心和维修中心实现故障诊断和查询	现场操作	C	☐通过 ☐不通过	
4	维护和远程诊断功能	记录所有的操作和信号设备状态；监测和报告系统故障；可方便查询内存中存储的各种信息；存储和打印记录；通过网络，把系统的故障情况通知到相应的维护部门，维修部门可以根据需要派遣相应技术人员来维修；可远距离传送记录的文件	现场操作	C	☐通过 ☐不通过	

②信号系统与相关专业接口功能,分别见表 9—11 至表 9—18。

表 9—11　　　　　信号综合监控接口功能验证表

序号	项目	标准	检验方法	功能等级	判定	备注
1	IBP 盘接口功能	通过操作紧急停车按钮、取消紧急停车按钮、扣车按钮、取消扣车按钮、灯泡试验按钮、切断报警按钮实现相应功能	现场操作	A	□通过 □不通过	
2	背投显示	实现背投实时显示功能	现场查看	B	□通过 □不通过	
3	实时显示列车运行状态、提供 PIS 信息	ATS 向综合监控系统提供实时的监控信息,如列车识别号信息(车组号、车次号和目的地号等)、列车位置信息和列车时刻表等;实时提供列车的 PIS 触发信息	检查调试报告	C	□通过 □不通过	
4	信号传送运营时刻表	每天正式运营前或运营图变化时,信号系统向综合监控系统传送当天运营时刻表或更新计划运营时刻表	检查调试报告	C	□通过 □不通过	
5	列车阻塞状态监视	ATS 子系统将有关列车阻塞信息传送至综合监控系统	检查调试报告	C	□通过 □不通过	
6	供电信息	中央 ATS 从综合监控系统接收各个供电区段的工作状态信息,该状态信息指明是正常状态还是非正常状态;ATS 子系统根据该状态信息在大显示屏上向行车调度人员提供简明的全线带电状态	现场查看	C	□通过 □不通过	

续表

序号	项目	标准	检验方法	功能等级	判定	备注
7	回应通道的检测	回应综合监控系统对信号系统与综合监控之间通道的检测	检查调试报告	C	□通过 □不通过	

表9—12　　信号—屏蔽门接口功能验证表

序号	项目	标准	检验方法	功能等级	判定	备注
1	信号系统从屏蔽门系统接收的信息	信号系统从屏蔽门系统接收其对每侧站台采集的"屏蔽门关且锁闭"和"互锁解除"信息	检查调试报告	A	□通过 □不通过	
2	屏蔽门系统从信号系统接收的信息	对于每侧站台,联锁系统向屏蔽门系统发送"屏蔽门开"或"屏蔽门关"信息,屏蔽门系统接收该信息后进行相应的动作	检查调试报告	A	□通过 □不通过	
3	ATC系统控制屏蔽门打开或关闭并使其和列车门的动作同步	列车进入站台停车并满足定点停车精度要求,屏蔽门由ATC确认后打开;当停站时间到时,屏蔽门由ATC确认后关闭;只有当屏蔽门关闭并锁定后,列车才允许离站,同样,如果屏蔽门没有关闭且锁定,列车不能进站	检查调试报告	A	□通过 □不通过	

第九章 验收和全寿命周期服务管理

表 9—13　　　　　信号—防淹门接口功能验证表（如有）

序号	项目	标准	检验方法	功能等级	判定	备注
1	防淹门状态监督	排列进入防淹门的进路（含防护进路）信号必须连续检查防淹门的开启状态，一旦防淹门失去开启状态表示，上下行方向均不能办理穿越该防淹门的进路	检查调试报告	A	□通过 □不通过	
2	信号系统对防淹门请求关闭的响应	当防淹门操作员需要关闭防淹门时，按下相应防淹门请求关闭按钮，信号系统得到请求关闭信息后，如尚未设置双方向通过该防淹门的进路，则禁止设置进路；如已设置相关进路，则有关防护信号机立即关闭，根据以下情况分别对防淹门关闭请求作出响应： （1）防止后续列车进入防淹门区域 （2）对于已进入防淹门区域内的列车，尽量组织其尽快离开防淹门区域 （3）信号系统收到由防淹门发送的请求关闭命令且保持，经过相应时延时间后，在防淹门区域间的所有计轴区段均处于空闲状态时向防淹门发出允许关闭命令	检查调试报告	A	□通过 □不通过	

续表

序号	项目	标准	检验方法	功能等级	判定	备注
2	信号系统对防淹门请求关闭的响应	（4）防淹门区域的上下行隧道之间存在联络通道，所以当防淹门请求关闭时，信号系统应对四扇防淹门同时采取防护措施	检查调试报告	A	□通过 □不通过	
3	联锁系统检查防淹门请求条件	联锁系统操作员不能取消关闭防淹门请求，在联锁系统接收到防淹门关闭请求并发出"允许关闭"信息到防淹门期间，防淹门请求条件必须被联锁系统检查。收到关闭防淹门的请求后，立即对防淹门及有关进路进行防护。从收到关闭防淹门请求到防淹门再次恢复开启的全过程，必须对防淹门及有关进路进行防护	检查调试报告	A	□通过 □不通过	

表9—14　　　　　信号—无线通信接口功能验证表

序号	项目	标准	检验方法	功能等级	判定	备注
1	自动转组	向无线通信系统传送实时变化的车次号、车组号、乘务组号信息，列车的出、入段信息，列车所处的车站和线路的位置信息等，以便调度员呼叫列车	现场操作	C	□通过 □不通过	

第九章 验收和全寿命周期服务管理

表 9—15　　　　　　　信号—时钟接口功能验证表

序号	项目	标准	检验方法	功能等级	判定	备注
1	时钟同步	从时钟系统得到时钟基准信息。时钟系统为ATS子系统提供实时有效的标准时间信息。ATS子系统接收时间信号，并据此校准信号系统时钟，在信号系统内部以标准的NTP时钟同步协议同步系统内部各设备的时钟	现场查看	B	□通过 □不通过	

表 9—16　　　　　　　信号—广播接口功能验证表

序号	项目	标准	检验方法	功能等级	判定	备注
1	列车到站广播	信号 ATS 接口机发送广播信息和心跳信息，触发列车到站广播	检查调试报告	C	□通过 □不通过	

表 9—17　　　　　　　信号—车辆接口功能验证表

序号	项目	标准	检验方法	功能等级	判定	备注
1	实现 ATC 功能	取得安全认证，满足信号与车辆接口规范要求	检查调试报告	A	□通过 □不通过	

表 9—18　　　　　　　系统功能验收表

序号	操作步骤	预期结果	与预期结果 满足	不满足	备注
1	安全指标：在联锁、ATP安全功能正常的基础上，系统必须保证100%的安全运行	安全认证			
测试结果：	□通过　　□不通过				
说明：					

4) 试验结果及评估。信号系统完成系统功能调试，信号系统供货商需保存有完整的调试记录、系统测试记录，运营接管单位需保留完整的联锁验收记录，在记录完整的情况下采用抽验形式进行验收。

验收过程中信号系统功能（除接口功能）如存在 A 类问题（涉及安全），判定功能验收不通过；如有 B 类问题（影响功能实现）且 B 类问题占比超过 30%，应判定功能验收不通过，如低于 30%，应判定功能验收通过，但存在的问题必须按期完成整改；如有 C 类问题（仅影响用户使用），应判定功能验收通过。接口功能验收中，若存在问题的责任方在信号方，则按照上述原则执行，若责任方在接口对方，应判定信号方接口功能验收通过。

各子系统功能测试成功后，供应商应出具系统测试报告。如发现危及行车安全的故障，必须在整改完毕后方可进入下一阶段的 144 小时连续系统试验和综合联调。

(2) 144 小时连续运行试验

1) 试验目的。信号系统在完成所有必要的子系统测试后，须进行 144 小时连续系统测试，以证明系统达到合同技术规格书规定的试验指标。通过该测试，证明信号系统部件满足系统保证计划、可用性计算书中的 RAM 要求和可靠性与可用性计算。

2) 试验内容。在 144 小时连续试验期间，根据合同要求，需对系统安全指标、可用性指标、系统平均无故障时间（MTBF）、列车停车精度、正线列车运行间隔、正线追踪间隔、折返站折返间隔、时刻表的兑现率、实际时刻表与计划时刻表的平均差距、信号系统引起的晚点率以及列车因信号原因产生的非期望（正常）紧急制动发生率等指标进行试验。以证明系统达到合同技术规格要求中规定的试验指标。

3) 测试组织

①测试标准，各测试项目的标准参照合同技术规格要求。主要有停车精度、折返间隔、追踪间隔、时刻表兑现率、系统可靠性和可用性等指标。

第九章 验收和全寿命周期服务管理

② 测试原则

☆ 全部测试列车应尽可能以 CTC 模式驾驶。

☆ 应对停车精度和紧急制动情况进行记录。

☆ 应记录来自 ATS 的所有数据（列车报告），以评估时刻表的兑现情况。

☆ 测试期间发生的所有功能失效均应记录，但仅信号系统的功能失效纳入测试结果评估。其他缺陷，如车辆或土建设备的缺陷，或由于人员技能欠缺引起的服务性能降低，不应导致测试结果作废或测试本身中断。

☆ 测试期间，应按照地铁公司的运营时刻表进行运营。

☆ 全部列车应尽可能以 ATO 方式驾驶。

☆ 如果在线路开通后测试，90 s 运行间隔测试在夜间非运营时间单独进行。

☆ 如果在线路开通后测试，折返运行时间测试在夜间非运营时间单独进行。

③ 测试工具，见表 9—19。

表 9—19　　144 小时连续系统试验测试工具

工　具	注　释
用于 ATP/ATO 车载设备和 ATP 轨旁设备的服务/诊断计算机	用于故障发生时的记录与分析，帮助排除故障
停车点标记（站台）	标记在每个站台上，应设置在驾驶室门前沿的适当位置，方便驾驶员或副驾驶看到
停车点标记（驾驶室）	标记在每个驾驶室，应设置在驾驶室门前沿的适当位置，方便驾驶员或副驾驶看到
±0.3 m 停车窗标记	标记在每个站台上，应设置在驾驶室门前沿的适当位置，方便驾驶员或副驾驶看到
±0.5 m 停车窗标记	标记在每个站台上，应设置在驾驶室门前沿的适当位置，方便驾驶员或副驾驶看到
卷尺	用于测量停车偏差
秒表	用于测量时间

④测试人员，见表9—20。

表9—20　　　　　　　144小时连续系统试验测试人员

人员	任务
足够的驾驶员（包括替班）	驾驶列车在始末站之间运行，替班驾驶员应在列车停车后立即进入出发端的驾驶室，以便及时进行换端操作
6个LOW操作员	在本地操作员工作站监视列车运行，对报警信息进行处理，记录偏差，并在必要时执行安全相关的操作（必须经调度员授权）
站台服务员	监视站台和屏蔽门的功能
OCC调度员	监控并协调列车运行，在必要时通过ATS系统进行调控
运营维护人员	监视系统、记录故障，必要时快速分析故障并恢复系统
供应商工程师	监视设备、记录任何故障与偏差，必要时协助维护人员快速分析故障并恢复系统
在OCC的地铁公司测试负责人	控制测试过程中的操作
在OCC的供应商代表	协调和管理供应商工程师的工作，向OCC调度员提供技术支持

⑤测试记录，见表9—21。

表9—21　　　　　　　144小时连续系统试验测试记录

须记录项目	记录员	用于评估项目
安全相关故障	LOW操作员、驾驶员、维护人员，主要由OCC调度员记录	设备的安全相关功能
系统中断	OCC调度员和OCC供应商代表	系统可用性
系统中断原因	OCC调度员和OCC供应商代表	系统可用性
列车停在±0.3 m和±0.5 m停车窗外	驾驶员	停车精度
列车停在±0.3 m和±0.5 m停车窗外的原因	如果经常在同一点发生偏差，维护人员和供应商工程师应共同进行调查	停车精度
紧急制动	驾驶员	紧急制动率
紧急制动原因	收车后，维护人员读取ATP车载设备的记录	紧急制动率
运营期间车辆故障	须明确车辆方责任，车辆方应提供协助，调查并解释有关故障	紧急制动分析

第九章 验收和全寿命周期服务管理

4）试验结果及评估

①测试小组每天对测试结果进行评估。

☆ 收集当天所有的测试记录。

☆ 分析与信号系统测试指标相关的事件，排除故障。

☆ 采取措施改善测试环境，避免出现影响测试有效性的情况。

☆ 如果某个测试指标未达到，须决定是否继续进行测试。

②信号系统测试报告和最终评估。供应商应在测试完成后两周内提交信号系统测试报告。报告应包括以下内容：各测试项目、发生的故障及评估结果，关键指标的最终测试结果。

在144小时试验期间，信号系统安全指标必须达到在联锁、ATP安全功能正常的基础上，系统能够提供100%的安全运行。

在144小时试验期间内，如果安全性和可用性指标没有达到，试验被认为是失败的。在这种情况下，应在供应商完成系统修正后重新进行144小时试验，直到实现规定指标。

在144小时试验期间内，如果折返时间和运行间隔指标没有达到，在这种情况下，供应商需对系统进行必要修正，并重新进行功能试验，但无须进行144小时试验，直到实现规定指标。

144小时试验中的安全性、可用性指标及主要合同功能的实现，标志着信号系统主要设备完工试验的结束，并可开始联调试验。

(3) 综合联调

综合联调由轨道交通运营单位牵头组织实施，是在系统联调的基础上，从满足运营开通使用的角度，完整、细致地测试轨道交通内部各系统正常及故障等情况下的接口功能和系统性能，以检验轨道交通内部各系统按设计要求协同运作的能力，是运营单位对设备、系统功能进行全面验证，并对系统参数进行优化的过程。

1) 试验目的。综合联调试验原则上是在轨道交通的几个关键相关专业系统均通过了144小时连续试验后进行，由几大专业系统同步工作，通过大量的列车运行，证明几大系统可以有机地结合在一起，有效地工作，能满足大密度列车运行的要求，保证轨道交通的正常运营。

2）试验内容。综合联调包括与其他系统的所有接口功能试验和综合联调试验两个阶段。

对于信号系统而言，综合联调主要包括信号与 Mimic（大屏）接口测试、与主时钟接口测试、与防淹门接口测试、与无线接口测试、与 MDS（维修诊断系统）接口测试、与 SCAD（电力自动化监控系统）接口测试、与综合监控接口测试、与屏蔽门接口测试、与 OBPG（列车广播）接口测试、与 PIDS 接口测试等。如 144 小时连续试验未完成，在综合联调期间仍可进行 144 小时试验中未完成或未成功项目的测试。

3）试验结果及评估。地铁公司运营单位及系统供应商现场测试工程师应真实、完整记录每个测试项目的数据及结果，并形成测试记录，对测试中发现的问题，应及时与运营单位核实，提出解决方案并在试验结束前解决。综合联调结束后供应商应出具调试报告，同时出具非载客运行认证，系统将进入试运行阶段。

(4) 试运行

试运行是指城市轨道交通工程冷、热滑试验成功，系统联调结束后，通过不载客列车运行，对运营组织管理和信号系统的可用性、安全性和可靠性进行检验的过程。

1）试验目的。试运行旨在把所有合同设备、系统及材料放在实际负荷环境中作为一个不可分割的系统进行检测，以验证是否达到合同规定的要求。

2）试验内容。试运行工作宜根据各系统设备功能、状态分阶段开展，一般分为三个阶段。第一阶段为低密度行车及系统功能（信号、车辆等）验证，以及功能操作演练；第二阶段为中、高密度行车及非正常应急处置演练阶段；第三阶段为按试运营运行图组织行车及各类运营演练阶段。

试运行时间不得少于 3 个月，试运行最后 20 日应按照试运营开通时的列车运行图行车。

3）试运行组织

①试运行前准备

☆ 控制中心行调、车站人员按《行车设备维修施工组织办法》《施工行车通告》等相关施工计划的安排，组织好试运行前的施工作业，做好线路出清。

☆ 控制中心行调按《行车组织规则》规定，组织好运营前的例行检查，使用《运营前准备工作检查表》，登记确认线路出清，确认供电、信号、车辆、屏蔽门等设备正常，确定运营人员全部到岗等，各项指标应符合试运行要求。

②开始试运行工作

☆ 控制中心于试运行前2小时向车厂（场）调度、信号楼值班员和派班员发布执行相关时刻表及试运行方案的调度命令。

☆ 由控制中心值班主任在现场指挥的要求下，对试运行前检查和车辆准备情况进行确认，确认试运行条件具备后，宣布试运行开始。

☆ 按试运行细化方案或时刻表组织行车。列车按方案或时刻表车次、时刻运行，各岗位员工按正常运营组织运作。

☆ 试运行期间数据记录、统计和分析工作。试运行期间，由建设单位、线路所属运营单位分别对试运行期间的各类故障、运行情况数据做详细记录、统计、分析工作，并滚动跟进故障处理情况。

4）试运行结果及评估。试运行结束后，地铁公司运营部门应对试运行期间的运行情况进行综合评价，并提供试运行情况报告，包括试运行基本情况、设备的施工可靠性和故障率等。

①第一阶段，重点评估系统功能状况，评估方式采用现场测试等方式；第二阶段，重点评估各工种岗位（司机、车站、检修人员等）间的组织协调和相互间的磨合度，以及在时刻表参数完善的前提下的正线运作质量，这一阶段的评估主要通过列车正点率和兑现率来体现，并比照运营线路的要求进行评价。

②试运行工作小组根据试运行最后20日运营指标完成情况，在试运行的最后一天组织召开总结会，对整个项目进行系统评估，指出存在问题和整改意见，并及时跟踪问题。同时，参与试运行的各部门汇总存在问题，由地铁公司运营部门进行整改优化。

③在试运行期间，所有设备、材料和系统均须按实际操作模式无故障连

续运行。若因故障发生而导致试运行中断，须排除故障并重新开始试运行。试运行后，由双方共同签署试运行报告。在系统投入载客运营之前，需由独立第三方出具载客安全认证。

9.3.3 问题清理及解决

在系统测试过程中，会发现各种各样的问题，有些可能会影响系统安全，有些可能是功能缺陷，还有些可能只是用户需求或习惯不同。这些问题或多或少都会影响系统验收，必须争取在开通运营前清理并解决。解决问题应该分清问题的轻重缓急，对于级别高的重大问题应集中资源优先解决。

（1）新线工程验收与移交问题分类

1）A类问题：影响运营行车、消防、人身安全的问题。具体如下：

①影响行车安全的问题：影响列车的正常运行，导致行车晚点、中断、停运或发生重大行车事故的问题。

②影响消防安全的问题：影响消防设备、设施功能实现，导致火灾时相关的消防设备设施无法正常投入使用的问题。

③影响人身安全的问题：威胁人身安全，可能会造成人员伤亡的问题。

④主体结构存在安全隐患。

2）B类问题

①设备主要功能未实现，不能达到设计功能。

②不良技术状态影响其他设备运行。

③不良技术状态长期持续将导致本设备运行质量严重恶化。

④不具备检修条件，无法实施日常检查与维修。

⑤设备设施不满足开通需求。

3）C类问题

①设备状态不良或功能不完善。

②对运营服务长期有影响或对用户使用有影响的问题：给乘客出行、用户使用或维修维护造成不便，或影响乘客出行、用户使用或维修维护等

问题。

(2) 问题解决时间要求

1) 影响运营行车、消防、人身安全的 A 类施工问题，应在新线"三权"移交前整改完毕，系统问题则应在试运行前整改完毕。

2) 影响设备功能实现和设备功能不完善等 B 类问题，原则上应在新线开通试运营前整改完毕。因设计变更、招/投标等特殊原因导致整改时间紧迫的，在开通试运营前，B 类问题的完成整改率应大于 95%，且剩余问题不影响新线开通运营。

3) 对运营服务长期有影响等 C 类问题，在新线开通试运营前，其完成整改率原则上应大于 80%，在新线开通试运营一年内应整改完毕。

9.3.4 签署预验收报告

如果系统通过了试运行，建设单位将于收到成功的试运行报告后 45 天内签署预验收证书。如果建设单位在试运行成功结束后 45 天内未开具预验收证书，系统将被认为已由建设单位接收。

试运行期间发现的问题，供应商应及时解决，如没能在试运行结束前解决，建设单位可以视问题的严重程度采取以下三种处理方式：

(1) 签发预验收证书。

(2) 签发有条件的预验收证书。

(3) 不签发预验收证书，直到问题解决。

9.3.5 最终验收

系统通过预验收后，将进入质保期。信号系统质保期通常为两年，如系统在质保期内未发生影响安全和运营的故障，没有遗留问题，且建设单位对整个项目无异议，质保期到期后，建设单位应于质量保证期结束后 45 天内签署最终验收证书。

若建设单位认为工程中出现的疏漏和错误不影响最终验收证书的签署，建设单位应签署最终验收证书并注明存在的疏漏和错误。在此情况下，供应商应采取措施在6个月内对存在的疏漏和错误（包括潜在的）进行修正，直至建设单位满意为止。

在质保期期间，由于系统尚未进入磨合稳定期，或者部分复杂的场景在预验收期间没有进行试验，信号系统或多或少会出现一些软、硬件故障，加上通过最终验收意味着质保期结束，供应商将不再为系统提供免费服务，建设单位往往会要求延长质保期。具体延长的时间以质保期发生故障的严重性和数量以及供应商解决问题的进展为依据，由建设单位和供应商双方谈判决定。

第四节　验收重点难点

9.4.1　遗留问题整改

信号系统工程验收和系统验收最大的重点和难点是遗留问题整改。首先，由于城市轨道交通工程专业接口复杂，与信号系统衔接的专业多，施工期间交叉作业多，而且受前期迁改、土建等工期滞后影响，信号系统施工和调试的时间往往被其他专业占用和压缩，造成赶工、边施工边调试、边调试边试运行等情况出现，往往在验收时留下一些遗留问题且问题整改实际作业时间较短。其次，"三权"移交后，施工整改进场请点后实际留出的作业时间较短，效率较慢。最后，整改问题的完成情况，需要较长的确认时间。以上问题均会对验收造成不利影响。

为了避免验收期间存在过多遗留问题，影响系统验收，应从项目施工和系统测试两个层面进行统筹安排。

对于项目施工，一方面应加强对信号施工单位的管理，督促其严格按照标准规范施工作业，本道工序未经检验合格严禁进入下一道工序施工，尽量避免返工，发现质量问题应及时整改，不能为了赶进度而牺牲工程质量。另一方面应加强与其他接口专业的协调力度，协调土建和轨道专业按标准为信号专业预埋好电缆管道、孔洞和转辙机基坑，为信号专业提供标准的设备房装修条件、轨行区施工条件，在信号系统设备安装时设备房应具备正式供电、通风等条件，为设备正常运行提供良好的环境。

对于系统测试，一方面应要求供应商严格按照测试大纲的项目和内容开展系统调试，不能因为调试时间不足而压缩测试项目和内容，在测试期间现场测试人员应详细记录测试数据，测试数据应经后台工程师检查确认，发现测试数据有误应及时补测，供应商对最终数据做质量和安全检查评估后出具测试报告。测试期间如发现有影响运营安全的问题，应待问题解决后再组织系统验收。另一方面应积极协调车辆、综合监控、通信、屏蔽门和防淹门等外部接口专业及时完成系统调试，开展与信号专业的综合联调，确保在信号系统预验收前解决接口问题。

9.4.2　系统验收滞后问题

由于工期紧张，信号系统往往在完成系统调试、综合联调和试运行后就要开通试运营，144 小时连续测试需要在开通试运营后进行，系统预验收的时间相对滞后，而遗留问题未能及时解决往往也会导致最终验收时间的滞后。

9.4.3　档案验收问题

由于前期对施工单位要求不严，施工单位准备不足，验收所需要的档案资料未能在工程建设开展过程中做到同期、同步归档，可能还存在部分资料丢失、残缺不全，不符合归档要求的情况，导致档案验收存在较为普遍的后期补资料的情况。

信号系统建设过程中的各参建单位（包括设计单位、施工单位、监理单位和设备供应商）均应按要求做好档案资料归集和验收工作。

9.4.4 合同结算问题

变更不及时的问题会影响合同结算和财务决算,如设计变更、合同变更不及时,且变更外审周期较长,合同变更时间跨度太大等。

信号系统建设过程中的各参建单位(包括设计单位、施工单位、监理单位和设备供应商)均应按要求及时办理相关变更,按时完成合同结算和财务决算。

9.4.5 实物资产移交标准问题

移交表填写质量问题:移交过程中部分移交表填写质量不高,需反复多次修改才能达到要求,影响效率。

移交过程记录问题:实物资产移交表审批、签署、交接过程没有通过信息系统进行完整的跟踪和记录。

第五节 质保期及全寿命周期服务

城市轨道交通信号系统安装工程承包项目的质保期通常为工程竣工后两年,系统采购项目的质保期则通常为签发预验收证书后两年。在质保期内,施工质量问题应由施工单位无偿整改,施工单位对系统安装质量负责,系统供应商则对系统软硬件质量、系统功能和系统安全负责。信号系统项目质保期结束后,在系统全寿命周期内,系统供应商仍需对系统功能和安全负责。

对信号系统安装工程项目而言,质保期内的遗留问题通常为硬件问题,易于发现和解决,因此,在质保期和系统全寿命周期内,需要重点关注系统采购项目,尤其是故障处理、遗留问题整改和备品备件采购问题。系统供应商必须严格按照合同关于质保期的管理规定,建立完整的服务机构;在质量保证期间,需要了解信号系统的运行状态,对于突发问题能够及时响应并有效解决;要在思想上重视遗留问题的整改,提供优质技术资源,着重解决遗留问题,同时做出合理的预防性维护和检修方案,为后续系统的稳定运行提供保障;在备件的管理上,要对易损件做好充足的储备,考虑对进口备件进行国产化改造,在适应系统的基础上,缩短采购及返修周期,同时跟进备件的生产计划,确保在备件停产前使用上合适的替代产品。

9.5.1 质保期管理及服务

(1) 质保期组织架构

质保期开始时,供应商需要建立一个完整的质保期项目组织架构(见图9—5)及管理流程,确保项目正常运行,对项目出现的突发状况进行及时有效的解决。

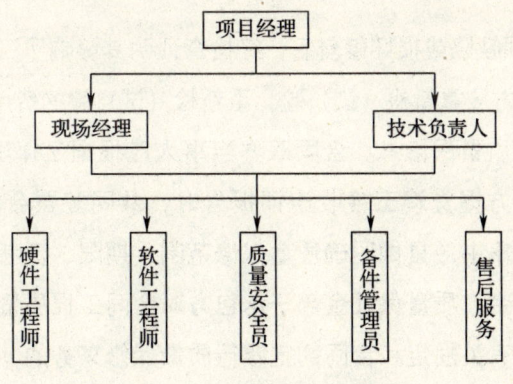

图9—5 质保期项目组织架构

(2) 质保期管理规定及服务

1) 信号系统安装工程项目质保期管理规定及服务

①质保期期限。通常情况下,信号系统安装工程项目的质保期为自工程实际竣工之日起两年。在全部工程竣工验收前,已经发包方提前验收的子单位工程,其质保期的起算日期相应提前。

②质保期责任及服务。合同工程存在某项缺陷或损坏的,合同双方当事

人应按照下列规定承担缺陷责任以及由此产生的费用。

◇ 承包方应在质保期内对已交付使用的工程承担缺陷责任。

◇ 保修期内，发包方在任何时间发现本合同工程有缺陷，均可要求承包方立即修复，承包方必须在收到发包方的通知后48小时内派人员到现场免费修复，否则发包方可自行组织修复，由此产生的一切费用由承包方承担。

◇ 承包方应在质保期内对交付发包方使用的合同工程承担质量保修责任。发生紧急抢修事故的，承包方应在接到通知后立即到达事故现场抢修。质量保修完成后，发包方应及时组织验收。

◇ 监理工程师应会同承包方共同查清缺陷和（或）损坏的原因，并由造价工程师提出或核实由此发生的费用。经查明，因承包方原因造成的，由承包方承担修复和查验的费用；因发包方原因造成的，由发包方承担修复和查验的费用。

◇ 保修期内发现工程有重大质量不合格问题，由承包方按规定承担相应违约责任。

◇ 任何一项缺陷或损坏修复后，经检查证明其影响了工程或工程设备的使用性能，承包方应重新检（试）验，重新检（试）验的费用由责任方承担。

③签订工程质量保修书。合同双方当事人应根据法律法规的有关规定，在承包方向发包方提交竣工验收申请报告时，共同签署合同工程质量保修书。工程质量保修书应具体明确质量保修范围、期限、责任和费用等事项。

④质量保证金。质量保证金用于承包方对合同工程质量的担保。承包方未按照法律法规有关规定和合同约定履行质量保修义务的，发包方有权从质量保证金中扣留用于质量保修的各项支出。

质量保证金金额由合同约定，一般为合同价款的3%或5%，发包方应按照约定比例从每支付期应支付给承包方的进度款或结算款中扣留，直到扣留的金额达到专用条款约定的质量保证金的金额为止。质保期结束，根据项目结算及质保情况，发包方返还承包方相应质量保证金。

2）信号系统采购项目质保期管理规定及服务

①质保期期限。通常情况下，信号系统采购项目质保期为系统预验收证

书签发之日起 24 个月。

②质保期责任及服务。在正常质保期内,卖方应对出现或产生的缺陷以及工程任何部分的损害,根据规定承担相应责任,并满足买方的要求,除非该缺陷或损坏是由于买方不遵守卖方的说明而操作、保养设备和材料造成的。

在质保期内,卖方必须对其供货履行以下规定:

◇ 保证故障清查和排除。

◇ 保证更换出现异常且不符合技术规格书或设计文件要求的部件。

◇ 如果发现的异常问题反复出现或其后果对安全有影响,则应要求对其进行调查研究。

◇ 提供资料丰富数据库,以便随时了解信号系统的状态。

◇ 如果发现的故障起因属于材料质量问题、零部件设计和生产中出现的严重缺陷或者对某些零部件(最小可更换单元)的更换和修理超过同类产品在同类型号零部件中的更换率(5%)时,卖方应用令人满意的零部件来替换相同功能的全部零部件,包括那些仍在维持使用的同类零部件,且费用由卖方负担。卖方须确保在质保期内有足够的替换件、备用件。

◇ 质保期的义务包括对有缺陷零部件进行调查研究、拆卸、更换和重新安装。如果在 1 个月内出现 5 次同样的故障,且故障清查的原因为软件故障时,卖方应进行软件更换。

◇ 若部分系统设备、材料在保证期内需要更换、重新设计、修改或更新,这部分设备、系统和材料的质保期自双方确认的修复完成日起一次性重新计算 24 个月。

◇ 项目的设备、系统和材料在正常操作情况下,在最后一张最终验收证书签发之前,出现因卖方或卖方分包商的设计、材料选用或制造工艺产生的缺陷,并且这些缺陷是在正常质保期内的合理检测中未能发现的,卖方应负责免费及时修正。

③质量保证金。信号系统采购项目通常不会明确规定质量保证金的金额,而是通过最终验收付款条件来约束卖方履行质保期责任。即在信号系统完成预验收进入质保期后,预留合同约定比例的金额(一般为合同金额的

5%)作为最终验收款,只有卖方完成质保期责任,项目签署最终验收证书后方支付最终验收款。

④质保期赔偿。在项目质保期内,系统由买方使用和管理,系统发生故障时卖方响应时间往往比项目执行阶段长,为了更好地约束卖方及时处理质保期发生的故障,解决项目遗留问题,可以在合同中约定,对质保期内发生的晚点故障,卖方需作出相应的赔偿。

9.5.2 质保期服务响应和应急机制

(1) 质保期服务响应

在质保期内,施工单位和信号系统供应商应派遣技术工程师在项目现场追踪所供系统的运行性能。需要时,应设计并执行修改,以保证系统在正常维护条件下完成规定的服务。承包方和供应商应说明质保期内的保证措施、人员配备情况、备品备件情况和人员服务地点,对现场故障及时响应。

1) 施工安装项目质保期服务响应

①质保期内,发包方在任何时间发现本合同工程有缺陷,均可要求承包方立即修复,承包方必须在收到发包方的通知后48小时内派人员到现场免费修复,否则发包方可自行组织修复,由此产生的一切费用由承包方承担。

②承包方应在质保期内对交付发包方使用的合同工程承担质量保修责任。发生紧急抢修事故的,承包方应在接到通知后立即到达事故现场抢修。质量保修完成后,发包方应及时组织验收。

2) 系统采购项目质保期服务响应

①质保期内所发现的缺陷买方会尽快以书面形式通知卖方,并说明缺陷或损坏的程度以及要求弥补缺陷或损坏的办法。卖方需根据买方的要求,免费修复、更换、重新设计或修改、更新系统、设备和材料中有缺陷的部分。

②卖方收到通知后应免费维修或更换有缺陷的货物或部件,使系统、设备和材料的相应部分恢复到合同规定的状态和规格。被修理或更换的货物或部件往返出厂地至买方规定的最终目的地的运保费及其他相关费用由卖方承担。

第九章 验收和全寿命周期服务管理

③如果卖方不能在规定的期限或双方商定的合理期限内修补缺损部分，则买方可在通知卖方后自行修补，产生的费用和风险由卖方承担；经卖方认可，买方可对细小缺陷进行修理或调整，但由此产生的全部费用由卖方承担。

④在质保期内，如果卖方收到买方通知后 30 日内仍未开始进行修改、替换或修理损坏的材料、部件和工艺，则买方可自行选择修改、替换或修理损坏的材料、部件和工艺。由买方完成的，在卖方保修项下的损坏的修改、替换或修理应列入卖方的费用。在所有情况下，由买方完成的修改、替换或修理并不解除卖方的任何责任。

⑤卖方在收到买方移交的故障件后，应尽快组织修复。卖方于收到损坏部件之日起 50 个工作日内，需将修复件或替换件交给买方使用。

⑥在质保期内，若项目运行出现故障，应由卖方派出技能良好的人员在 24 小时内及时赶到买方现场进行售后服务工作。

(2) 质保期应急服务机制

随着线网后期的不断扩充，客流量的急剧增大，对应急处理的要求也越来越高。优秀精湛的技术、科学合理的人力和物力组织是高效应急处理的必备条件。供应商应建立健全质保期间的紧急事故应急处理机构，正确指挥、快速反应、积极应对，统筹安排各项应急行动，保证应急工作快速、有序、有效地进行。质保期间的紧急事故处理机构由现场经理和应急抢修工作组组成，应急服务项目架构如图 9—6 所示。其中抢修工作组主要包括抢修工程师、应急备件管理员、后勤保障人员等组成，现场经理担任总指挥。现场经理及应急抢修工程师应迅速赶到故障现场，及时分析、查找故障原因，保障线路运营，在不影响运营的时候及时解决故障，将故障对运营的影响降到最低。现场经理可要求供应商在两天内提交故障分析报告，详细解释故障原因、相关设备的维护建议及预案等。

根据以往的应急故障处理经验，良好的备件存储管理决定了故障处理的时间和成功

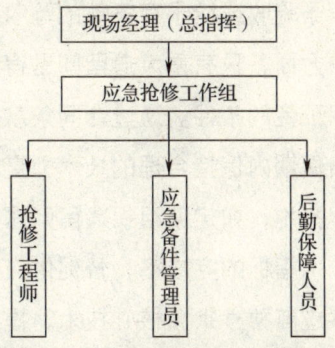

图 9—6 应急服务项目架构

率。供应商除了按照合同要求的备件型号、数量存储备件外，还需要根据系统特性及既有项目经验，针对故障率较高的设备，在各关键站点做好应急备件的存储工作。应急备件组专门负责备件管理工作，统计并及时更新备件的型号、数量及故障率，根据备件故障率高低优化备件储备方案，提高故障率高的备件的库存数量，并存放在便于维护的站点，为故障处理创造更好的条件。

9.5.3 全寿命周期服务

信号系统的寿命周期通常为 20 年，系统供应商应在信号系统寿命周期内对其功能和安全负责。在信号系统的全寿命周期服务过程中，需重点关注遗留问题整改和备件储备问题。

(1) 遗留问题整改

遗留问题整改主要面临以下几个难点：

1) 技术资源欠缺。在线路正式开通运营后，供应商的技术力量逐渐转移到其他项目，对现场的支持度会有所下降，特别是掌握部分核心技术的国外供应商，如何更好地调动国外的技术资源尤为关键。

抓住项目技术力量是处理项目遗留问题的关键，建设单位可以从合同验收条款和质量保证金支付两个方面进行把控。一方面，根据项目遗留问题的实际情况开展项目验收工作。如果项目遗留问题较多，对运营影响较大，可不予验收或给予有条件的验收，只有供应商整改完毕后方解除验收条件。另一方面，只有重大遗留问题得到有效解决，签署验收证书后方具备支付质量保证金的条件。通过合同条款和资金支付手段，可以有效督促供应商在项目质保期内保持合理的技术力量，及时处理遗留问题。另外，也可配合项目管理措施，如定期组织遗留问题分析会，做好故障统计工作，梳理合同条款中技术指标的完成率，督促供应商加大技术力量解决存在的遗留问题，鼓励各供应商独立掌握核心技术，提高问题的处理能力等。

2) 遗留问题有不可预见性，解决难度大。遗留问题通常变化多样，不可预见。不同的维护手段，不同的检修工艺都可能导致不同的遗留问题出现，而且部分遗留问题是调试时未能及时解决的难题。复杂多变的遗留问题对供应商解决问题的能力提出了更高的要求。

面对复杂多变的遗留问题，供应商和系统维护人员应加强配合。一方面，供应商应对设备的维护和检修给出建议，检修人员需严格按照检修流程对系统设备进行维护和检修，杜绝人为原因造成新的问题产生。另一方面，系统维护人员应及时将故障数据、故障现象以及故障处理情况如实反馈系统供应商，以便供应商拿到第一手数据，及时开展故障分析。同时要求供应商在质保期内定期进行设备巡查，检查设备性能。当设备出现新问题时，供应商需主动分析，及时提交故障分析报告。

(2) 备件储备问题

备品备件是指系统维护和维修所需的零部件。备件储备问题主要包括易损备件储备不足，备件采购价格高、周期长，备件停产、难以采购等问题。

1) 易损备件储备不足，备件采购价格高、周期长。供应商通常会根据合同要求提供用于项目安装调试及设备维护的备品备件，备品备件的种类和数量需求根据实际合同情况而定，但通常应具有合理性且必须满足信号系统正常运营所需。在实际项目执行中，供应商通常按照以往项目经验配备备品备件，如果某个设备故障率较高，超出了合同清单中该备品备件的数量，那么需要供应商及时返修或重新采购易损备件。备件采购周期和采购价格就成为制约故障处理效率的关键因素。

对于备品备件采购周期长，特别是进口备件采购周期过长的问题，需提前做好备件储备。特别是采购周期长的进口关键备件，应优先采购，储备充足的数量。运营维护部门也应加强对系统故障点的了解，可以参考其他线路或其他城市轨道交通的实际运营经验，结合项目实际，完善备品备件储备方案。

国产化改造是解决备品备件采购周期长和采购价格高的有效手段，一方面可以要求供应商根据国家国产化政策，加强关键设备的国产化改造，缩短备件的采购及返修周期；另一方面，运营维护部门也可以进行技术攻关，研究故障率高的设备的国产化方案，有效解决备品备件采购问题。

由于备品备件采购数量少，加上采购时间晚于合同签订时间，备品备件的采购价格往往高于合同价格，部分难以采购的部件的价格甚至大幅高于合同价格，以致维护部门难以备足备件。为了防止出现供应商抬高备品备件价格的问题，可以在合同中约定备品备件采购的定价原则，采购时参照合同约定计算备品备件价格，从而有效防止供应商提高采购价格。

2）备件停产。在系统全寿命周期内，供应商应能长期提供系统维护所需的备品备件，以确保系统正常运营。但随着新设备、新材料和新工艺的推广应用，产品更新换代后部分旧设备可能存在停产风险，对信号系统的维护和检修造成重大影响，甚至直接危及系统的正常运营。

对于需要更新换代、即将停产的设备，供应商必须在设备停产前一年内找到性能级别更高的替代品并通知买方，使买方有足够的时间采购所需的备品备件、易损件和消耗性材料。同时供应商需要提供新设备升级方案，必要时需进行新旧设备倒换试验，以便在旧设备发生故障时，系统维护部门能够马上更换新设备，保证系统正常运营。

第六节　验收及全寿命周期服务管理案例

9.6.1　案例一：前一道工序未验收合格就进入下一道工序作业

工程验收必须严格按程序逐步完成，前一道工序未验收合格不可进入下一道工序施工。特别是工期紧张的线路，在开通节点的压力下，各方都把主要精力放在工程进度上，容易出现前道工序未通过验收就进入下一道工序施工的情况，未经验收合格的工序一旦出现问题，这个问题将进入下道工序直至设备安装完毕,不但增加了问题的隐蔽性,还加大了整改的难度。

例如,在某线路分部工程验收时发现 A 站至 B 站的某条电缆对地绝缘不良,经查图分析,这条电缆从 A 站敷设至 B 站,长约 3 km,中间有 5 处电缆接续,由于电缆已经完成接续和敷设,无法判断究竟是哪段电缆出现了故障。究其原因,就是在电缆完成敷设分项工程后,在进入下一道电缆接续分项工程前,没有进行电缆绝缘测试,电缆敷设分项工程未验收合格即进入下一道工序。如果在电缆敷设分项工程验收中严格按照验收标准检验测试,很快就能发现是哪段电缆绝缘不良,并做相应处理。一旦进入下一道工序,在电缆已经完成接续的情况下,只能逐个打开接续点重新逐段测试,直至找到故障电缆。

9.6.2 案例二:系统实际指标与合同指标要求存在差异导致无法通过预验收

合同指标要求是设计单位在初步设计阶段根据车辆参数、设计单位模拟仿真平台及线路条件等情况编制的,而系统实际指标则是信号系统供应商在合同执行阶段根据实际的车辆参数、供应商模拟仿真平台和线路的实际条件编制的。由于输入条件的差异和不同仿真平台的仿真条件差异,二者可能存在差距,甚至出现系统实际指标无法达到合同指标要求的情况。

例如,线路平均旅行速度,由于设计单位在初步设计时采用的车辆参数更优,合同签订时线路增加了两个车站,增加了停站时间,加上仿真条件的差异,导致供应商实际计算的线路平均旅行速度达不到合同要求,无法通过系统验收。

经建设单位组织设计单位和供应商多次研究,首先统一输入条件,要求双方根据实际线路条件和车辆参数重新计算;其次要求信号供应商挖掘系统能力,压缩系统余量。供应商对于命令速度的取值基于"安全制动模型"计算,需要在不可突破的土建速度上减 10 km/h (10%左右) 作为命令速度,而设计单位仿真设计时采取在不可突破的土建速度上减 5 km/h 进行计算。经研究讨论，在确保系统安全的前提下，建设单位要求供应商压缩系统余量，与设计单位采用一致的计算原则。经重新核算，双方对线路旅行速度要求达成一致意见，系统顺利完成验收工作。

9.6.3 案例三：硬件质量问题整改缓慢

某城市轨道交通线路增购车项目共采购 26 列列车，在 2013 年陆续发现车载 VOBC 死机的问题，原因是 IRU 板的 K3 继电器被大电流击穿。买方立即组织系统供应商对故障原因进行分析，发现其中一个电容出现了问题。该项目的核心技术在国外厂家，所有的改造必须经过外方安全部门认证，经双方多次讨论最终确定对 26 列列车的全部 52 个 IRU 板进行改造。明确了改造方案后，由于备件存储不足，每个月只能改造 4 个 IRU 板，改造速度十分缓慢。

这是典型的遗留问题处理缓慢的案例，问题处理缓慢的原因主要有三点：一是该故障影响不大，单个列车 VOBC 死机不会造成列车紧急制动，所以故障分析时投入的技术支持不够；二是该项目的核心技术在国外，故障件及信息的传递都会浪费较长的时间；三是备件存储不足，因为备用 IRU 板较少，所以不能大批次地进行整改，导致整改进度缓慢。

9.6.4 案例四：系统寿命周期内产品更新换代

城市轨道交通某线信号系统由 VCC（列车控制中心）分区域控制，其中 CC 工控机是 VCC 的主要核心设备。之前使用的 CC 工控机主要是 1 代产品，2013 年起停产。建设单位掌握供应商产品更新换代的信息后，及时进行升级后的 CC 工控机备件储备，同时进行替代品的可行性调研。通过借鉴其他项目的使用经验，经供应商安全部门认证后，最终得以使用 CC 工控机 3 代作为替代品，有效地解决了因 CC 工控机 1 代停产可能造成的无备件更换的隐患，降低了运营风险。

这是质保期中备件停产处理的典型案例。案例中的 CC 工控机 1 代产品停产，将会导致 VCC 区域发生故障时没有备件更换，严重时会导致列车停运，造成极大的运营风险。建设单位及时掌握系统关键设备更新换代的信息，并进行适当储备，通过存储备件及找到替代品，有效地解决了备件停产问题，将运营风险降到了最低。

本 章 小 结

本章主要对城市轨道交通信号系统的验收管理的分类、组织、流程和重点难点进行了分析，对信号系统质保期和全寿命周期的定义、管理和需要重点关注的问题进行了阐述，同时，通过实际案例，列举了信号系统验收及全寿命周期服务常见的问题并提出了解决方案。

作为实现新建线路开通的最后一个系统，信号系统的验收时效和质量对线路正常开通运营以及后期运营水平至关重要，同时信号系统也直接关系到列车运营的安全和效率，信号系统质保期和全寿命周期管理同样关系到系统的安全可靠。因此，必须高度重视信号系统验收工作，严把安全关、质量关和功能关；在运行期间则需重点提升服务水平，储备合理的备品备件，及时解决遗留问题，为轨道交通安全、高效运营保驾护航。

第十章

既有线路延伸、拆解及改造信号项目管理

第一节 概 述

　　城市治堵，发展轨道交通是不可或缺的重要手段。随着城市轨道交通的迅猛发展，在城市轨道交通建设中，除了新线信号系统建设工程外，还有延伸线路信号系统建设工程、既有线路信号系统拆解工程，以及既有线路中已达寿命周期的信号系统的改造工程。

　　当前全国各地城市范围不断扩大，早期轨道交通线路规划显现出一定的局限性，为了加强城市各区域间联系、促进地区平衡、方便居民出行，有必要优化既有轨道交通线路走向，对既有线路进行延伸或对既有线路进行拆解。线路的延伸工程需要考虑与既有线路的贯通运营，而对既有线路的拆解，则需各专业配合默契，协调工作量很大。

　　城市轨道交通信号系统的设计寿命一般为 15~20 年，早期建设的信号系统虽然经过大修或局部改造，但其整体设备已过使用周期。随着系统设备的老化，设备故障率呈现逐年上升的趋势，并且系统中的部分关键设备已停止生产，由此引起的高昂维护成本也让维修管理部门难以承受。而且既有线

路的信号系统受早期信号技术发展水平的限制，已远远无法满足现代轨道交通的高密度运营要求和对信号系统的安全性要求。所以，随着城市轨道交通的不断发展，越来越多的早期信号系统将开展更新改造工作。

延伸线路信号系统建设工程、既有线路信号系统拆解工程和既有线路信号系统更新改造工程均属于大型项目，需列入政府的社会和经济发展计划中，项目实施前需要得到决策者和政府有关部门的批准。申请项目立项时，应将项目建议书（立项文件）递交给有关审批部门。项目建议书的内容包括市场调研，对项目建设的必要性和可行性进行研究，对项目产品的市场、项目建设内容、生产技术、设备及重要技术经济指标等进行分析，并对投资估算、投资方式、资金来源和经济效益等进行初步估算。在完成项目立项、工程项目可行性研究文件和初步设计文件审批后，这三类工程在信号系统采购方式和工程实施方面存在着一定区别。

本章分别对延伸线路信号系统建设工程、既有线路信号系统拆解工程和既有线路信号系统改造工程的项目立项、资金来源、信号系统采购方式和项目实施进行简要介绍，对各类工程的实施方案及重点、难点进行剖析。

第二节　既有线路延伸工程信号系统建设

10.2.1　延伸项目立项、资金来源及系统采购方式

(1) 项目立项及资金来源

既有线路延伸项目属于大型项目，需列入政府的社会和经济发展计划中，获得政府有关部门的批准。参照目前国内在建城市轨道交通信号系统工程投资情况，新建线路每千米投资为 900 万～1 300 万元，考虑到既有线路延伸项目涉及信号系统新设备与既有系统的对接或新设备覆盖既有系统设

备，需要增加系统接入或倒切的相关费用，因此，一般既有线路延伸项目的投资估算略高于新建线路。

(2) 系统采购方式

既有线路延伸信号系统建设工程除由建设单位管理部门承担部分前期工作外，信号专业的工程设计、设备及材料采购、施工均按照招标投标法组织招标。其中，设计、施工、监理一般采取建设单位自行招标的组织形式，采用国内公开招标方式，而国内配套设备计划则采取委托招标的组织形式。根据轨道交通线路信号系统的唯一性特点，若延伸线路信号系统与既有线路信号系统保持一致，则会对信号系统设备采购有一定的限制，导致系统采购价格较难控制。若延伸线路信号系统建设会将既有线路信号系统覆盖（须对既有线路信号系统进行更换），则可采用公开招标的方式，进而会使各信号系统供应商之间竞争充分，使得功能性价比最优。

10.2.2 信号系统设备安装工程实施及系统调试

本节以延伸线路接入既有线路运营为例。延伸线路信号系统覆盖既有线路的实施难点主要是如何在不影响既有线路运营的前提下对既有线路信号系统进行更新，使既有运营线路信号系统在更新后与延伸线路信号系统保持一致，因此该种情况与既有信号系统更新改造项目有类似之处，这里将重点对延伸线路接入既有运营线路信号系统工程部分进行阐述。

(1) 工程实施

延伸线路信号系统设备的安装工程与新建线路区别较小，延伸线路信号系统室内、外设备完成安装后，根据信号系统结构特点，还需要完成与既有线路边界信号设备及系统总线光缆的熔纤接续和室内机柜的光缆尾跳线工作。为了避免对既有线路运营造成影响，该项工作须利用非运营时段完成。

开展既有线路边界信号设备及系统总线光缆的熔纤接续和室内机柜的

光纤跳线工作时,需要与运营单位加强沟通,制定具体详细的实施方案,内容包括:运营单位维保配合人员及配合工作、专业施工人员及工器具的合理安排,具体详细的施工步骤,施工作业完成后的现场调试工作以及相应的应急预案等。特别对系统总线光缆熔纤接入后,现场可通过光纤跳线的方式,暂不将延伸线路信号系统各总线接入既有运营线路系统中,以确保不影响既有线路运营,同时为在非运营时段开展系统调试工作创造便利条件。

(2) 系统调试

根据延伸线路信号系统联锁控区的划分,信号系统的调试工作主要分为以下两种:

1) 延伸线路信号系统属于独立的联锁控区的系统调试思路

①延伸线路与既有线路采用物理隔断(设置挡车板及铁门),在延伸线路搭建离线的ATS调试平台,在该调试平台上可进行进路的排列等基础操作。

②可在白天利用离线的ATS调试平台开展延伸线路(独立联锁区)调试,作业包括室内、外信号设备的一致性调试、单列车及多列车的动车调试等。

③利用非运营时段,升级中央ATS补丁、时刻表编辑软件、轨旁数据库以及相邻联锁区联锁软件(该软件已取得安全认证),并开展完成联锁边界室外信号系统设备一致性调试、联锁边界进路的动车调试和ATS子系统的接入调试。(注:开展联锁边界进路动车调试时,需要取得相关安全认证,调试完成后根据信号供应商的建议回退相关软件,如有总线通信,需断开总线,以确保第二日既有线路运营不受影响)

④延伸线路信号系统接入既有线路系统,主要包括:无线子系统的接入(可提前完成),ATS总线的贯通接入、联锁总线的贯通接入,以及按非运营时段时刻表进行的动车调试,检测系统主要功能及接口功能的实现(如屏蔽门联动、PIDS接口功能等)。(注:正式接入时,务必做好应急预案,确保现场有充足的备件及专业人员的值守)

2) 延伸线路信号系统联锁属于既有线路信号系统联锁控区的系统调试

思路

①所有调试工作需要在非运营时段进行,升级相应的 ATS 软件补丁,ATS 软件补丁一般不会对第二日的运营造成影响,可根据系统供应商的建议予以保留,不作退回处理。

②非运营时段需要在既有线路信号系统上开展联锁软件、ATP/ATO、无线软件(该软件视兼容性可予以保留)的升级,调试工作完成后,为避免对既有线路运营造成影响,须及时回退相关软件。其中,联锁及 ATP 软件在升级前须取得安全认证。

③完成所有系统调试工作后,在新设备正式接入前,在非运营时段完成相关软件的升级后,保留软件,不作退回处理。(注:正式接入时,务必做好应急预案,确保现场有充足的备件及专业人员的值守)

(3) 信号系统调试及系统接入方案

1) 信号系统调试方案。延伸线路信号系统无论是否属于既有线路信号系统联锁控区,都需要在非运营时段开展相关调试作业,项目实施存在调试作业时间有限、夜间作业效率较低和软件回退等风险。因此,需要在工程实施前编制详细的调试方案(含系统接入)和风险预案。调试方案至少需要包括以下内容:

①工程概述。简单介绍工程情况,明确工程范围。

②确定调试工作组织架构,明确参与各方的人员及职责。

③确定配合单位的职责。调试工作需要多个部门给予多方配合,如调试用车、调试作业点的申报、调试方案的审查及后勤保障等。

④调试工作的具体安排。包括调试工作开展的前提条件、行车指挥流程、注意事项、风险及应对措施等。

⑤确定调试计划和目标节点。

⑥安全注意事项。保障调试过程中的人身、设备和行车安全。

2) 信号系统接入方案。在延伸线路信号系统调试工作完成后,如何顺利接入既有线路是延伸线路信号系统项目的重点工作,需要详尽地做出以下安排:

第十章 既有线路延伸、拆解及改造信号项目管理

①前提条件

◇ 安装工作可独立进行，基本不会对既有线路运营系统造成影响。

◇ 关于联锁一致性调试：独立联锁区的一致性调试可独立进行，联锁边界进路的调试将在夜间非运营时段运行。在同一联锁区的延伸工程，调试工作只能在非运营时段进行。

◇ 无线子系统调试只能在夜间非运营时段进行。

◇ ATS调试只能在夜间非运营时段进行。

◇ 相关动车调试只能在夜间非运营时段进行。

②既有线路系统软、硬件的变动

◇ 联锁子系统硬件部分不改变，联锁软件需要进行升级，主要集中在联锁边界方面的逻辑处理。

◇ ATS系统硬件部分不改变，ATS软件需要进行升级，主要集中在延伸线线路状态的监控。

◇ 轨旁/车载ATP系统硬件部分不改变，ATP软件需要进行升级，主要集中在修订线路/车载数据库，将新增线路纳入运营范围。

◇ 无线子系统硬件部分需要额外增加一个无线网络机柜，以实现分段调试。同时，为将项目执行时对运营线路的影响降到最低，可视现场情况而定，在选定的车站同样增加光纤接线盘一套。软件部分需要做对应修改。

③确定延伸线路信号系统接入既有系统当晚的工作量，见表10—1。

表10—1　延伸线路信号系统接入既有系统当晚的工作量

子系统名称	硬件	软件
联锁系统	边界信号机配线整改（可提前完成）	升级新版联锁软件（注明软件版本号）
ATP系统	无	升级新版联锁软件（注明软件版本号）
ATS系统	联锁/ATS/FEP（前端处理器）总线的接入	升级新版软件
无线系统	无线总线接入	升级新版软件（可提前完成）

根据已确定的工作量，对调试人员做出相应安排，以确保延伸线路信号系统顺利接入既有系统。

3) 接入方案风险评估及保障措施

①联锁系统

◇ 联锁软件需要经过现场多次调试，确保各方面功能正常，接入既有系统当天的软件升级工作风险较小。

◇ 联锁软件升级前做好旧版软件的备份，关键板件提前安装软件。这样既能降低升级风险，又能节约升级时间。

◇ 提前准备好足够的备用板件。

②ATP系统

◇ 升级前做好所有 ATP 软件的旧版本备份。

◇ 提前准备足够的车载备件，保证升级顺利进行。

③ATS系统

◇ 软件升级前做好旧版本备份，降低升级风险。

◇ 准备足够的光纤跳线及光电模块，以防在总线接入时材料有损坏。

④无线系统

◇ 无线软件可提前完成升级，接入当晚可不对软件进行升级。

◇ 更换光纤跳线时可能会出现跳线折断的情况，需准备足够的备用光纤跳线，保证后通段所有 AP 正常接入首通段。

除上述各子系统接入既有线路系统的风险保障措施以外，还需要强调接入当晚的作业过程中，如发现有越界施工或其他影响安全的行为，任何人都可以立刻终止作业。若当晚出现软件无法成功升级或有影响日常运营的故障，则应停止软件升级工作，把所有新版软件回退至运营版本，并检查各系统设备是否运行正常，确保不影响次日运营。软件升级结束后，安排各系统的工程师在现场值守，确保次日运营能正常进行。

4) 安全认证。与新线相同，调试完成后签发相关安全认证。确保接入当晚的所有软件均已提供安全认证。

(4) 信号系统试运行及运营演练

1) 信号系统的试运行。参照《城市轨道交通试运营基本条件》(GB/T 30013—2013) 中 4.5.2 "试运行最后 20 日应按照试运营开通时

列车运行图运行"的相关要求,分别开展三个阶段的系统试运行工作,具体如下:

第一阶段,以信号系统功能验证为主要目的,同步进行非运营期间的试运行工作,对信号系统联锁级别、ITC 级别及 CTC 级别的功能进行充分验证,完成全线贯通调试、验证,并执行固定行车间隔的非运营期间贯通运行演练。

第二阶段,按照"循序渐进、先易后难"的原则,在执行试运行时刻表之前设置"贯通运营准备阶段",主要分为以下四个部分:

◇ 全线(含延伸线路)运营低峰期,各次列车在既有线路采用 CTC 自动模式驾驶,在延长线路采用 ITC 自动模式驾驶。

◇ 全线(含延伸线路)运营低峰期,各次列车在全线采用 CTC 自动模式驾驶。

◇ 全线(含延伸线路)运营中、低峰期,各次列车在全线采用 CTC 自动模式驾驶。

◇ 全线(含延伸线路)运营高、中、低峰期,各次列车在全线均采用 CTC 自动模式驾驶。

第三阶段,按照开通试运营标准制定的运营时刻表开展试运行。

2)运营演练。线路开通前运营单位需要组织开展运营演练工作,该工作负责对三大类共 20 个项目进行演练,具体如下。

第一类为运营组织方案类演练(共 5 项),包括时刻表演练、票务运作演练和各种信号系统故障下的演练。

第二类为应急预案类演练(共 10 项),包括车站大客流演练,线控、网控大客流演练,火灾情况下的演练,应急公交接驳演练,屏蔽门故障紧急处理演练,列车救援演练,环境污染演练和大面积停电演练。

第三类为重要设备设施故障抢修类演练(共 5 项),包括列车起复演练、无线系统单站集群故障演练、接触网绝缘子故障演练、钢轨断轨抢修演练和道岔故障应急演练。

演练时,各评估人员对演练过程进行记录,演练结束后组织召开演练评估总结,总结演练情况,点评并评估演练开展效果,及时总结经验,对每项演练中发现的问题进行沟通，提出整改意见。演练主办部门组织编写演练质量评估报告，并提交上级部门审核。

第三节　既有线路拆解工程信号系统建设

10.3.1　拆解项目立项、资金来源及采购方式

随着城市建设的发展和人们出行需求的提高，城市轨道交通建设规划也在不断地调整和完善。实际工程中也有很多对运营线路进行拆解的案例。线路拆解项目与延伸项目相同，都需要在政府立项，项目资金从专项资金中列支。选择信号供应商时须保证拆解出的区域与接入的新线线路的信号系统一致。

10.3.2　系统设计原则

为降低线路拆解过程对既有线路运营的影响，降低工程投资，应按照以下原则进行系统设计：

(1) 信号系统应提前预留相关拆解条件，减少线路拆解对运营的影响。
(2) 信号系统设备应尽量利旧，减少工程重复投资。
(3) 拆解工程应在非运营时段进行，尽可能减少对正常运营的影响。
(4) 在信号系统设计和招标过程中，应采用有利于线路拆解的工程设计方案。

10.3.3　拆解工程实施方案

通过对总体工期要求的分析，拆解工程的实施需要加强与各专业建设部

门的合作，积极主动确定轨道专业及相关机电专业工期节点，主要包括：轨道敷设进度、接触网安装进度、通信弱电支架安装进度、屏蔽门安装进度、IBP盘安装进度及其他工期节点（如各联锁站设备房正式电供给进度、静电地板安装进度）等。另外，设备房装修情况、限界和转辙机基坑预留等工作环境也应提早落实。

工程实施时间的选择需要从实施时间、影响范围和工作效率等方面综合考虑，同时需要合理、有效地安排各专业作业时间，避免各专业相互影响。

(1) 拆解工程施工原则

1) 在拆解工程施工前完成拆解区域室内、外设备的安装和一次性调试。

2) 所有施工作业必须在确认有作业点和施工配合的情况下才能进行，施工作业点均以当日申报的调度命令为准。

3) 确保行车和人身安全，在施工作业点内完成施工任务。

4) 拆解工程施工开始后，室内外既有设备拆除和设备安装同时进行，设备倒接完毕后迅速配合信号供应商开展室内、外新设备一致性调试，施工时室内外要加强联系，严禁违章施工。

(2) 施工组织机构和劳动力配置

1) 组织机构。为顺利完成拆解工程施工任务，须成立现场指挥小组，拆解工程信号专业（施工方）现场指挥小组架构如图10—1所示。

2) 施工安排

①在正式开展拆解工程前，需要完成拆解区域的电缆敷设、设备安装，以及室内外设备电缆配线，并配合信号供应商完成信号系统设备一次性调试。

②正式进行拆解作业时，应先将拆解区域与新连接区域的联锁控区总线相连，再同时开展以下作业：

◇ 安排熟练技术工人进行拆解区域与新连接联锁控区设备倒接改线。

◇ 对室内外设备进行拆除。

◇ 安装新设备。

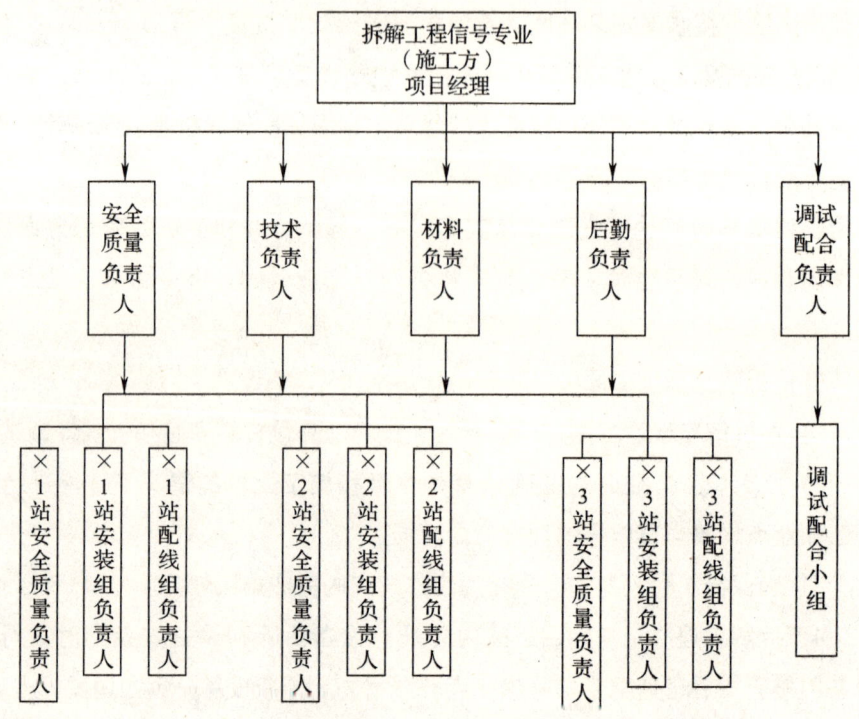

图 10—1 拆解工程信号专业（施工方）现场指挥小组架构

◇ 对室外新装设备及倒接设备进行配线。

③最后，安排熟练技术人员配合信号供应商开展设备一致性调试。

3）施工安全保证措施。既有线路信号系统拆解施工，工期紧、任务重、施工难度大，需要把安全工作落实贯彻到每一个人。为了保证既有线路施工不影响行车安全和工程进度，施工方必须从上至下重视施工管理和施工安全。

①坚持"安全第一、预防为主、防治结合"的方针，从实际出发，从每件小事抓起，将一切事故隐患消灭在萌芽状态，确保安全生产无事故。

②针对既有线路拆解工程特点制定安全措施。

③为保证顺利拆解提前通知相关专业供应商技术人员到达施工现场。

④给点作业前，人员点名到位，现场进行技术交底。

⑤全体施工人员必须按要求穿戴安全帽、头灯、萤光衣、绝缘鞋，并且提前两个小时到达施工现场进行准备工作。

⑥施工作业人员到达现场后，严禁在未联系登记给点前拆卸使用中设备的螺钉及线头，严禁超区域、超前做施工准备。

⑦施工前各组要明确施工作业内容及工作量，提前做好准备工作，对拆除的箱盒要有明确标记，作业到人、到位，工具齐备并技术交底。

⑧由施工负责人统一下达施工命令，并在确认设备停电后开始作业。严禁多头指挥，避免由此造成施工事故。

⑨作业人员要严格按照作业程序、作业标准进行施工，严禁简化作业程序，要按作业流程在保证安全质量的前提下按时完成施工任务。

⑩在施工过程中，所有作业人员不得在作业区域触动既有运行设备。

⑪拆解区域所有施工完毕后，应配合信号系统供应商进行联锁调试。

⑫由施工负责人检查线路、人员出清情况。保证设备无侵限，工机具、材料无遗漏，人员无遗留。

⑬施工完毕后，现场负责人组织各项、各组技术人员按照设计图纸，认真核对设备安装的位置、数量以及设备固定是否牢靠，逐项检查对照。

⑭所有参加施工人员必须听从统一指挥、保证通信畅通，不得盲目行事，单项施工完毕应及时向现场负责人汇报，未经负责人同意严禁离岗。

⑮严密组织，精心施工，确保正点安全开通。

(3) 拆解工程信号系统调试方案

1) 拆解工程信号系统调试前的准备工作。为减少拆解工程信号系统调试作业量，缩短调试时间，降低调试风险，拆解前信号系统应完成各个延伸线路及拆解区域的软件、硬件准备工作，具体如下：

①拆解工程实施前信号专业准备工作

◇ 拆解前，延伸线路各车站的信号系统及轨旁设备的安装、单体调试，延伸段的联锁、ATP/ATO 系统综合调试均应完成，具备车站级联锁功能。

◇ 所有拆解线路及延伸线路的信号系统最终版软件到达现场，硬件设备备件充足。

◇ 完成拆解区域部分新设区段占用检测设备（如轨道电路、计轴）、信号机和道岔转辙装置的预安装和室内外一致性调试。

◇ 拆解区域既有线路各联锁站与延伸线路之间信号电/光缆敷设完毕，通过拆解前各个夜间停运时段，完成既有线路设备房配线改造和切换准备工作。

◇ 提前模拟调试拆解区域轨道电路，完成光/电缆联接通道的检查和模拟调试。

◇ 完成各延伸线路联锁区与既有线路联锁区之间联锁，ATP、ATS 等接口的检查和模拟调试。

◇ 完成轨道未铺设区域的 4 段轨道区段计轴点的预安装，并调试完毕。

◇ 所有列车信号车载软件升级完成，升级后的列车可用于两条线路的运行。

②其他专业准备工作。各延伸段 PIDS、EMCS、SCADA、TEL 无线、IBP 盘、屏蔽门、防淹门和车辆广播等接口专业需提前与信号专业进行接口调试，并在拆解后 24 小时内上电开机，实现与信号专业的接口通信。

2) 信号系统拆解主要任务。在拆解工程实施前编制详细的拆解方案，方案中确定拆解指挥组织，确定信号系统拆解目标及具体实施方案，制定信号系统拆解的主要任务，具体如下：

①重新配置拆解后接入新线的相关联锁站联锁及 ATP 软件。

②准备更新拆解后既有线路相关联锁站的联锁及 ATP 软件。

③拆除拆解区域室外设备。

④进一步完善相关室内设备的安装。

⑤重新配置两条线路的 ATS 系统，升级相关软件。

⑥开展拆解区域信号系统设备的一致性调试。

⑦开展既有线路的单车调试工作以及新线路的热滑工作。

⑧开展拆解后新线路的单列车调试工作。

⑨开展多列车调试及信号系统的综合联调工作。

⑩签发安全认证(预签发,完成相关调试且调试结果符合要求后即时生效)。

⑪配合开展运营演练工作。

10.3.4 工程实施、信号系统调试风险及保障方案

(1) 工程实施、信号系统调试风险

1) 拆解过程中前一道工序的时间节点对信号专业至关重要,所有拆解任务安排和人员作息时间都必须按照各工序的计划节点进行,需要其他专业顺利进行拆解工作,为信号系统调试创造有利条件。

2) 拆解后信号系统处于新系统磨合期,拆解开通后系统将面临严峻的考验,存在屏蔽门接口、系统连续无故障能力等多个风险点。

(2) 风险保障方案

1) 组织保障

①正式拆解前,拆解工作小组细化分工,将工作细分到人,确认总指挥、拆解组长和副组长等的领导职能,下设分工明确的施工、轨旁调试、列车调试、OCC、后勤等小组。除拆解小组人员针对拆解方案有具体分工外,所有需要调试的车站及联锁站全部24小时值班,保证配合到位和故障的跟进。

②拆解方案需要制定得非常详细,具体到每个人做的所有事情,规定所使用的工具,规范完成后的汇报方式;对各项任务的图纸,实行人手一份、精确统一;对拆解方案涉及的现场设备,实行多次踏勘,涂抹油漆或粘贴标识,达到醒目有利施工。

2) 后勤保障

①拆解工作根据现场条件固定一个作业队,负责送餐、送备件、工具

等任务,利用专车随时待命,以此提高员工的积极性,保证施工调试的顺利进行。

②拆解小组提前将电话号码汇编成通讯录,将常出入的地铁口汇编成册,将室内、室外、OCC等各专业的负责人重点标明,发到每位执行人手里,方便联系和工作把握。

3) 技术保障

①拆解前,通过延伸段的调试,从技术上培养一批能吃苦、技术能力得到现场锻炼的员工,他们将直接参与最后的拆解,是技术方面的生力军。

②编制专项拆解方案,并由各参建单位相关专业技术骨干进行方案论证,确定最终执行的方案。在拆解中,严格执行方案要求,专人负责专项工作,并在工作开始前做好全员施工调试技术交底,正式图纸做到人手一份,这是拆解顺利实施的重要保证。

10.3.5 安全认证

为了应对拆解工程完成后系统供应商发布载客安全认证时间紧张的情况,项目突破传统认证方式,由信号系统供应商对载客安全认证采取预签发的方式处理,即在拆解工程完成前预发安全认证,在拆解工程完成后对发布载客安全认证所需的所有调试内容进行复核,调试结果合格后,安全认证即时生效。

第四节 既有线路信号系统改造

随着运营时间增长,早期建设的城市轨道交通信号系统已逐渐接近15~20年的寿命周期,设备老化导致系统可用性逐年降低,系统核心设备板块故障率逐年上升,随着带来问题的逐渐增多,已威胁到运营行车安全,而原信号系统供应商对超过寿命周期的设备不再承担任何安全责任。为减少信号系统安全隐患、保证安全、提高可用性、增强可靠性,同时也为了进一步提高运营效率、改善服务水平、降低综合运营成本、提高企业经济效益,对已达到寿命周期的信号系统进行改造非常必要。

10.4.1 既有运营线路信号系统更新改造工程的特点

(1) 既有运营线路改造在不停运情况下进行

由于进入改造期的城市轨道交通线路随着路网的发展已成为城市公共交通的命脉,其所在地基本上已成为城市繁华区域,为保证城市的正常运转,基本上都是采用不停运改造施工的方案。

(2) 系统设备安装及调试技术要求高

不同于新线施工在设备安装后有较长的人机磨合期和调试期,既有运营线路设备安装完成后当天就要进行运营安全考验,调试期和人机磨合期也非常有限,组织安装和调试相对复杂。

(3) 安全压力较大

每天的施工安装项目既要做好既有设备保护,还要确保每次施工完毕后新设备不能影响第二天的安全运营。

(4) 有效作业时间短

轨行区设备安装施工均在运营结束并办理好登记要点手续后进行,正常有效作业时间为 2.5~3 小时,施工准备和结束后的整理检查时间较长。

(5) 作业空间受限

由于既有设备的空间占用,当室外新设备与既有设备位置冲突时,需要进行临时安装,待新系统开通后再进行二次就位;电缆托架及人防门管孔中既有线缆较多,给新敷设线缆带来较大难度。新旧室内设备常共用设备房,新机柜需穿插临时安装,一般不能一次性安装就位,从而造成新旧机柜间距较近,存在作业人员误碰既有设备影响正常运营的危险。

(6) 协调工作量大

改造涉及供电、通信、线路和房建等多个专业，要与运营管理相关业务部门、系统供应商等开展大量的协调配合工作，才能保证项目的顺利实施。

10.4.2 既有运营线路信号系统改造面临的问题

信号系统改造项目要经过方案设计、设备招标、施工安装和设备调试开通等阶段。其中施工安装和设备调试期需要使用线路上所有信号系统设备，这将对正常运营产生影响，为保证信号系统项目工程的顺利实施，需要考虑以下问题：

(1) 信号系统更新改造方案的选择。

(2) 地面设备的过渡。

(3) 车载设备的过渡。

(4) 新旧系统的开通转换。

10.4.3 项目立项、资金来源及信号系统采购方式

(1) 项目立项

既有线路信号系统改造项目与延伸线路、线路拆解工程都属于大中型项目，需列入政府的经济社会发展计划中。申请项目立项时，应将项目建议书（立项文件）递交政府有关审批部门，并需要获得相应批复。因为信号系统的更新改造工程较新线、延伸线及拆解线信号系统的建设工程有较大不同，所以其项目建议书应涉及改造必要性、改造方案和投资估算等关键内容，具体如下：

1) 工程概况：既有信号系统概况、基础参数、行车组织及运营管理、车站概况及信号系统设备用房、车辆、牵引供电、信号改造范围等。

2) 改造工程的必要性：国内外信号系统改造情况、目前系统存在的问

第十章 既有线路延伸、拆解及改造信号项目管理

题、改造的必要性及目的。

3) 信号系统主要设计原则及指标：主要设计原则和系统指标（安全性、可用性、系统容量等）。

4) 信号系统更新改造方案：既有系统及新系统方案的对比。

5) 相关专业的配套改造及配合工作：供电专业、建筑装修专业、车辆专业的配套改造及配合工作。

6) 安全保障环保、劳动安全卫生和节能。

7) 信号系统设备供应与采购的国产化。

8) 工程筹划：工程重/难点、工期策划、工程组织计划、项目建设和后续维护管理模式等。

9) 投资估算与资金筹措：投资估算分析、估算编制范围、信号系统改造工程、连带改造工程、工程投资估算表、编制依据、采用定额、投资估算表和资金筹措等。

10) 工程招标方案：招标范围、招标组织形式和招标方式等。

11) 结论与建议：必要性、项目实施方案和项目投资总额等。

（2）资金来源

参照目前国内在建城市轨道交通信号系统工程投资情况，新建线路每千米投资为 900 万～1300 万元，考虑到既有线路改造工程是在已运营线路上进行，安装和调试工作只能在非运营时段开展，建设周期相对较长，且安全管理及施工组织难度较高，同时较新建线路增加了新旧系统设备的倒切过渡设计、实施，旧设备拆除和新设备二次就位的过渡期费用，以及信号系统改造引起的建筑、风、水、电、车辆等配套专业的改造费，投资金额有一定程度上浮。建议所需资金部分或全部从专项资金中列支，具体以政府有关批复为准。

（3）信号系统采购方式

信号系统改造项目的工程设计、设备及材料采购、施工均按照《招标投标法》组织招标，一般采用建设单位自行招标的组织形式，国内配套设备计划采用委托招标的组织形式。根据所采用改造方案的不同，信号系统的采购方式也有所不同。若采用保持既有系统制式的更新改造方案，则信号主系统

设备须向原信号供应商采购。否则,信号主系统设备采用公开招标方式。

10.4.4 既有运营线路信号系统改造方案选择

对既有运营线路信号系统改造工程来说,最重要的是信号系统过渡方案的选择。在不影响正常运营的情况下,如何安全平稳地实现新旧系统过渡是设计人员和设备供应商面临的最大难题,必须考虑新旧系统过渡方案所涉及的系统构成、技术原理、系统参数和过渡实施程序等所有技术细节,才能确保工程项目顺利安全实施。

(1) 改造方案选择原则

1) 系统的行车间隔设计满足线路通过能力的要求。

2) 信号系统过渡方案切实可行、可操作性强、对运营影响最小。

3) 工程实施难度应在可接受的范围。

4) 信号系统具有高安全性和可靠性,并能保证连续不间断工作。

5) 系统结构合理、易于扩展、操作方便、维修简单,并具有较高的性能价格比。

(2) 改造方案的选择

1) 两种改造方案

①保持既有信号系统的改造方案。该方案可最大限度地利用既有核心安全软件,以部分软件更新升级、硬件全部更换的原则进行改造。改造工程可分部实施,逐步完成新旧系统的倒切。

②新设全新信号系统的改造方案。采购一套全新的信号系统设备替代既有信号系统设备,在新信号系统设备安装调试完成后,既有信号系统一次倒切至新信号系统。

2) 两种改造方案的对比分析。两种方案均具备工程可实施性,对二者在工程投资和工程实施两方面进行对比,具体如下:

①在工程投资方面,保持既有信号系统的改造方案需选原信号系统供应商,对于设备采购有一定的限制,控制信号系统设备采购价格的难度相对

较大，但采用该方案有利于降低改造引起的土建和车辆专业的改造费用。新设全新信号系统的改造方案采用公开招标，有利于形成市场竞争局面，相对容易实现控制信号系统设备采购价格，但将增加土建和机电专业的改造工程量，同时会导致车辆改造费用的增加。

②在工程实施方面，保持既有信号系统的改造方案供应商对既有系统设备的硬件、软件数据可利旧，部分系统软件可直接在原基础上升级更新，故障率较高的设备可直接更换，采取逐层、逐级及逐个设备分别替换的工程实施方案，可最大限度地缩小过渡调试范围，有利于维持既有系统的运营服务水平，控制对既有线路正常运营造成影响的风险。对于新设全新信号系统的改造方案，新系统设备的施工及单项调试可在不影响既有运营的情况下单独进行，但与轨旁的道岔转辙机及站台屏蔽门等设备需要进行倒切控制和调试，实现既有信号系统与外部的接口功能，车载信号系统设备的改造存在较大困难，且接口调试均需要在运营时段和非运营时段频繁倒切进行，调试工作量相对较大，对既有线路正常运营造成影响的风险较大；同时，新设系统最终投入运营的一次性倒切工作量大，倒切范围涉及全线，需停运倒切的可能性也较大。

10.4.5 信号系统更新改造工程实施难点

(1) 避免对既有运营线路造成影响

既有线路信号系统改造工程的实施不可避免地会对运营造成影响，因此在信号系统改造工程实施和倒切开通期间如何确保最大限度地减少对正常运营的影响，是该类工程的重点和难点。

(2) 设备房、管线空间不足

全线既有车站设备房面积、管线空间紧张，甚至部分设备房面积和管线空间完全不能满足改造工程的需要，对改造施工造成很大困难。

(3) 新设备的调试用电需求及改造

改造工程新安装信号系统设备的调试需要低压供电相应扩容改造，以提供额外的电源容量和配电盘，如果需要增加设备房面积以满足新设备的安装，则配套的通风空调、火灾报警等系统也须相应改造，使得改造工程影响范围大，技术协调、工程管理相对困难。

(4) 信号车载设备的更新改造

改造工程中对既有运营列车上新车载设备的安装和调试，将对运营产生干扰，可能造成极大的运营压力，其实施方案需要重点研究。

(5) 信号系统与其他系统接口功能的实现

改造后信号系统与既有相关系统（车辆、通信、低压配电、BAS、屏蔽门、防淹门、车辆段和控制中心大屏等）的接口实现，也是保证工程顺利实施的关键。

第五节 线路延伸、拆解及既有线路改造管理案例

10.5.1 案例一：既有线路延伸项目

广州地铁××线首通段于 2010 年 11 月开通运营，后通段为独立联锁区，于 2015 年 12 月开通。

由于首通段工程先于后通段工程实施，在信号系统设计时，已预留延伸所需的系统余量。在首通段工程实施时，对首通段线路终端信号机（联锁边界信号机）做了"常亮红灯"的特殊处理，保证了首通段的运营安全。

在后通段工程实施前期，首先在后通段联锁区搭建独立的 ATS 离线模拟调试平台，在不影响首通段运营的情况下，通过搭建的 ATS 离线模拟调试平台，在后通段先后完成了信号系统设备一致性、单列车及多列车动车调试。

在非运营时段，完成联锁边界信号系统设备的一致性及动车调试，完成系统各总线光缆熔纤，并于 2015 年 9 月 18 日完成系统的接入工作。在系统

接入时，软件的升级工作均通过更换安装新版软件板件的方式完成，降低了软件升级的风险。

随后开展了后通段信号系统联锁功能、ITC降级模式和CTC功能的演练工作。

2015年10月11—15日晚低峰期，采用全线单一交路运行，各次列车在首通段采用CTC模式驾驶，在后通段以ITC模式驾驶，行车间隔约为8 min，共13列列车上线；10月16—20日晚低峰期，各次列车以CTC模式驾驶，采用全线单一交路运行，行车间隔约为8 min，共13列列车上线；10月29—30日晚中、低峰期，各次列车以CTC模式驾驶，采用全线+首通段大小交路运行，行车间隔约为8 min，共11列列车上线；10月21—31日运营时段，各次列车以CTC模式驾驶，采用全线单一交路，按正常工作日、周六日时刻表试运行，高峰期行车间隔约为5 min，19列列车上线。

各相关单位严格按照方案要求开展运营演练工作。其中，以信号专业为主导的信号系统故障演练（终点站调车折返演练、联锁区故障演练、ATS系统发生故障演练和道岔故障演练）于10月30日前完成，评估结果为优秀。

10.5.2 案例二：既有线路拆解项目

广州地铁××线于2010年9月完成拆解工作。最终方案确定利用三天时间（9月22日、23日、24日）实施拆解工程，既有××线路全线停运，信号系统通过安装、调试、动车调试等工作项目的实施，在9月25日凌晨实现拆解后的两条新线线路信号系统开通：全线实现ATP超速防护功能，实现列车ATO模式驾驶，全线屏蔽门实现联动功能，中央ATS系统可通过背投大屏幕进行全线列车运行情况监视。

首先，明确拆解信号系统工程实施及系统调试关键节点，如图10—2所示。

之后对拆解工程的三天主要工作目标进行分解，如图10—3所示，具体安排如下：

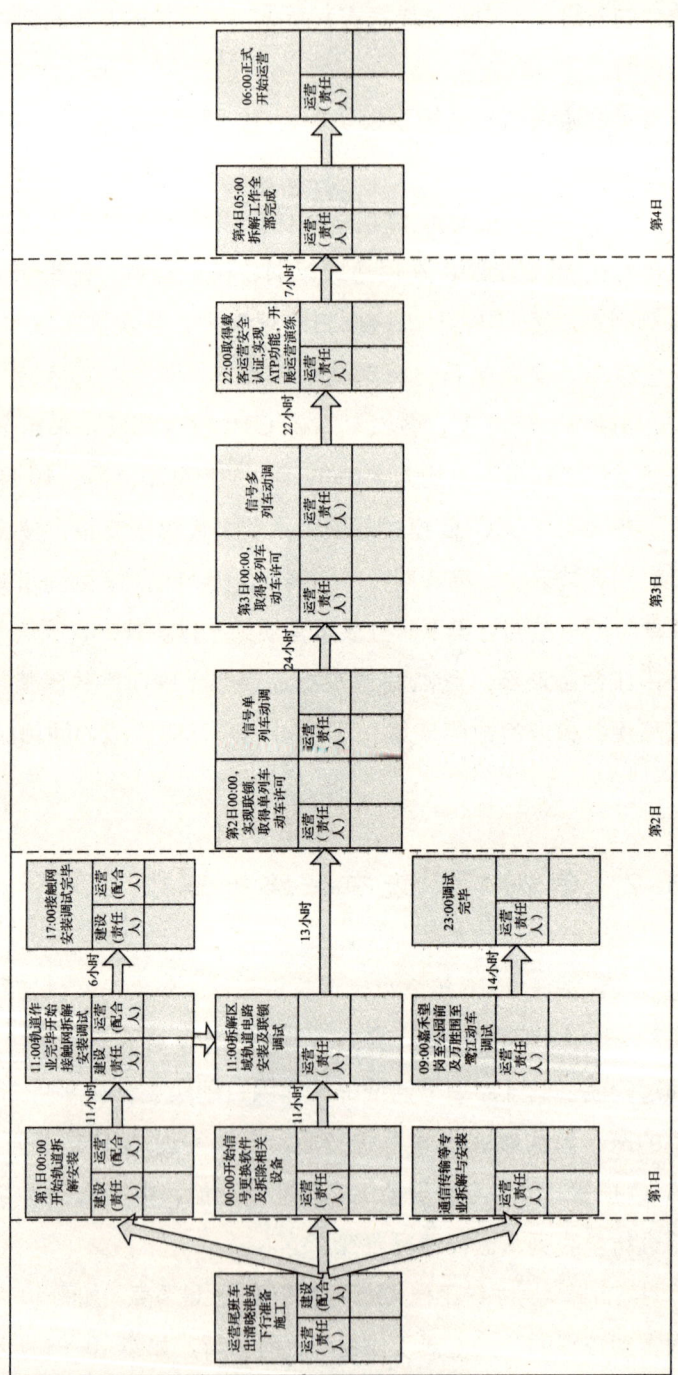

图10—2 拆解信号系统工程实施及系统调试关键节点

第十章 既有线路延伸、拆解及改造信号项目管理

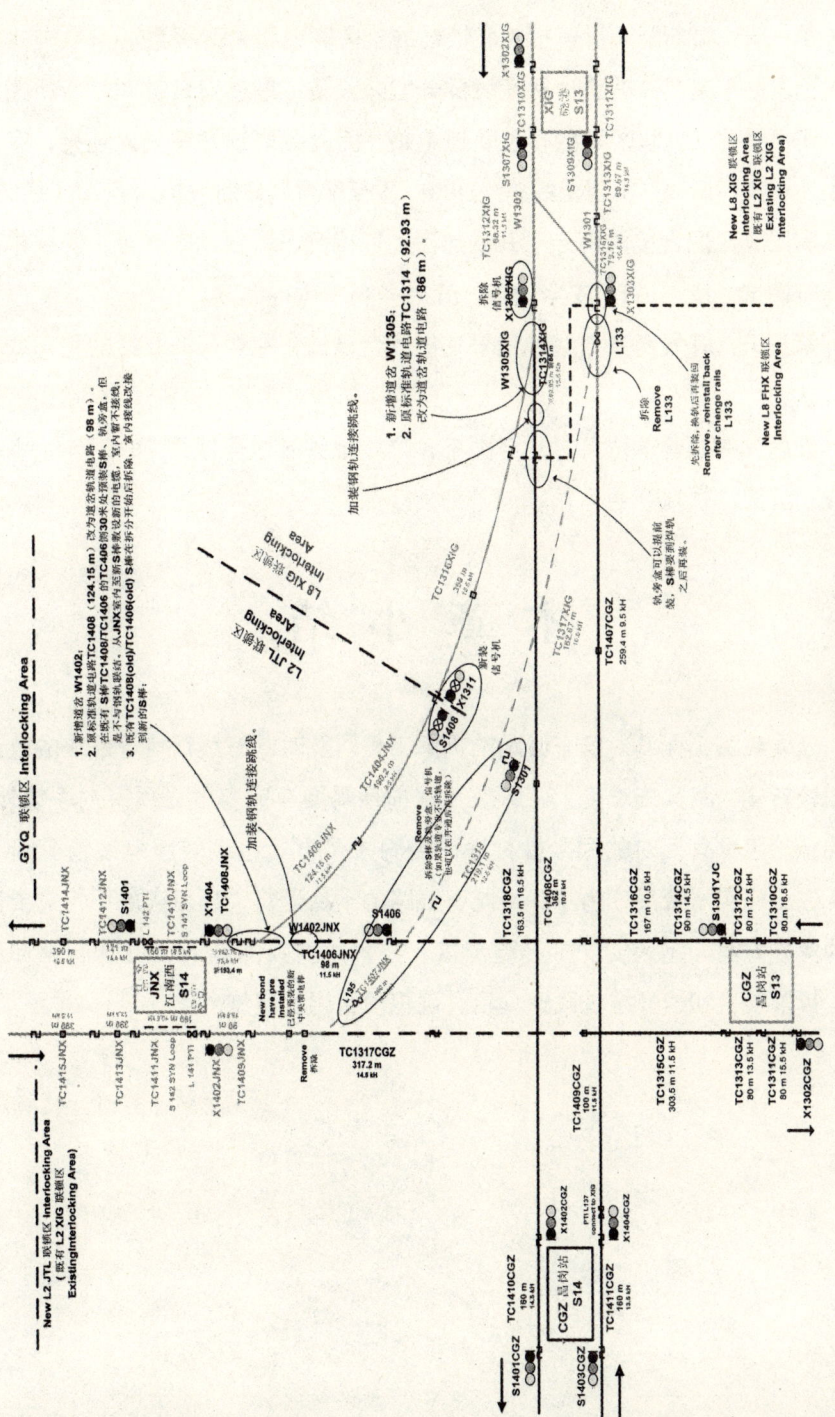

图 10—3 拆解工作量化表

第一天：重新配置拆解相关联锁站的轨旁联锁和 ATP 系统，开展非拆解区域列车动车调试；拆除拆解区域部分室外设备；最终安装拆解区域所需设备；切换并调试拆解区域的相关轨道电路；完善各联锁站室内外连接，完成室内外一致性调试；实现全线总线连接；重新配置两条新线的信号 ATS 系统。

第二天：配合接触网专业开展热滑；取得列车联锁动车许可，开展单列车运行调试；取得 ATP 安全认证，开展多列车运行调试。

第三天：开展两条新线的信号功能综合调试，取得两条新线的列车载客安全认证。

最后，在参建单位各方的努力下，广州地铁××号线于 2010 年 9 月 25 日成功拆解，顺利开通运营。

本 章 小 结

延伸线路工程、对既有线路的拆解工程以及对既有线路信号系统的改造工程较新建线路实施难度大，除在工程前期需要有完整的立项审批手续外，在招标阶段具有相对的局限性，进而合同授予方式也会较新建线路有所不同。在工程实施阶段，为了保证既有线路的平稳运营，项目实施不仅需要详尽的实施方案，还需要安排经验丰富、技术能力强的专人负责既有延伸项目、拆解项目和信号系统改造项目，确保项目顺利实施。

第十一章 国产化工作管理

第一节 信号系统国产化发展过程

11.1.1 国产化的概念

国产化，即在引进外国产品和技术时，注意消化吸收，逐步把原来靠从国外引进的设备、产品和零部件，转化为在本国生产制造的过程。

国产化实际上包含两方面内容：一是重要设备要实现在国内制造生产，或是进口国外零部件在国内组装。一些国外公司在国内设立企业生产组装的设备也属于这个范畴。二是要实现关键核心技术的自主创新，这种国产化又称自主化，是国产化所追求的深一层次目标。

11.1.2 轨道交通国产化的整体进程

(1) 萌芽阶段（20世纪60—80年代初期）

20世纪50年代末期，我国规划在北京、沈阳、上海三座重要城市修建地铁。北京地铁一号线成为第一个开工建设的地铁线路，一期工程于 1965 年 7 月 1 日正式开工建设，1969 年 10 月 1 日建成通车，开通初期并不对外开放。1971 年 1 月 15 日，北京地铁一号线公主坟至北京站段开始试运行。随后，1976 年 1 月，天津地铁新华路至海光寺段试通车，成为中国继北京之后第二条建成的地铁。

(2) 初步发展阶段（20 世纪 80 年代末—90 年代中期）

改革开放以后，国内经济迅猛发展，与国外的交流也日益频繁。为了解决日益拥堵的城市交通问题，各大城市开始将轨道交通纳入城市的远景规划。在这个阶段，北京地铁一号线改造、北京地铁复八线、上海地铁一号线和广州地铁一号线先后完成了建设并开通运营。这也成为我国真正以交通为目的建设轨道交通项目的开端。

随着广州、上海等地的地铁新项目陆续建设，国内包括沈阳、南京、重庆、武汉、深圳、成都、青岛等大批城市也开始筹划建设轨道交通项目，并上报国家进行审批。

(3) 调整整顿阶段（1995—1998 年）

随着轨道交通建设的迅猛发展，许多地方筹划建设城市轨道交通线路时并不考虑经济的承受能力和社会发展的需要，带有很大盲目性。当时提出修建轨道交通的 13 个城市，无一例外地打算用巨额资金从国外采购大量机电设备。如果任由这股引进热不加限制地膨胀起来，那么国家至少需要支付 6 000 多亿外汇。为了解决工程造价高、轨道交通机电设备大量进口等问题，1995 年，国务院办公厅在《关于暂停审批城市地下快速轨道交通项目的通知》（国办发〔1995〕60 号）中明确，除上海地铁二号线项目外，所有轨道交通项目一律暂停审批，并要求各地做好发展规划和国产化工作。1997 年年底，原国家计划委员会在研究城市轨道设备国产化实施方案时，提出将广州地铁二号线、深圳地铁一号线和上海明珠线作为国产化依托项目，于 1998 年批复 3 个项目立项。在历经 3 年的调整整顿后，轨道交通项目又再次启动。

(4) 蓬勃发展阶段（1999 年至今）

在新千年开始后，以中国加入 WTO（世界贸易组织）为契机，依靠国家采取投资基础设施来拉动内需的宏观政策,各大城市纷纷提出城市轨道交通建设规划。随着国家积极财政政策的实施,国家从建设资金上给予有力支持;通过技术引进,国际先进制造企业同国内企业合作,实现了城市轨道交通信号系统设备本地化,使建设造价大大降低,城市轨道交通建设进入蓬勃发展阶段。

11.1.3 城市轨道交通国产化政策

1999年开始,为降低城市轨道交通建设投资,提高设备技术水平,促进轨道交通产业发展,国家先后发布了一系列有关城市轨道交通设备国产化的文件,提出城市轨道交通设备国产化的目标、方针、政策以及组织和管理办法。

1999年和2001年,《关于城市轨道交通设备国产化实施意见的通知》(国办发〔1999〕20号)、《关于城市轨道交通设备国产化实施方案》(计产业〔1999〕428号)和《关于城市轨道交通设备国产化实施方案的补充通知》(计产业〔2001〕564号)提出:要确保城市轨道交通车辆和机电设备平均国产化率不低于70%,其工作重点是车辆和信号系统,并确定了车辆和信号系统的定点生产企业。

2002年,原国家发展计划委员会印发《加快城市轨道交通设备制造业发展的若干意见通知》(计产业〔2002〕913号),要求深化城市轨道交通设备国产化工作,加强专家队伍建设。各相关企业要抓住机遇,注意引进和借鉴国外先进技术,培养产品研发和系统集成能力,降低产品成本,提高市场竞争力。

2003年,国务院办公厅发布《关于加强城市快速轨道交通建设管理的通知》(国办发〔2003〕81号),指出发展轨道交通应坚持量力而行、有序发展的方针,提出了轨道交通建设标准、安全管理、经营体制和国产化的具体要求。文件要求拟建城市要认真贯彻设备国产化的有关政策,积极采用国产设备,促进国内设备制造业发展。

2005年,国家发展和改革委员会印发《〈对城市轨道交通建设项目机电设备采购核定规则〉的通知》（发改办工业〔2005〕2084号，以下简称2084号文），提出城市轨道建设项目机电设备采购核定的范围、组织、程序、标准和相关责任，从而规范城市轨道建设项目机电设备的采购核定程序。

2006年，国务院发布《关于加快振兴装备制造业的若干意见》（国发〔2006〕8号），提出以城市轨道交通项目为依托，通过引进消化吸收先进技术和自主创新相结合，掌握新型轨道交通车辆、信号装备等核心技术。要求以科技进步为支撑，大力提高装备制造业自主创新能力，以系统设计技术、控制技术与关键总成技术为重点，增加研发投入，加快提高企业自主创新能力和研发能力，对城市轨道交通设备国产化提出了新要求。

11.1.4 城市轨道交通信号系统国产化的发展阶段

城市轨道交通信号系统伴随着轨道交通事业的发展，其国产化也经历了全进口、技术合作、合资（转让核心技术）和自主国产化4个阶段：

(1) 1998年以前，城市轨道交通信号系统基本全靠进口。如轨道交通萌芽和初步发展阶段，北京地铁一号线、广州地铁一号线等线路的信号系统采用全进口设备。

(2) 20世纪末到本世纪初，部分具有合格投标资质的集成单位开始牵头与国外进口设备供应商开展技术合作。首批具有集成资质的是中国铁路通信信号集团公司和中国电子科技集团公司第五十四研究所，后续又有十多家公司获得信号系统投标集成资质。

(3) 进入21世纪，经过国产化政策的不断调整，加上国产化需求的进一步深入，各信号系统集成商开始接受核心信号系统供应商的技术转让，开始核心技术开发和调试的本地化，部分甚至成立合资公司，比如上海电气和泰雷兹集团合资成立上海电气泰雷兹交通自动化系统有限公司。

(4) 2010年以来，自主国产化信号系统企业逐渐成长成熟，拥有与合资公司竞争的实力。典型的，如北京交控科技股份有限公司，目前已经掌握了CBTC信号系统的列车自动防护（ATP）、列车自动驾驶（ATO）等核心技术,以总包方式参与国内 CBTC 信号系统采购竞争,提供 ATP/ATO 核心设备,但联锁、ATS 等子系统需集成其他供应商产品,国内北京、重庆、深圳等城市已有 9 个项目采用这一供货模式。其中,作为国家"首台套"鼓励示范项目的北京地铁亦庄线、昌平线一期已于 2010 年 12 月 30 日开通投用。

在国家产业政策的大力扶持下,经过企业的多年攻关,我国目前已有多家企业掌握城市轨道交通 CBTC 核心技术。除北京交控科技股份有限公司以外,中国铁道科学研究院、北京全路通信信号研究设计院集团有限公司(中国通号旗下企业)等单位已拥有自主研发的 CBTC 信号系统,其安全性、可靠性和追踪间隔等关键参数与交控科技处于相同水平,可与国外厂商同台竞争。

北京全路通信信号研究设计院集团有限公司研发的 FZL300 型 CBTC 信号系统也已于 2015 年在北京八号线开通投用,在重庆地铁项目中亦有应用。

中国铁道科学研究院与广州地铁联合研发的 MTC-I 型 CBTC 信号系统于 2012 年 6 月通过广东省科技成果鉴定,该系统为全套完整的国产化CBTC 信号系统,包括列车自动防护(ATP)、列车自动驾驶(ATO)、计算机联锁(CBI)和列车自动监控(ATS)等子系统在内全部具有自主知识产权,已于 2016 年 12 月底在广州七号线开通投用。

第二节 信号系统国产化的意义

11.2.1 城市轨道交通信号系统建设现状

(1) 需求持续旺盛

根据交通运输部的预测,"十三五"末,我国城市轨道交通总里程将达到 6 000 千米,全国将有超过 50 个城市开通轨道交通,我国城市轨道交通建设将迎来又一个黄金十年。

轨道交通是一项周期长、投资大的项目,而信号系统又是城市轨道交通机电设备中技术最为复杂、国产化最低的系统之一,按照上述估计,"十三五"期间所需信号系统的数量惊人。

(2) 长期依赖进口

信号系统长期采用进口设备，将对我国的轨道交通建设与发展造成不利的局面。

1) 大幅增加轨道交通建设成本，造成地方财力难以承受。

2) 后续维修必须依赖进口零配件，而这些零配件的价格又往往是昂贵的垄断价，从而增加日后运营成本。

3) 长期、大量引进进口设备将对国内的技术发展造成冲击，不利于国内企业的发展。

4) 不同标准的信号系统不断引进到国内，易形成城市轨道交通信号系统标准五花八门的局面。

因此，我国轨道交通的发展必须强调国产化、标准化。

11.2.2 信号系统国产化的意义

大力推进城市轨道交通信号的国产化工作，真正做到吸收消化引进技术，提高国内城市轨道交通信号装备产业的技术水平，具有深远的战略意义。

(1) 加速我国轨道交通产业与国外先进水平接轨的进程。

(2) 降低我国城市轨道交通项目的工程和产品造价。

(3) 便于维修，提高故障处理的效率。运输、进口清关等环节都需要大量时间，采用国内生产的部件则会大大节省交付时间，提高故障的处理效率。

(4) 降低备件采购价格，进而降低全寿命周期成本。目前，采用进口零部件的项目都面临后期采购备件昂贵的问题。而采用国内备件，则可大幅降低采购价格，降低运营成本，进而降低城市轨道交通的全寿命周期成本。

(5) 有效限制跨国公司对我国城市轨道交通信号产业的控制力，保持相对独立性。

(6) 有利于中小企业的崛起，提高技术水平，特别是中间产业的技术水平，促进民族工业的发展，提高其设计、工艺和管理水平。

(7) 增加国家税务收入。

(8) 有效提高就业率和就业质量，促进经济稳定增长。国产化政策下，城市轨道交通信号产业的迅速发展极大地促进了就业的增长，同时，它更重要的作用在于为上游产业和相关产业创造了大量的就业机会。

(9) 一些地方政府和企业为达到与跨国公司合作或合资的目的，盲目承诺投资条件，国产化政策对这一现象起到了一定的约束作用。

11.2.3 信号系统国产化道路

我国城市轨道交通行业应坚持走信号系统国产化的道路：一方面，通过不断引进和吸收来缩小技术差距，实现产业整体水平质的飞跃；另一方面，继续加大对国内信号制造企业的扶持力度，在政策、资金等方面给予大力支持，打造国内信号制造企业品牌，提高国内信号制造企业的竞争能力。通过持续地实施国产化政策，有效降低信号系统设备自身投资，打破国外企业的技术垄断，提高我国企业在世界轨道交通产业格局中的竞争力。

同时，还应继续实施轨道交通国产化技术标准，为系统规范化和进一步的互联互通，甚至为系统设备走出国门竞争做好准备。

11.2.4 实施国产化的原则

城市轨道交通信号国产化应以立足国内自主开发，引进、吸收国外先进技术，促进国内技术与产品升级换代为根本。因此，在信号系统国产化过程中，应统筹兼顾、综合考虑，坚持以下基本原则：

(1) 引进的核心技术、关键技术和设备要有利于国产化的原则。

(2) 引进设备规模适度的原则。

(3) 引进设备必须优化方案的原则。

(4) 中外合资的供应商国产化原则。

(5) 科学实施引进设备国产化的原则。

11.2.5 国产化取得的成绩

(1) 初步达到了设备国产化预期目标。自 1999 年实施机电设备国产化以来，信号系统的平均国产化率已不低于 55%，全自主知识产权的信号系统在采用全核心技术的情况下，国产化率已接近 99%。

(2) 城市轨道交通信号系统价格大幅度下降。实施国产化政策以后，通过不断总结城市轨道交通建设经验，尤其是在项目研究、工程设计、施工组织和设备国产化等方面的经验，我国城市轨道交通建设造价已呈明显下降趋势。

(3) 提高了国内城市轨道交通信号系统设备生产技术水平。

(4) 带动相关产业经济发展。

(5) 培养和造就了技术人才。实施国产化过程中，造就了一支懂技术、懂管理、坚持国产化道路的技术队伍。各企业先后派出大批中青年科技人员、设计人员出国考察，参与设计联络、技术交流和培训。对于关键技术，在引进吸收的同时，不断进行自主创新，积极开发国内产品，目前国内开发成功的全自主化知识产权信号系统完全能够满足国内城市轨道信号系统建设的需求。科研设计单位、各建设单位在实施国产化方案过程中，也提高了中青年业务骨干的技术水平和业务素质。

第三节 信号系统建设项目国产化工作内容

11.3.1 制定国产化流程的依据

国产化流程的制定需依据《关于城市轨道交通设备国产化实施意见的通

知》(国办发〔1999〕20号)、《关于城市轨道交通设备国产化实施方案》(计产业〔1999〕428号)和《关于城市轨道交通设备国产化实施方案的补充意见》(计产业〔2001〕564号)、《加快城市轨道交通设备制造业发展的若干意见通知》(计产业〔2002〕913号)和《对城市轨道交通建设项目机电设备采购核定规则的通知》(发改办工业〔2005〕2084号)的有关规定及各地铁公司国产化工作的相关制度。

11.3.2 国产化率计算方法

(1) 国产化率总目标
1) 国产化原则按照国家发改委2084文的要求执行。
2) 轨道交通信号系统的平均国产化率应不低于60%。

(2) 国产化率计算方法
依据2084号文，国产化率的计算公式为：

$$国产化率 = \left(1 - \frac{进口零部件价格（CIF）}{设备总价}\right) \times 100\%$$

1) 服务费和运保费不计进入国产化率计算，但需单独列出：

①服务费：包括设计联络、调试与验收、培训、质保期服务、技术文件等的费用。具体要求在合同条款和附件中规定。

②运输费：供应商承担将货物运至建设单位指定目的地（建设单位仓库或车辆段）的一切费用，此费用已包括在合同价格中。

③保险费：供应商对合同下其提供的货物在制造、购置、运输、存放及交货过程中的毁损或灭失以完全重置价格用人民币或合同定价的货币进行全面保险。

④非本项目的设备不得列入。

2) 对于国产化率公式的几点说明

①国家发改委明确规定：严格以设备价为计算基数和依据。

②进口设备及零部件价格以CIF价格（不含税）为准，并按合同签订时

的汇率折合成人民币统一计算。

3) 国产化率计算的原则

①应按国家发改委的最新规定进行国产化率计算。

②对于在申报国产化率前就已经开始进口零部件的项目，国产化评审所需的分类清单中与提交海关的进口清单中相同的部件，不得更改。

③申报国产化率的分类清单必须与合同内容一致。合同中规定的进口零部件种类及数量，在分类清单中不得更改。国产化评审时可能存在因某些系统（部件）国产部分被划至进口清单中而导致系统（部件）国产化率降低，从而影响整个项目国产化率达标的风险。因此，在计算国产化率时，必须要求供应商提供实际进口部件与国产部件清单，并在合同中规定信号系统供应商须对项目的国产化率负责，承诺若评审不能通过，则承担因此增加的所有税款及责任。

11.3.3 国产化流程中各阶段的工作内容

(1) 项目建议书阶段

在申请立项时，要以国产设备为基础编报项目建议书，凡低于60%的国产化率目标的项目，国家不给予立项。

(2) 可行性研究报告

在立项阶段，由工程可行性研究报告（以下简称工可报告）申报的牵头部门，负责向国家发改委提交工可报告。工可报告应包括国产化设备应用现状、项目国产化设想及预计可达到的国产化率。

(3) 采购策划阶段

信号系统采购经办部门在采购策划阶段，应高度重视国产化工作，认真研究国产化各项要求与设想，充分进行国产化方案的交流，探讨当前信号专业的国产化方案。

(4) 项目的招标阶段

信号系统采购经办部门在招标文件中应明确国产化的目标与要求，并要求投标人在投标文件中提交国产化方案，包括对每个系统的初步国产化目标、项目进口设备清单和国产化承诺。

(5) 合同签订

在合同签订时，信号系统采购经办部门须将国产化率要求落实到信号系统设备采购合同中，并与信号系统供应商就进口口岸进行明确，方便与海关相关工作的顺利进行。

(6) 合同执行阶段

在设计联络中，信号系统采购经办部门应敦促信号系统设备供应商签订分包协议、合同；督促信号系统供应商在第三次设计联络前完成所有分包合同签订工作，并根据分包合同进一步细化国产化方案，在第三次设计联络时提交项目实施的最终版进口部件清单和初步的供评审的国产化方案及国产化分类清单；督促信号系统供应商在设计审查会中提交国产化方案的最终稿、稳定的进口件清单及国产化方案报告。

信号系统采购经办部门负责审查信号系统供应商的国产化报告并指导其进一步完善国产化报告；负责向国产化工作牵头部门提交国产化报告的最终稿和稳定的国产化清单，同时准备好分包协议、合同等相关资料，配合其办理国产化审批工作（免税审批）。

(7) 办理国产化审批（免税审批）阶段

1) 国产化工作牵头部门汇总各项目资料，并具体负责国产化报告申报工作。

2) 信号系统采购经办部门在国产化工作牵头部门的指导下按要求完成并提交国产化报告、相关数据和资料，其中包括：

①按国产化报告模板提供各项目国产化报告（国产化实施情况描述）。

②提供按规定格式填制的本项目的分类清单。

③在国产化评审过程中，需现场及书面答复评审机构提出的国产化问题（技术部分）。

④将免税清单提交海关备案。

(8) 通过国产化评审（免税审批）后的项目实施过程

信号系统采购经办部门督促信号系统供应商严格按照已批准的进口清单实施具体的项目国产化方案，同时为进口代理、国产化工作牵头部门提供技术支持，包括对海关的相关解释工作。

信号采购经办部门可建立各子系统及其项下各分体部件的资料库，包括实物图片、功能介绍等，以便在清关或商检过程中能直观地与海关人员沟通。

11.3.4 国产化报告

国产化报告是进行国产化评审的重要材料。信号系统采购经办部门应督促信号系统供应商在第三次设计联络后按标准格式完成并提交国产化报告。

(1) 国产化报告主要内容

1) 项目概况：主要是信号项目建设情况，如果连带包括既有线路改造，也需要交代改造概况。

2) 国产化目标：信号平均国产化率不低于60%。

3) 国产化方案。

4) 国产化方案的实施情况。对于信号主要系统（部件），如车载设备、ATS、DCS、ATP、电源、微机监测、车辆段联锁、光/电缆等应分别计算出国产化率。其计算方法如下：

①部件总价：(   )。

②进口零部件用汇额为：(   )。

分类清单见表11—1。

表11—1　　　　　　　　　分类清单

序号	设备名称	技术规格	单位	台（套）数	单价（美元）	单价（人民币元）	用汇额（万美元）	折合人民币（万元）	原产地	制造企业	备注
1	车载										
2	电源										
……	……										

③根据国产化率公式计算国产化率：

$$系统国产化率 = \left(\frac{总价 - 进口零部件用汇折算额}{总价}\right) \times 100\%$$

④国产化方案执行结果：本项目信号系统设备的国产化率可达（　　）。

(2) 注意事项

《机电设备、配套总成和零部件分类清单》是2084号文的附表。2084号文规定："在完成机电设备采购工作后，项目业主单位按照本核定规则规定的办法对所采购设备按照不同的产品制造企业以及相应的价值比例进行自查，填写《机电设备、配套总成和零部件分类清单》及说明（以下简称分类清单，由中国交通运输协会城市轨道交通专业委员会另行制定）。自查完成后，通过所在省级（计划单列市级）发展改革委向国家发展改革委申请复核。"在实际应用中，关于该分类清单有以下注意事项：

1) 分类清单中包括部件、备品备件、专用工具和易损易耗件。

2) 清单中的单价和用汇额均指到岸价（CIF），不含国内运费，但包含了国外运费。

3) 在统计项目用汇额时，需将进口零部件价格按合同签订当天的汇率统一折算成美元。

4) 部件进口清单与备品备件的进口清单不能相互矛盾，即部件如果是国产件，则其备品备件就不能出现在进口清单中；对于国产化率100%的部件，进口的备品备件中不能出现该部件或该部件的零件。

第四节　国产化工作的组织管理

11.4.1　国产化工作组织

(1) 国产化工作牵头部门

1) 统筹新线国产化工作。

2) 负责与海关、商检、发改委等部门沟通、协调进口事务。

3) 负责根据海关、商检、发改委要求编制进口清单格式，并知会信号系统采购经办部门。

4) 参与合同谈判和设计联络中有关进口事务会议。

5) 协助办理税款担保保函。

6) 负责对国产化报告及相关清单进行审查，汇总新线机电设备各专业国产化率。

7) 组织新线机电设备国产化审查会。

8) 负责办理通过国产化审核、取得免税确认书的进口设备减免税工作。

(2) 国产化率控制部门

1) 按国家发改委2084号文要求，以国产设备为基础编报项目建议书。

2) 在编制招标文件、合同执行及合同变更时，负责审查涉及的国产化情况和国产化率指标，并将相关指标通知信号系统采购经办部门。

3) 负责审核新线机电设备国产化工作报告。

4) 参与新线机电设备国产化工作内部审查会。

(3) 财务部门

根据国产化工作牵头部门提出的需求办理税款担保保函。

(4) 信号系统采购经办部门

1) 在整个项目实施过程中负责监控信号系统供应商国产化方案的具体实施，确保国产化目标实现。

2) 参与合同谈判和设计联络期间的进口事务会议。

3) 督促信号系统供应商按计划提交符合格式、技术要求的进口清单，并确保该清单与国产化的进口清单内容一致。

4) 配合办理机电设备国产化评审相关工作，负责按要求提交国产化报告、相关清单及资料。

5) 参加国产化评审，并负责国产化评审中的技术支持。

6) 配合与海关、商检、发改委等部门沟通、协调进口事务，负责向海关和商检等部门就进口设备技术方面进行解释、介绍和说明。

11.4.2 国产化工作管控要点

(1) 重视进口清单编制

项目进口清单是设备进口、凭保放行、国产化评审及免税等工作的基础，因此务必要保证进口清单的完整、准确、及时编制。信号系统采购部门应督促供应商在第三次设计联络结束时提供最终版的进口清单。设计审查会后，系统方案冻结，应以专题会形式稳定清单，对清单中零部件的种类、数量进行审核、确认。

(2) 尽早组织国产化报告司内审查

合同一般规定信号系统供应商应在设计审查会结束时提供项目实施的国产化方案及国产部件清单的最终稿，但由于国产化报告及分类清单一般不会影响设计审查及系统方案的稳定，部分信号系统采购部门的项目经办人会在接到国产化评审通知时才组织对报告进行审查。

根据以往经验，项目国产化评审从准备到召开评审会，一般时间较为紧张。为了避免影响国产化评审，经办人在接到信号系统供应商提交的国产化报告及分类清单后，最好尽快组织相关部门对报告和清单进行初审。在得到国产化评审通知后，再组织信号系统供应商根据项目执行情况对报告和清单进行修订。

(3) 关注进口总额变化，尽早完成合同变更

目前，信号系统采购合同中进口零部件的支付一般有两种方式：一种是采用双币种，即合同金额由人民币部分和外币部分组成，进口零部件款由地铁公司通过进口代理直接付外币给供应商；另一种则是单一币种，即合同金额全部由人民币构成，进口零部件由信号系统供应商自行采购，地铁公司仅需支付人民币给信号系统供应商。

采用双币种的信号系统采购项目，在信号系统供应商都为国内厂家的情况下，项目执行过程一般都存在将主要部件中部分进口设备的支付方式由采用外币支付转变为人民币支付的情况。出现该问题的原因是信号主要进口部件中，部分进口设备支付方式的变更影响人民币总额、外币总额以及合同总价，进而影响国产化评审。因此在项目执行之初，项目主办部门应高度重视此问题，在合同阶段规避该问题或者督促信号系统供应商尽快稳定系统方案和进口清单，并根据清单尽快组织公司相关部门和信号系统供应商完成合同变更，以免影响项目国产化评审工作。

(4) 提前取得子供应商的分包合同

国产化评审前，如果可以取得信号系统供应商与其子供应商签订的分包合同，获得子供应商外币报价的准确金额，有利于提高信号国产化评审的准确度。不过在国产信号系统逐渐成为主流的情况下，子供应商的进口货物已经越来越少了。

本 章 小 结

　　本章论述了轨道交通设备国产化的各个发展阶段和信号系统国产化的工作原则，详述了信号系统国产化报告编写和工作管控要点，可用于指导信号系统采购经办部门的信号系统国产化工作。当前，国产信号系统的发展正处于蒸蒸日上的阶段，国产化率不断提高，核心技术逐渐被国内厂家所掌握。在新的轨道交通建设形势下，在新的建设模式运作下，信号系统国产化工作仍将是建设期的重点内容之一。